By. Jonathan Calof

隐身在**会展活动**里的市场情报

〔加拿大〕乔纳森·卡洛夫 著

上海科学技术情报研究所 译

Gaining Market Insight from Events: A Lifetime Journey

上海科学技术文献出版社
Shanghai Scientific and Technological Literature Press

图书在版编目（CIP）数据

隐身在会展活动里的市场情报／（加）乔纳森·卡洛夫著；上海科学技术情报研究所译．—上海：上海科学技术文献出版社，2023（2024.1重印）
ISBN 978-7-5439-8938-2

Ⅰ．①隐⋯　Ⅱ．①乔⋯②上⋯　Ⅲ．①市场信息—文集　Ⅳ．① F713.51-53

中国国家版本馆 CIP 数据核字（2023）第 178475 号

Gaining Market Insight from Events: A Lifetime Journey

Copyright © 2021 Strategic and Competitive Intelligence Professionals

Copyright in the Chinese language translation (simplified character rights only) © 2023 Shanghai Scientific and Technological Literature Press

版权所有，翻印必究

图字：09-2023-0349

责任编辑：付婷婷
封面设计：袁　力

隐身在会展活动里的市场情报
YINSHEN ZAI HUIZHAN HUODONG LI DE SHICHANG QINGBAO
[加拿大]乔纳森·卡洛夫　著　上海科学技术情报研究所　译
出版发行：上海科学技术文献出版社
地　　址：上海市长乐路 746 号
邮政编码：200040
经　　销：全国新华书店
印　　刷：商务印书馆上海印刷有限公司
开　　本：720mm×1000mm　1/16
印　　张：19.25
字　　数：291 000
版　　次：2023 年 10 月第 1 版　2024 年 1 月第 2 次印刷
书　　号：ISBN 978-7-5439-8938-2
定　　价：98.00 元
http://www.sstlp.com

关于作者

乔纳森·卡洛夫从12岁起就活跃于贸易展览和活动行业。他曾是一名展台工作人员，搭建、布置展位，并在世界各地开展过许多贸易展览情报项目。他与许多组织机构分享了他丰富的见解和专业知识，帮助他们优化其在贸易展览、会议和研讨会上的参与体验。他甚至曾带领公司参加线上的虚拟活动。乔纳森将他几十年来积累的知识和经验倾注到他为《竞争情报杂志》撰写的专栏中。该杂志是竞争情报和市场洞察从业者的顶级杂志。

乔纳森是加拿大渥太华大学特尔弗管理学院（Telfer School of Management，University of Ottawa）的全职教授，俄罗斯莫斯科高等经济学院（Higher School of Economics in Moscow）的首席研究员，南非西北大学（North-West University）的杰出教授，以及加拿大新不伦瑞克大学（University of New Brunswick）的特聘教授。他还担任联合国教科文组织创新与新事业预见系统（UNESCO Anticipatory Systems for Innovation and Venture Creation）联合主席。他曾获得多个奖项，包括弗若斯特沙利文的终身成就奖，以及美国战略与竞争情报从业者协会荣誉会员称号和杰出会员奖。

译委会名单

主审 陈 超　杨荣斌　徐宏宇

主译 陈 煦　金 旸　俞 俊　顾 洁　温一村　任晓波

目 录 CONTENTS

译者序 > 1

他序一 > 3

他序二 > 5

推荐语 > 6

自 序 > 9

致谢与献词 > 20

第一章　现场情报示例 > 1

第一节　贸易展情报：紧张、费力且有趣 > 2

第二节　会展情报：成功计划的案例 > 11

第三节　现在——我们的会员们发来了一条信息 > 17

第四节　创造性的 PITTCON 现场情报 > 21

第五节　帮助你的组织满足其现场情报需求 > 25

第二章　现场情报的技能和技巧 > 31

第一节　会员最佳实践：组织一场现场情报的趣味测验 > 32

第二节　贸易展网络研讨会：一个有趣的学习方法 > 36

第三节　会展的伦理规范 > 41

第四节　用表格"智"定现场情报工作计划 > 46

> 第五节　SCIP 会议：你们有多少"情报"？ > 53

> 第六节　在会展现场收集信息——来自竞争情报最佳收集者的建议 > 59

> 第七节　在现场开展工作 > 68

> 第八节　在现场利用数字工具配对，并从他人口中获取市场信息 > 74

> 第九节　沟通与贸易展 > 82

> 第十节　贸易展与活动的绩效评估 > 87

> 第十一节　贸易展和反情报 > 92

> 第十二节　与"友情支持者"合作，拓展贸易展情报的触及范围 > 97

第三章　现场情报的变迁 > 105

> 第一节　综合情报：SCIP、CI 和贸易展情报令人兴奋的方向 > 106

> 第二节　通过开放情报™获得洞察力 > 114

> 第三节　客户情报、贸易展情报和现场情报的交汇 > 131

> 第四节　情报和销售：贸易展的作用 > 136

> 第五节　客户旅程和旅程地图：情报团队和会展情报的令人兴奋的新概念 > 146

> 第六节　使情报与机构的创新战略保持一致 > 153

> 第七节　商业分析、大数据与贸易展 > 161

> 第八节　现场情报走向社交网络 > 168

> 第九节　社交网络和活动：生活走向数字化 > 173

> 第十节　技术和会展情报：能有多数字化？ > 178

第四章　专　题 > 185

> 第一节　恰逢一年 CI 好时节 > 186

> 第二节　以情报的方式为科学会议做好准备 > 190

> 第三节　派对至"学"方休：现场情报的场合 > 196

> 第四节　你应该带谁参加活动？ > 200

第五节　将研发纳入现场情报项目 > 204

第六节　现场情报是时候邀请政府加入了 > 209

第七节　竞争情报从业者的机会警报：会展团队需要你的帮助 > 215

第八节　会展组委会成为一项情报资源 > 219

第九节　贸易展的主场优势：在贸易展场地外挖掘客户洞察的
　　　　可靠方法 > 224

第十节　会展情报走向国际 > 229

第十一节　亲爱的"C"，请给我会展情报项目的资源 > 237

第十二节　会展情报：快速启动你的新功能 > 246

第五章　为现场情报的未来做好准备 > 255

第一节　凸显并增强你所在机构的情报项目：现场情报的新年决心 > 256

第二节　2012年的会展趋势对竞争情报来说是个好兆头 > 262

第三节　疫情期间的现场情报：虚拟会展情报的六大技巧 > 269

后记 > 274

译者序

本书是乔纳森·卡洛夫的专栏文章自选集，收录了他自2003年以来在（美国）战略与竞争情报从业者协会（SCIP①）会员刊物《竞争情报杂志》（*Competitive Intelligence Magazine*）上独立撰写或与他人合作撰写的会展情报文章。卡洛夫从12岁开始接触会展，16岁时在加拿大政府展览中心为参加大型贸易展览的公司和政府机构搭建展位。此后，他长期为世界各地的参展商和企业提供会展情报服务与培训，帮助政府、公司、协会利用会展项目完善创新战略、寻找销售机会、找到合资伙伴、融资等。他积累了丰富的会展情报经验。他在《竞争情报杂志》开设的会展情报专栏是其多年会展情报技巧和实战经验的集中体现。

上海科学技术情报研究所是国内最早研究竞争情报的机构之一，与SCIP有过多次合作，长期追踪、研究国外竞争情报界动向，在该领域有深厚的积累。本书英文版经SCIP出版面世后，曾在国外竞争情报界激起广泛讨论，开设多场学术研讨和经验分享会。上海科学技术情报研究所第一时间认识到本书的实用价值，就书籍的引进和翻译工作积极与SCIP及作者联络沟通，最终达成此次合作。在翻译本书的高频词，也是核心概念"event intelligence"时，翻译团队几经斟酌，最终决定创新性地采用缪其浩研究员建议的"现场情报"一词。主要原因有二。首先，"event intelligence"这个英文单词本身也是作者创新组合而来的，用来替代、延展其原有概念贸易展情报（trade show intelligence）或会展情报（conference and trade show intelligence），"现场情报"作为新词能够承担起相应的意象。其次，相较于直译的"活动情报"或"事件情报"，"现场情报"一词中的"现场"既能

---

① SCIP 2023年更名为（美国）情报从业者联盟，缩写不变，本书翻译时仍沿用旧名。

隐身在会展活动里的市场情报

涵盖作者所表达的"event intelligence"的所有应用场合，还能传达出此类情报工作重要的同步性和"面对面"的特质。哪怕是虚拟的线上活动，"现场"也能很好地体现同步发生、同步进行、在线"面对面"的概念。所以说，现场其实是线上和线下活动共有的特性，它们的区别只是在于参与的方式和渠道而已。不过，当文中的"event"一词单独出现时，还是照常翻译为"活动"或是"大小型活动"。

如上所说，作者在这本新书中，对现场情报的概念进行了极大的延伸和拓展。

首先是运用场合，作者认为基本上人们聚集的任何场合都为收集信息提供机会，而活动（event）这个词能够涵盖展览、会议、研讨会、线上会议、办公室聚会、体育赛事等各种场合。书中的工具和技巧完全可以应用于人们聚集的任何场合，甚至结合作者在疫情期间的经历，也适用于线上的虚拟活动与聚会。

其次是情报范围，现场情报在初期关注的重点往往是展会上竞争对手的动向，作者认为会展情报还涵盖许多有趣的领域或主题，如了解客户需求、提高销售业绩、协助新产品开发、寻找合作伙伴等。

最后是情报团队成员，现场情报的团队成员可以包括情报部门以外的公司员工（营销和销售、研发、人力资源）、客户、政府官员、非营利组织工作人员，甚至竞争对手。现场情报因而可以看作一项集体智慧。

在这个大范围下，作者提供了大量通过实践积累下来的案例、技巧、规划步骤和建议，为读者呈现了不同场合、不同情境、不同预算、不同人员配置、不同文化下的现场情报实操。无论新手小白还是长期践行会展情报的行家里手，都能从本书中找到适合自己的方案和灵感。

本书出版之际，恰逢上海举办一年一度的国际进口博览会，希望本书能够为参加、举办会展活动的企业、政府机构、组织提供一些实用的行动指南，并填补国内会展情报相关学术与实践研究的空白。

陈超

他序一

作为竞争情报（CI）从业者，我们的职责是帮助机构以符合职业道德规范的方式把握发展机会，并将战略风险和意外降至最低。我们通过一系列"资源投入"（如HUMINT人际情报、大型二级数据集）、"处理能力"（如战略框架、数据模型）和"成果输出"（如竞争对手概况）的组合来驱动战略性成果的产生。

不难发现，技术正在加速影响这些"资源投入""处理能力"和"成果输出"，这就要求每个严肃的竞争情报从业者对什么需要被保留、更新和淘汰进行一些反思。

这引出了一个问题：在数字化世界中，冰箱都知道自动续订牛奶直送到家了，我们为什么还要出版一本关于贸易展的书？它们不是在"被淘汰"的那堆事物里吗？

事实恰恰相反，关于贸易展即将遭到淘汰的谣言被过分夸大了。即便一些"传统"展览减少或消失了，仍有许多公司在增加贸易展的投资，并通过这种方式与客户、供应商和渠道合作伙伴建立联系。他们斥巨资投入科技（例如，我们终于有了带有全息图的展位！）、个性化以及展前展后体验的元素。鉴于大多数产业的产品生命周期正显著缩短，贸易展在展示创新和推动销售方面发挥越来越重要的作用。

把以上这些元素加在一起，你会得到什么？新技术、正准备打开钱包的客户，以及数百名销售代表齐聚一堂。换句话说，这是收集情报的金矿。

然而，在当今时代，没有明确地计划好如何利用信息取得成果就开始收集信息是疯狂的。这就到了本书出场的时候了。本书由乔纳森·卡洛夫教授撰写，在他作为学者、研究员和顾问的整个职业生涯中，乔纳森为竞争情报（CI）的理论和实践做出了巨大贡献。乔纳森是撰写本书，并在从业者和学术界之间架起桥梁的唯一合适人选，他带来的这本书致力于阐述我们必须掌握的"资源投入""成果输出"和"处理能力"，并借此从现场情报项目中获得最佳结果。

无论你名片上的抬头是什么，这一系列扎根于学术研究和人生经验的文章都将提供实用的见解和建议。作为服务于CI从业者社区的领先非营利组织，美国战略与竞争情报从业者协会（SCIP）非常感谢乔纳森慷慨地与我们的会员社群分享他的现场情报之旅。

卡姆·麦基（Cam Mackey）
SCIP 执行董事[①]

（译者：陈煦）

[①] 任期为 2019 年 2 月到 2022 年 5 月。——译者注

他序二

当今世界，持续不断的颠覆和超大规模的数据包围着我们，让及时获取有用知识变得更具挑战性。未来，我们还面临着把行业各方整合到一个虚拟商业平台并使其"标准化"的挑战，这些挑战不仅是独一无二的，而且本质上是对未知领域的探索。

我一直认为，特定学科领域知识专家的聚集会给洞察获取环节提供重要的"内容丰富"的环境。无论是实体形式还是虚拟形式的大小型活动，都是信息极为集中的场合，如果适当利用，可以获得从大多数常见的一手、二手信息来源中都无法获得的高水平洞察。

书中（的案例）抓住了这一机会——利用可带回组织的、重要情报的收集能力，并且真正成为整个行业情报评估流程中有价值的贡献者。掌握本书总结的重要参数后，情报从业者可以轻松地将其结合到日常分析中，并让他们的战略行动计划更经得起细节上的推敲。

运用所有可用的内容来源，最大化合适的信号，并从噪声中破译有价值的内容，这种能力在巨大的颠覆性活动带来的重大挑战面前变得更加重要。囊括了现场情报的情报战略恰好能够理解行业颠覆性本质及其影响，同时也为战略的制定提供正确的方法。

本文的内容为情报从业者提供一种直接的、流程驱动的方法，能让其从实体或虚拟形式的大小型活动中提取有价值的数据内容。在情报从业者"武器库"中拥有这项"武器"，是能对实际业务增长做出有价值贡献的关键差异化因素。

保罗·桑蒂利（Paul Santilli）
惠普公司　全球原始设备制造商　行业情报与战略
SCIP 董事会董事[①]
（译者：陈煦）

---

① 2023 年 1 月起担任 SCIP 首席执行官。——译者注

推荐语

本书是了解现场情报巨大潜力的重要资源,你不仅可以获得宝贵的市场洞察,而且可以了解自己所在机构完整的运营环境。现场情报适用于所有类型的组织,同时认识到各类活动可以带来人脉,和各种各样的情报与洞察,这是很重要的。乔纳森说明了现场情报不必局限于大型贸易展,甚至可以用于应对公共事务挑战。该资源使我对如何规划和收集来自政府、游说者和利益集团的非市场情报有了更多理解。

本书的工具和技巧示例,能让你在利用本书总结的贸易展情报机会时变得更有组织,这对于用收集、整理和分析信息来支撑决策的信息工作从业者而言将是无价的。

——吉姆·米勒,Connect Public Affairs 公司主要负责人,专业图书馆协会主任

贸易展和会议汇集了行业中最优秀的人才,是完成竞争情报工作的成熟时机。对"贸易展情报"的解释,没有人比乔纳森·卡洛夫解释得更好、更简明或更有经验。如果你想充分挖掘你的贸易展体验,那么这本书适合你。

——泽娜·阿裴芭姆,(美国)战略与竞争情报从业者协会 CI 荣誉会员,汤森路透

乔纳森·卡洛夫是一流贸易展情报的化身,让新手和专业人士都可以在这个拥有丰富人际情报的环境中了解并权衡他们的活动。对于那些不熟悉贸易展的人,乔纳森清晰地分享了他的成功蓝图并带领你徜徉其中,足以使任何商业领袖相信它们的重要性。

——安德鲁·伯希根斯,BT Insight 市场情报高级经理

推荐语

贸易展情报对于每家公司获得并保持竞争优势至关重要。不幸的是，这个话题没有得到足够的重视。乔纳森·卡洛夫教授近年来积累的经验和持续取得的成就使他处于行业领先地位，足以为市场营销主管和竞争情报总监提供建议，对于他们来说，这个问题必须放在他们的优先事项清单上。

——阿夫纳·巴尼亚，博士，以色列内坦亚学院（退役）陆军准将，以色列竞争情报论坛（FIMAT）主席

独到的竞争情报和市场情报洞察最容易被忽视的来源之一就是贸易展。从会展中获得最大收益需要从一个贸易展参观客的思维方式——在展位间闲逛，在不同区域反复横跳以寻找有趣的东西，转变到贸易展专业人士的思维方式——计划好整个活动流程，最大化信息收集的机会。乔纳森显然是一位贸易展专业人士，他从参展商、与会者和竞争情报/市场情报收集者的角度了解流程。他的背景使他能够从多个角度看待贸易展，并为所有贸易展参与者提供有用的见解。

——埃里克·格利特曼，Fletcher/CSI 公司首席执行官

贸易展情报收集是所有信息收集工具中最值得投入时间的。我不知道还有什么场合可以让你与那么多人会面并向他们学习：你的客户、竞争对手的客户、竞争对手、行业专家、供应链中的人员和"友情支持者"（friendlies）——卡洛夫把他们定义为那些愿意与你合作收集信息的人。人们去贸易展推荐他们的产品和服务。他们是去做销售的，这意味着他们必须分享。

请记住：贸易展收集不仅仅针对竞争，还能发现市场趋势、创新等。只要你使用启发诱导的技巧，就能从你遇到的人那里获取这些信息，无论是在正式还是非正式场合。贸易展情报的竞争优势在于你可以在短短几天内收集大量情报，如果你与团队合作，甚至可以收集更多！不要忘记鸡尾酒会，不过把喝酒的任务留给你的目标对象吧！向专家乔纳森·卡洛夫学习技巧，他 40 年来一直在从事、教授和撰写贸易展情报。

——艾伦·奈勒，The Business Intelligence Source 公司创始人

乔纳森·卡洛夫博士在（现场或线上）贸易展专业知识方面展现出的深度和广度对我们合作客户来说是一笔巨大的财富，这本书肯定会有所体现。通过富有洞察力的方法、策略和框架，以及基于证据的案例来证明该领域的价值，阅读本书的人一定会受益。此类资源将对商业和情报领域的未来产生长期影响。

——**乔纳森·邓尼特**，Venn Innovation 市场洞察与分析项目经理

（译者：陈煦）

自 序

我尚未步入青春期的时候，我的贸易展生涯就开启了。12岁时，我已故的亚伯叔叔带我在萨斯喀彻温省一个省级展览的展位上工作。16岁时，我受雇于加拿大政府展览中心（加拿大政府负责贸易展的部门）为参加大型贸易展的公司和政府机构搭建展位。几年后，我开始为参展商进行项目管理并陪同公司前往贸易展。除了12岁时帮我叔叔在展位工作，这些年来我还服务过一些更专业的展位，在那里我有机会向潜在客户和其他人销售产品、服务并提供信息。

通过所有这些经历，我开始认识到贸易展作为市场信息来源的巨大潜力，尤其是市场机遇。我也看到有多少机构浪费了这些机会！！

多年后的今天，我不再在贸易展上搭建展位或管理公司形象。现在，我通过使用贸易展情报工具包和线上贸易展情报工具包，帮助政府、公司、协会和其他人在展位内外最大程度地利用这些参展机会。通过带机构参展，以及通过我的贸易展情报培训计划，我看到了这些活动在得到妥善管理的情况下，帮助机构完善其创新战略，寻找销售机会、合资伙伴、融资等。

简而言之，我发现贸易展不仅是传统意义上获得曝光的好地方（机构最初想要参展的原因），而且还是挖掘赢得市场所需洞察的优秀工具。使用（本书中总结的）现场情报工具包对机构的贸易展投资回报率产生了重大影响。

会展情报项目确实让我大开眼界，让我重新审视我们曾忽视了多少机会……（使用会展工具包）我们在会展上的潜在客户响应率从1%或2%上升到70%以上……前一年我离开会展的时候只获得了两个机会；在这次刚刚过去的贸易展上，我获得了20多个。（Clear Risk公司）

我见证该流程如何帮助各种规模的公司、政府甚至协会提高他们在活动中收集有价值的市场信息的能力。

隐身在会展活动里的市场情报

这个流程帮我们公司和协会在更短的时间内获取了更可靠的信息。这是我们会再次使用并推荐给我们会员的东西。（BioAlberta公司）

我看到，通过遵循职业道德准则的竞争情报方法（你将在本书中了解到），你可以在大型贸易展上收集到比你用其他方法收集整整一年还要多的有用信息！

自20世纪90年代以来，竞争情报（CI）社区对贸易展带来的情报机会赞不绝口。以下引述自领域内的专家们。

会议为在最短的时间内以最少的钱收集情报提供了最大的潜力……许多正式和非正式的活动都发生在会议上，可以提供大量的收集机会……很少有人将这些场景视为收集机会，尤其是以系统、主动的方式。（来自沙克尔和卡杜柳斯）

如果组织得当，一个称职的、目标明确的团队应该能够收集到比他们在其他情况下一整年都要多的有用信息。（来自普莱尔）

会展活动是聚焦战略趋势的最集中、最有成效和最具成本效益的方式，但在正常的情报活动中常常被忽视。贸易展、会议和研讨会能在最短的时间内以最少的资金提供最大的信息收集潜力。大小型活动（event）中的许多正式和非正式活动（activity）提供了各类收集机会。多年来，摩托罗拉内部的一个小型商业情报（BI）专家社区充分利用了以贸易活动为主的收集机会。（来自戈德堡和巴拉克）

为什么情报机会如此之大？为什么会议、贸易展和其他大小型活动预示着巨大的市场洞察机遇？以下是最重要的三点原因。

1. 所有人都聚集在一个地方。供应商、客户、竞争对手、政府——本质上是你的整个价值链。

2. 大多数人都想交谈。它被称为贸易"展览"，而不是贸易"保护"。即使是线上贸易展也会安排交流机会。

3. 早期预警无处不在。事实上，我参加的大多数展览都有关于行业未来发展方向的创新论坛和圆桌会议。

然而，要挖掘我在本介绍中提到的这种市场洞察——无论它们与客户需求、竞争对手的意图、创新、技术、合作伙伴、政府指令等是否相关——你都需要组

织得当。

《隐身在会展活动里的市场情报》为你提供了正确组织和开发贸易展情报工具包所需的信息。这本书分为五章，每章都提供诀窍和技巧，以帮助你最大程度地利用贸易展情报机会：

- 第1章　现场情报示例
- 第2章　现场情报的技能和技巧
- 第3章　现场情报的变迁
- 第4章　专题
- 第5章　为现场情报的未来做好准备

这五章的基础是几个关键主题或经验教训。

1. 你必须组织得当。本书中的每章都提供了一些工具和技术示例，让你在利用贸易展情报机会的时候更有组织性。本书为你提供了计划模板，清单，以及许多关于如何有效组织以利用贸易展情报的技巧。

2. 这真的是现场情报，而不仅仅是贸易展情报。除了贸易展，还有更多的地方可以运用这些技巧。在接下来的文章中，你将了解这些技巧是如何成功应用于会议、研讨会、办公室聚会、体育赛事和其他活动的。基本上，人们聚集的任何地方都有信息收集的机会。在本书的其余部分，我将不再使用"贸易展情报"一词，而是使用"现场情报"①。本书中描述的技巧可以应用于人群聚集的任何地方。此外，正如我在疫情期间所了解（和经历）的那样，这些技术在实地展览和虚拟展览中都适用。

3. 现场情报适用于各种组织机构。是的，大型企业经常使用现场情报，你会在本书中找到这方面的例子。然而，本书还包含许多中小型企业、政府、协会，非政府组织（NGO）和大学成功运用现场情报来获取有价值的市场洞察的例子。事实上，成功运作现场情报项目的机构和行业范围之广让人印象深刻，我

---

① event intelligence 翻译为现场情报，event 单独出现时译为大小型活动，或活动。——译者注

希望每个读者都能在本书中找到他们所在的组织机构可以借鉴联系的案例。现场情报适用于所有人。

4. 现场情报是关于与他人合作的。你在本书中读到的现场情报，其大部分价值来源于这样一个事实，即情报流程要囊括竞争情报部门之外的人员。格雷格·理查兹（Greg Richards）、保罗·桑蒂利（Paul Santilli）和我一起创造了"开放情报"（open intelligence）一词，指的是组织内部和外部的人员被邀请一同制定情报计划、收集信息、评估信息并参与信息交流。我们发现，当情报是"集体智慧"时，会变得更好。

后面的许多文章都描述了现场情报团队如何带动情报部门以外的公司人员（即市场营销和销售、研发、人力资源）、客户、政府官员、协会员工甚至竞争对手参与。在一次活动中，参与活动的有我（顾问）和该组织的三名成员（他们没有竞争情报部门）。随着活动的开展，我们认识的其他人主动提出要帮助我们，到活动结束时，我们统计有100多名为我们收集信息的"友情支持者"（我这样称呼他们）。这是最好的集体情报。

现场情报涵盖了许多有趣的领域/主题。当我在20世纪90年代初第一次接触CI和SCIP时，CI的重点是竞争对手以及这些竞争对手在做什么。虽然基于竞争对手的情报具有价值并且可以从活动中获得，但本书中的文章见证了许多其他在现场活动中成功探索的主题。例如，我已经看到现场情报流程用于帮助组织机构创新项目，用于了解客户需求，了解客户旅程，提高销售业绩，协助新产品开发，寻找合作伙伴等。我还看到协会和政府官员利用贸易展来开发更好的项目。

你将阅读大量关于如何在所有这些领域运用现场情报并帮助组织机构实现其参展（不仅仅是情报）目标的故事。

5. 现场情报永远在变化；因此，要继续学习。也许我在现场情报领域40多年中最享受的就是事情在不断变化。幸运的是，我喜欢学习。随着CI的发展和技术的进步，我们了解到可用于改进现场情报活动的新工具和新概念。例如，疫情带来的巨变迫使我学习如何使现场情报技术适应新的现实。

以下是对本书五个章节的描述，以及每章的一些洞察和建议。

自 序

第一章 现场情报示例

本章中的5篇文章为你提供了许多来自各行各业的案例，借以说明现场情报如何成功运用于帮助机构获得市场洞察，从而帮他们做出重要决策。每篇文章都包含所述情报主题的详细信息，以及如何利用相关活动来收集每个主题的信息，并产生相关结果。每篇文章都提供了大量的建议和诀窍，为我们使用现场情报工具包提供了良好的开始。

第二章 现场情报的技能和技巧

本章包含12篇文章，涵盖了充分利用现场情报机会所需的全部核心技能。这一章以现场情报测验开始（第一篇文章），让你能够评估自己在应对现场情报挑战方面的完备程度。你可将其视为一张现场情报技能、工具和技术的清单。紧跟在第一篇文章之后的是一篇专栏，专栏基于SCIP在几年前开展的贸易展网络研讨会内容，研讨会上许多前沿的CI专家就现场情报成功所需的内容提供了建议。第二章提供了以下方面的宝贵建议。

- 从事现场情报活动时重视职业道德；
- 如何制定现场情报计划；
- 如何在活动中收集和解读信息；
- 如何在活动中有效地与总部沟通；
- 如何评估会展的投资回报/业绩；
- 如何在贸易展上保护你所在机构的宝贵信息（贸易展反情报）。

现场情报是一个真正的集体情报机遇，本章以《与"友情支持者"合作，拓展贸易展情报的触及范围》的文章结尾，这篇文章为你提供了一个框架，你可以用它来扩大你的情报触及范围（不仅仅是你现场情报的触及范围）。

第三章 现场情报的变迁

本章中的10篇文章探讨了我在情报领域看到的影响现场情报的两个较大变

化：竞争情报范围的拓展和情报技术工具的发展。

我从2003年刚开始撰写该专栏时，CI主要聚焦于了解竞争对手。埃里克·格利特曼（Erik Glitman）举办了一场精彩的现场情报网络研讨会，SCIP会员可以免费观看。他在其中指出，CI团队在贸易展上的第一目标是了解竞争对手。2015年，楠·巴尔杰（Nan Bulger，当时是SCIP的首席执行官）提出了一个她称之为"综合情报"的概念。在描述这个概念时，楠阐释了CI是如何演变的：

它实际上已经演变为不仅要了解竞争对手，而且要将客户真正置于你情报收集的中心，这样你就可以确定如何以最好的方式帮助你的客户在市场上竞争，帮助你的客户赚钱，同时，观察竞争对手会产生怎样的竞争效应、政治环境如何影响客户做出决策，市场动态如何影响客户等。

我在自己的现场情报应用过程中也见证了这种超越竞争对手的CI拓展。虽然了解竞争对手在做什么是我很多客户现场情报计划的关键部分，但从贸易展中获取客户情报、了解客户真正需求的机会是同样重要的。现场情报被视为可以帮助组织机构理解和"修复"客户旅程，并帮助机构进行创新工作的东西。

情报范围的第二次拓展是保罗·桑蒂利（SCIP董事会成员）、格雷格·理查兹（商业分析领域的先驱）和我在2017年对"开放情报"一词的引入。开放情报建立在不断发展的开放创新概念之上，提出创新（或者，在我们这儿指"情报"）需要更加开放。换句话说，它需要利用组织机构CI部门以外的其他人员，以及外部环境中的人员来帮助提供现场情报。这不只是简单地请朋友帮忙收集情报。它涉及朋友和其他专家参与制定情报主题和计划，协助收集和分析，甚至参与交流。下面是一个例子。

在我的现场情报培训计划中，我要求参与者向小组展示他们想做的现场情报主题/焦点。在其中一个会议中，我注意到一些参与者（我暂时这么称呼）在听其中一家公司讲他们即将参加的下一个贸易展的情报重点时，表现出了消极的肢体语言。我请两位表现出消极肢体语言的参与者解释为什么他们持消极态度。第

自 序

一位"消极者"说："我很了解那家公司，我是他们协会的执行董事。这家公司要更加专注于创新，因为他们的产品落后于我所看到的其他产品"。第二位"消极者"说："我是他们的客户之一，我希望他们在会展上学习如何对客户做出更好的回应。他们需要更加敏捷。"

你的供应商、行业协会高管、政府合作伙伴、客户甚至竞争对手都对你需要了解和做的事情有深入的认识。那么为什么不咨询他们？因此，第三章提供了一些关于如何根据竞争情报范围的拓展（第一大变化）来制定和扩展现场情报计划的想法。

我看到的第二大变化在情报技术领域，情报技术可用于协助现场情报工作。在2003年，我当时使用到的技术包括：在活动中进行交流时用的摩托罗拉对讲机、填写收集数据的信息表和用于录入信息的 Excel 文件。收集主要是通过采访、观察，当然还有阅读来完成的。从那时起，包括社交网络在内的技术发展，让我们能在会场利用推特（Twitter）和其他社交媒体网络挖掘信息；还有技术工具的进步，如 Slack 和 Discourse，让我们能在活动中与现场情报团队分享和沟通信息。甚至现场情报的分析也受益于技术进步。例如，现在商业分析已经能实时地分析现场收集到的信息。第三章还有几篇文章，介绍了如何使用这些技术来支持情报工作。

第四章　专题

本章汇集了12篇文章，旨在帮助你拓宽对现场情报及其应用的理解。我为这部分添加了副标题"我学到了什么？"因为它反映了我自2003年以来的观察结果（或者说，我的"顿悟时刻"）。

本章以3篇文章开头，说明了为什么现场情报的技巧不仅仅局限于贸易展。《恰逢一年CI好时节》讲述了我如何在办公室聚会和其他社交活动中成功运用现场情报的故事。《为科学会议做好准备：以情报的方式》向你展示了现场情报在前瞻性会议上的价值。《派对至"学"方休：现场情报的场合》总结了构成本书第二章（现场情报的技能和技巧）基础的技巧是如何适用于各种社交、非贸易展

隐身在会展活动里的市场情报

活动的。当我在2003年进入该领域时，我认为它只适用于大型贸易展，但正如3篇文章中所揭示的那样，现场情报工具包可以，而且应该应用于任何人们聚集的地方。

随后的3篇文章探讨了谁应当成为情报团队的一员。在2003年的时候，我的想法是由CI从业者（在大多数情况下，只有一个人）组成现场情报团队。多年来，我看到了从组织内部甚至外部引入其他员工的价值，还有引入不同的技能、不同的人际网络以及主题专家（取决于所需的情报类型，有时是非常重要的）的价值。在最近的CI会议（德国竞争情报研究所ICI举办的2020年国际竞争与市场情报会议）上，一位发言人表示，由于她的公司在产品线和技术方面日益复杂化，她现在更像是一名CI教练和集成商，动员整个公司的职员并帮助他们挖掘情报。这些文章提供了案例和建议，可以帮你确定参展所需的人员和技能。

也许本章最重要的部分是我对运用CI帮助机构实现其活动目标的观察。2003年我的想法是，贸易展是情报团队收集情报项目所需信息的好地方。但正如我多年来所了解到的那样，使用现场情报工具包可以帮助市场营销部门从贸易展中获得更多价值，在展位上做得更好，并帮助参加活动的员工获得更多价值。从这个方面来看，这本书不仅适用于情报专业人士，而且适用于参加大小型活动的任何人。

许多年前，我与巴里·西斯金德（Barry Siskind）合作，他是世界顶级贸易展专家之一，也是《强大的展览营销：成功的贸易展、会议和消费者展览的完整指南》的作者。在一个名为"展位内外"的研讨会上，他花了半天时间教授参与者关于展位技巧的知识，而我花了半天时间教他们关于现场情报的知识。我们合作是因为我们意识到CI可以用来帮助公司实现其活动的目标。CI可以帮助培训展台人员如何对潜在客户进行采访和画像，促进他们更好地了解客户在展台的真实需求，识别新兴技术和其他趋势等。我的想法是将现场情报嵌入到组织机构的整个现场活动流程中，而不是让它简单地成为与现场活动并行的、单独情报流程的一部分。

自 序

本章接下来的两篇文章（《会展组委会成为一项情报资源》和《贸易展的主场优势：在贸易展场地外挖掘客户洞察的可靠方法》）的灵感来自我对贸易展后勤（我们暂时这么称呼）在情报项目中发挥作用的观察。成为活动筹备组的一员能够让你邀请特定的演讲嘉宾，让你以特定的方式参与活动并和其他人员接触（当然这一切都必须符合职业道德规范）。如果在贸易展的举办城市，你所在的机构恰好有场地设施，你就可以邀请客户和潜在客户到你的场地去，在那里了解更多他们的需求——就像在你的主场又举办了一场小型活动一样。

专题部分还包含 1 篇文章，它着眼于会场活动的国际性。我参加过在欧洲、北美、南美、亚洲、非洲和大洋洲举办的活动。迄今为止访问了 128 个国家，我可以肯定地说，在一个国家行得通的东西在另一个国家未必行得通，至少方式不同。文化会发挥作用，各种后勤因素也会发挥作用。这些在《会展情报走向国际》一文中进行了阐述。

本章以两篇文章结尾，重点关注读者和研讨会参与者最常问我的问题：我如何获得现场情报的资源/更多资源？文章《亲爱的"C"：请给我会展情报项目的资源》，为你提供有关如何与高级管理人员交流以获取现场情报资源的建议。它总结了我所说的"情报推销"，并说明了如何既推销情报流程的本身，也把情报已被证实的价值传达出去。紧随其后的是贸易展宣传，它强调了现场情报带来的巨大价值和投资回报（它建立在本书许多文章的基础上）。文章最后给出了如何使用现场活动的具体资料（展位列表、演示文稿等）向"C"[①]展示现场活动有哪些内容，以及如何从情报角度利用它去给机构带来收益。

本章的最后一篇文章《会展情报：快速启动你的新功能》展示了如何利用现场情报项目来启动和开发情报功能。根据我的经验，虽然许多机构不愿投资情报，但他们仍然有兴趣投资那些从贸易展和其他活动中获得更多收益的方法。

---

① 即公司管理层，因为 CEO、CFO、CTO 等都是 C 开头，代表 Chief。——译者注

第五章 为现场情报的未来做好准备

本书在这一章就结束了。本章包含3篇文章，旨在让你思考持续发展现场情报技能和加强CI在组织中影响力的必要性。《凸显并增强你所在机构的情报项目：现场情报的新年决心》将焦点放在下一年的现场情报活动上。这篇文章以三个决心和实现它们的想法开始。

决心1：我将提升我的现场情报技能并丰富相关知识。

决心2：我会让高级管理层相信现场情报的重要性。

决心3：无论我是否在现场，我都会想方设法为公司的会展团队提供帮助。

这些决心是制定年度现场情报改进计划的实用步骤。

第二篇文章的主题"会展趋势"有望成为你开发现场情报的重要基础。这篇文章是基于活动专家和贸易展行业协会在特定年份对贸易展摊位/参展商趋势与变化的回顾。它还包括我对此类趋势和变化可能给情报带来相关影响的评估。这与决心3"帮助我所在机构的贸易展团队"相关。想在现场情报中获得预期的效果，首先你要知道如何在一般的贸易展中变得高效，这需要了解现场活动的实践是如何变化的。利用值得信赖的贸易展行业资源，如在线参展商、贸易展新闻网络、展览业研究中心和贸易展管理人员杂志，有助于你去了解活动行业的动态。

最后，《疫情期间的现场情报：虚拟会展情报的六大技巧》提醒人们，尽管可能会发生重大变化，但现场情报（经过某些调整）仍然可以继续适用。本文讲述了尽管发生了疫情，现场情报仍被成功地用于各类活动，包括在线贸易展和会议，以及前往越南的虚拟国际贸易代表团。对于这些活动，比通常情况下更加留意"友情支持者"或给予热情的介绍是关键。此外，充分了解技术平台被证明是至关重要的。

《隐身在会展活动里的市场情报》，是我在过去40多年参与现场活动所学到知识的结晶。这本书的内容来自我在《竞争情报杂志》[①]（*Competitive Intelligence*

---

① SCIP会刊。——译者注

自序

Magazine)从 2003 年开始的专栏和我在 SCIP 指南中写的各个章节。许多建议都是基于我在世界各地举办活动项目、参加贸易展和其他活动的经验,还有众多其他 CI 专业人士的经验——我的从业者朋友们。就我的专栏而言,我从许多经验丰富的竞争情报、商业分析、市场营销和学术领域的专家那里汲取了见解,或者干脆和他们共同撰写了几个专栏。

这本书是我和已故的邦妮·霍夫(Bonnie Hohhof)于 2007 年编写的《贸易展、会议和活动情报最佳实践》的后续版本,从某种意义上来说也是亟待更新的版本。虽然是从竞争情报的角度编写的,本书和现场情报工具包可以且应当适用于计划参加会议、贸易展、展览等一切活动的所有人。

我希望本书中的信息,尤其是建议部分,能够帮助你所在的机构提高会展的投资回报率,并获得敏锐而有价值的市场洞察。

(译者:陈煦)

致谢与献词

《隐身在会展活动里的市场情报》体现了我从青少年时期到今天所学到的关于大小型活动的大部分知识。这不是对我的致敬,而是对许多与我分享故事和知识的贸易展与情报从业者的致敬,同时也是对数百家请我帮助他们开发现场情报流程的公司、协会、政府和其他实体的致敬。

写这本书是为了感谢所有那些在过去几十年里,帮助并鼓励我坚持不懈追求目标的人。所谓目标,就是通过人际网络和活动来帮助机构变得有创新能力、更具竞争力和更加成功。这本书还提醒人们发现经常被忽视的现场活动的力量,它可以帮助你预测市场变化、辨别客户需求、跟踪竞争对手动向和监管变化,并在众所周知的竞赛中保持领先优势。

我要特别感谢(美国)战略与竞争情报从业者协会(SCIP),特别是卡姆·麦基(Cam Mackey)和米歇尔·温特(Michelle Winter)。SCIP 从早期就一直在我身边,是我在现场情报方面的合作伙伴。

已故的邦妮·霍夫(Bonnie Hohhof,2000 年初期 SCIP 的传播总监)是我的朋友、编辑、合作伙伴和 SCIP 内现场情报的倡导者。2007 年,她与我共同编辑了《贸易展、会议和活动情报最佳实践》,并为我编辑了多年的专栏,让其看起来更出色。她的英年早逝对竞争情报界造成了严重的打击。

SCIP 前首席执行官楠·巴尔杰(Nan Bulger)支持 SCIP 的贸易展情报倡议,其中包括众多网络研讨会、我的专栏以及无数次在年度和区域会议上关于现场情报的演讲。她提出的"综合情报"概念有助于推动贸易展情报领域的发展。我感谢她的支持、她的友谊和她在发展新概念方面的创造力,这些新概念有助于为现场情报增加深度和重要性。

卡姆·麦基,直到最近担任 SCIP 的执行董事都一直是这本书真正的合作伙伴。当我在 CI 荣誉会员年度大会上第一次见到他时，我提到了这本书，他唯一的问题是："SCIP 要如何帮助你？"卡姆是一个真正的男人。他支持这本书，审阅了所有章节，提供了建议并以其他方式提供了帮助。卡姆践行开放情报理念，主动与 CI 以及 CI 相关的机构联络并提供帮助。卡姆，感谢你所做的一切，我期待在未来的项目中与你合作。

最后也是最重要的对 SCIP 的感谢要献给米歇尔·温特。米歇尔多年来一直是我的朋友，并且已经真正成为我家庭的一分子。米歇尔和我对曲棍球、竞争情报和犹太文化有着共同的热情。如果你看到我们在一起，你会认为我们真的来自同一个家庭。她深受我的孩子、我的妻子和我的狗的喜爱。米歇尔投入了无数时间来帮我整理这本书。让这样的书问世存在巨大的技术挑战，而米歇尔克服了所有这些挑战——获取 ISBN 编号、格式化并解密过去受安全保护的专栏、编辑、审核，也会乱贡献意见（kibitzing，如果你不认识这个词，查一下）。

还要感谢多米尼克·布莱克利（Dominic Blakely）和我在新不伦瑞克大学（University of New Brunswick）的家人。多米尼克和我一起在联合国教科文组织创新与新事业预见系统担任联合主席。他是我的好朋友、兄弟，和我的另一个新不伦瑞克大学的兄弟迪伦德拉·舒克拉（Dhirendra Shukla）一起都是我的威士忌伙伴（希望在不久的将来成为我的高尔夫教练）。当我躺在医院病床上与白血病作斗争时，多米尼克承担了联合国教科文组织提案的大部分繁重工作。他鼓励我不要担心提案（或这本书）。多米尼克还完成繁重的工作，花费了数百小时试图将这本书变成一本电子书（Epub）。多米尼克——你太不可思议了。

还要感谢渥太华大学的大家庭，特别是许多鼓励我对现场情报热爱的院长们。学术界很少承认帮助从业者的重要性，我很感激有这么难得的院长们！！！！

我最后的感谢，实际上是我对这本书的题词，给我的家人：致我已故的父亲海伊·卡洛夫（Hy Calof）和我的母亲鲁斯·卡洛夫（Ruth Calof），他们总是立下诫命"孝敬父母"，这于我而言是一种快乐且乐于遵守的事；致我的儿子安德鲁（Andrew）和迈克尔（Micheal）；致我的女儿简妮（Jannie，实际上是我的儿媳，但她真的更像个女儿）和利维（Levi），我的第一个孙子，带着感染力的笑

隐身在会展活动里的市场情报

声和点亮房间的笑容——你就是快乐；还有凯拉（Kayla），我的准儿媳，等这本书出版就会成为我的儿媳。你们所有人都很特别，给我的生活带来了很多快乐。我的孩子们为我们的家庭带来了令人难以置信的合作伙伴，我迫不及待地期待我们的未来（这不是在暗示想要孙子/女）。

还要感谢我忠实的伙伴，麦克斯（Max，我的狗）和比熊（Bjorn，我的"狗孙"），它们都让我不得不时常离开电脑玩耍（它们都不理解"爸爸/爷爷"现在必须工作的概念）。你们让我体会到平衡生活的美好，给我带来很多快乐。

最后，也是最重要的，这本书献给我的妻子洛伊丝（Lois）。去年，SCIP做一个专题采访了我。他们提出的问题之一是："你经常使用的提升生产力的建议或生活窍门是什么？"我的回应是：

冒着被指责为愚蠢的风险，我的生活小窍门被称为"问洛伊丝"。认识我的人都知道，洛伊丝是我的妻子和生活伴侣。她在很多方面让我的生活变得轻松，因为我经常在路上。如果你选择好你的生活伴侣，那将是真正的生活小窍门。

洛伊丝一直在我身边，无论生活好坏，她都是最高级别意义上的给予者和许多人的帮助者。在我的癌症之旅中，医务人员看到了她为提供支持所做的一切，他们说希望所有癌症护理人员都像她一样。她付出得太多，索取得太少。她体现了善良和谦虚的双重优点。她是我的磐石和我的另一半（认识我的人会很快证实后者）。

乔纳森·卡洛夫

（译者：陈煦）

隐身在会展活动里的市场情报

Chapter
第一章
现场情报示例
01

隐身在会展活动里的市场情报

第一节 贸易展情报：紧张、费力且有趣

原文刊载于 *Competitive Intelligence Magazine*，2003年11—12月，共同作者 Bob Fox。

这是一场贸易展，正如预期的那样，（情报）收集活动比比皆是。纵观现场，可以看到以下情况。

• 两位政府官员一同收集信息；一位来自加拿大，另一位来自瑞士。他们正在研究政府对参展公司的援助问题。

• 还有两位一同收集信息的收集者；一位来自政府，另一位来自协会。他们正试图确定美国经销商在新公司中寻找什么。

• 一位公司高管去了另一个展位，收集关于外国公司如何参与会展的市场信息。

• 两位顾问一同观察展场，寻找主题并研究产品如何为美国市场进行品牌塑造。

• 一位协会高管正在参加一场研讨会，希望能了解新的趋势。

• 来自同一组织的另外四个人正要离开，去参加由会展的组织者所组织的当地企业之旅。

• 为了完整地了解情况，省级官员、联邦政府官员、企业高管以及两个省级协会和一个全国性协会的高层管理人员正四处观察，试图寻找"有什么热点话题"。

这是会展上寻常的一天；许多不同的人忙着收集信息。仔细观察会发现，所有这些人一起作为一个团队工作，为共同的关键情报课题寻求答案。他们正在积极地互相帮助，以完成他们的计划。这些计划来自不同省份的不同公司、联邦和省一级政府以及协会。甚至还有顾问在那里协助收集信息。

合作情报

他们全都在为一个共同的目的收集信息，将信息带给一个中央汇编者来开发

第一章　现场情报示例

一个数据库,每晚会面进行信息分析,并接收每晚的结果报告。他们都是创新的会展情报辅导和培训计划的参与者。欢迎来到加拿大会展第一课：会展情报的人际网络和知识管理。

在这个案例中,该团体联合起来希望从会展中获取最大的利益。协会高管实际上是为政府收集信息,而政府代表则是为公司收集信息！顾问则是为公司、协会和政府收集信息。一位瑞士政府官员觉得这整个过程非常有趣,他想和加拿大官员一起开展联合收集任务。

会展是此次"竞争情报（CI）和知识管理"特别培训计划的"高潮"部分,计划将培训、辅导与现场实地练习结合。该计划提供了竞争情报和会展情报的基本介绍；然后通过使用知识管理概念与团队活动来让整个团体在相互帮助中收集贸易展情报。

这种方法使得小型公司有机会利用大型公司的资源来收集会展情报。它帮助政府确保私营部门长期以来一直要求的无缝交付。它帮助国家和省级协会将他们与成员和政府联系在一起。在某种程度上,这个计划是竞争情报的介绍,也是一个贸易展情报咨询项目的总结。

会展情报的指导和培训项目解决了两个关键的挑战。

1. 让公司、协会和政府更好地管理他们的会展信息活动

参加会展的主要原因之一是为了收集信息,以更好地了解市场、客户和竞争对手。正如 SCIP 的出版物所提到的那样,会议为在最短时间内以最少的费用收集情报提供了绝佳的机会。

正如先前所指出的,"如果组织得当,一支合格的、有备而来的团队应该能够收集到其他情况下一整年都无法收集到的有用信息"。现场的演讲、研讨会、展台和与会代表之间,有大量的信息可供利用。

此外,会展是人们真正会去谈论他们所做的事情的地方。不幸的是,很少有组织以全面系统的流程来开展收集有用情报的工作。

2. 以参与者可以联系到并从中受益的方式发展基本的情报意识和技能

传统的情报计划侧重于向所有参与者提供通用材料。特别是对于政府和小企

业而言，他们经常抱怨材料无法很好地转化到他们的环境中，需要进行定制。这在作者之前的一篇文章中有所述及（卡洛夫，福克斯，阮 2002）。

为了最恰当地描述该计划如何解决这两个需求，本文引导读者通过一个最近的会展——2003 年 1 月在旧金山举行的"食品展"——来了解课程流程。

会展前四个月

协会与政府官员合作，与那些对贸易展情报培训项目感兴趣并愿意在会展上联合申请合作的公司和其他人接触。选择的会展是 2003 年冬季食品展。他们制作了信息手册，并进行了单独联系以讨论计划。接触的公司是最有可能对该行业感兴趣或涉及其中的公司。

通过专注于一个行业，确立参与团队的共同点。接触的政府和协会人员具有农业食品背景和与贸易和竞争力相关的任务。他们还有兴趣参与团队工作以收集和解释信息。

通过精选和特定邀请，确保参与者之间存在某种共同点。这有助于整合团队，以传递一个统一的运用前景。

会展前三个月

邀请有兴趣的公司和其他相关方参加计划的简报会。通过视频会议方式进行 90 分钟演示，概述该过程并确立了团队成员的期望。目的是让参与者专注于潜在的会展关键情报课题。

会展前两个月

参与者参加为期一天的培训。培训师前往几个地点：温哥华、埃德蒙顿、萨斯卡通、温尼伯和渥太华。培训计划包括半天的竞争情报基础知识介绍和半天的会展情报收集。

第二个半天，参与者开始制定自己的竞争情报计划，包括关键情报课题（KIT）、关键情报问题（KIQ）和关键情报指标（KII）。参与者被要求思考在会

第一章 现场情报示例

展上收集信息的所有机会。他们还需要确定他们正在寻找的信息是否可以从其他来源收集,以免在会展上浪费时间。

其中一位参与者在呈现他的关键情报课题和关键情报问题时,惊讶地发现房间里有几个成员已经知道了他问题的答案。因此,他和他的公司决定不再参加会展。这是信息共享的最佳实践,并展示了它如何节约巨大的开支。

会展前一个月

现在,辅导阶段开始了。参与者向培训师发送他们的计划方案并获得点评。他们寻找各种可能的方法来整合方案并建立新团队。计划方案中包括关于信息收集源的想法。参与者查看学术研讨和小型研讨会的描述,以及网站上列出的已经参加会展的公司有哪些,并提出会改变其指标或收集计划的想法。

会展前两周

这是一次"杀伤性"会议。团队聚集在一起讨论在培训课程中制定的团队计划。其目的是通过让参与者批判计划来实现改进。最终得出的计划侧重于确定团队要收集的信息以及如何以最佳方式进行收集。

与此同时,参与者确定他们将在会议上参加的研讨会。有时候参与者会感到沮丧,因为他们个人无法参加所有想去的研讨会。但他们不用担心。团队内部开始协商,确定谁将参加哪个研讨会,谁将参观哪个展台。

最终,所有人都达成一致,互相帮助收集信息。所有研讨会都不例外,参加者承诺为其他团队成员收集相关信息。一个研讨会的参与者可能为六七个计划收集信息,包括他们的竞争对手,同时也得到六七个计划的信息。该过程的价值在于促使参与者承诺合作的意愿远超平常。

会展前一晚

此时,所有参与者聚集在一起进行会展前的简单汇报。会留出时间进行更多培训并重建团队。现在,他们要学习网络化、采访技巧、反情报和伦理道德。关

键是在正确的时间接受正确的培训，会展前一晚是讨论他们开始收集信息时所选用的采访方式的好时机。

简报还解决了伦理问题。使用SCIP的伦理准则：不得虚假陈述。参与者会询问灰色地带。一名参与者问道："如果我在电梯里听到了一个涉及我的关键情报课题之一的对话，我可以使用吗？"培训师的回答是："不可以，我们不是躲在角落里、躲在树后面或扮演詹姆斯·邦德。如果电梯里的对话提供了你计划中所需的信息，请加入这场对话。这样，你可以获得更多的信息和上下文来理解他们所说的话。"会展和会议上的人们都乐于交谈。

晚上的第二部分是专门讨论项目后勤事宜。学员们了解了用于采集输入会展情报数据库的信息收集表。议程提供了何时何地收集数据以及分析团队会面的时间。参与者通过联系人卡片可知道团队中的每个成员住在哪里以及如何联系他们。最后，团队审查每个计划，作为反馈以及计划信息和任务共享的又一次尝试。

第一天

10:00　会展开始，收集人员开始执行他们的任务。在刚开始的前两个小时，培训师在会展现场确定需要根据会展情况修改计划的领域（例如没有出现的展商、取消的研讨会等）。在这里，我们期望计划会发生变化，并出现新的关键情报课题和关键情报问题。

12:00　培训师和一些参与者进行了一次关于现场进展的讨论。培训师花时间在现场找到参与者并监测他们的进展。需要制作一个展台收集表格，以确定支持两个主要关键情报课题的特定信息。培训师根据团队的意见进行准备，并讨论如何对1 150个展台进行采样。

13:00　继续进行更多的收集活动，培训师再次与团队成员联系，审核任务分配并检查进度。偶尔，培训师会陪同一个参与者进行采访或与他们一起工作，看看他们如何获取指标，并加强课程概念。

17:30　项目整理者收集数据表格。只有收集人希望与团队共享的信息才会

第一章 现场情报示例

输入到数据库中。个别公司或团体有特定的关键情报课题，可能涉及保密或仅为个人兴趣。在许多情况下，团队成员会要求同事获取某些信息，只给他们提供为什么需要这些信息的部分原因。在获得了团队活动的益处并看到了第一天收集的成果后，参与者自由交换信息。

20：00 分析小组会议开始，回顾当天收集数据库的内容，并开始处理和分析收集到的信息。分析小组由培训师、首席整理者和关键情报课题领导者（任何正在开展自己计划的人）组成。在这种特殊情况下，还有两个人正在接受培训，以便在未来的会展中承担组织者的责任。

在参加分析小组会议时，参与者有机会通过观察和实践来学习。一些关键情报课题得以解决。其他计划被修改，还有一些计划被放弃。参与者看到计划如何发展，引入了一些新的问题。根据会展上收集到的新信息，计划总是会被修改。这是一个非动态过程。分析会议以修订计划和分配下一天的相关收集任务结束。

22：00 是时候进行沟通了！培训师和分析小组准备了当天活动的报告：一份涵盖所有关键情报课题和新任务进展的两页摘要。并非每个参与者都能参加分析会议（可能由于其他任务），因此每个人都知道整个团队的状态，以及每个关键情报课题、个人工作分配和项目的状态，这将是至关重要的。

这也是通知参与者需要在贸易会展现场利用眼睛和耳朵敏锐捕捉话题的时间。鼓励参与者将新闻通讯或他们自己的结果发送回他们的公司或组织，并确定是否需要进一步修改计划。此外，计划也会发送到他们的总部，以便他们收集在会展上更容易获得的信息。

第二天

第二天与第一天相同，但有一个重要的补充。分析小组在早上6:30开会，以确保团队成员验证前一晚的两页摘要的调查结果。这使那些参加了前一晚分析师会议的人有机会重新考虑他们的结论，同时允许那些未能参加的人提供意见。这还为参与者提供了一个非正式的环境，特别是那些正在接受培训以成为组织者的人，可以询问有关这个过程的问题。

隐身在会展活动里的市场情报

典型的分析会议进行得很快，包含激烈的讨论。晚间的会议没有机会就过程提出问题。旧金山的漫长晚宴为这些更广泛的讨论提供了完美环境。晚宴还提供了机会，向参与者介绍收集活动的情况，并确保所有收集的信息都已纳入数据库。

食物一直被证明是建立团队、在轻松交流中形成更强大的团队的绝佳方式。这就是我们一起分享美食的原因。

第三天

第三天增加了额外的活动。在前两天的活动重复进行的同时，培训师还使用了团队设计的新模板来解决一个新的关键情报课题。它将允许团队成员审查每个展位的关键信息。随机测试了30个展位，确认新模板提供了所需的关键信息后，团队派出两个小组对每五个展位进行调查。

一天结束时，每个人都感到筋疲力尽，但仍然感到兴奋。几乎所有的团队成员都为数据库提供了信息，并且都积极支持这个过程。团队要求培训师对与展位相关的新的收集计划进行一些初步分析，以确定第二天是否需要做更多工作。

最后一天

这是会展的最后一天。非常疲惫的团队成员被分配到了最后的收集任务。培训师跟进所有参与者的情报收集工作，并帮助他们确定这一天的收集重点。

但培训还没有结束。所有参与者都参加了一次总结会议。在会议上，培训师评估了展位调查的结果，并介绍了各个计划的临时结果。这也是所有参与者提供额外意见的机会。除了两名仍在会展上的团队成员外，所有人都参加了总结会议（这两个人必须在会展结束后撤下自己的展位）。

最后，在这个会议上，参与者讨论了整个过程。他们喜欢什么或不喜欢什么，以及他们建议未来会展上的改变。最常见的评论包括：

- 采访比我想象中容易。
- 这是件好事，我很专注。

第一章　现场情报示例

- 我喜欢大家分享信息并协作——我在这里获得的信息比之前的会展收集的信息要多。

会议原计划为30分钟，但一小时过去了，团队决定一起去用餐。他们的肾上腺素持续飙升，团队在旧金山渔人码头的晚宴上又聚了三个小时。这个过程建立了一个牢固的纽带。

会展结束后的一个月

现在是时候进行全面汇报了。关键情报课题领导者会为每个关键情报课题准备一份报告，并在必要时将其分发给所有参与者。在电话会议中，他们将讨论参与者计划中出现的调查结果和建议。这是最后一次输入信息、协助分析并讨论会展情报收集过程的机会。

培训持续了四个月。参与者之间建立了友谊、分享了信息。通过实践学习，参与者已经对情报概念建立了深刻的理解。

在会展环境中，参与者尤其需要学习如何采用情报计划。如果没有关键情报课题、关键情报问题和关键情报指标，参与者在会展中会感到不知所措，错失宝贵的收集机会。通过每天运行情报循环，他们可以发现自己现在掌握了错误的信息，并且不必等到回家后才发现——那时为时已晚。

会展是教授情报行为准则和解释为何需要情报的完美环境。在参与者熟悉的环境（其所在行业的会展）中提供培训，可以很容易地将培训与他们的工作联系起来。

这种培训方法在加拿大迅速流行起来。在过去一年中，它已经在四个主要会展上使用，未来12个月还有多达十几个会展的委托。

这个过程是紧张、费力且充满乐趣的。但话说回来，情报也是如此。

参考文献

[1] Calof J, Fox B, Nguyen D. Making intelligence grow-a mentoring approach[J]. Competitive Intelligence Magazine, 2002.

［2］Shaker S, Kardulias G. Scoring at conferences: the quarterback technique for gathering intelligence[J]. Competitive Intelligence Review, 1996, 7(4):4-10.

［3］Prior V. Down under: trade shows and exhibitions-the intelligence gatherer's cornucopia[J]. Competitive Intelligence Review, 1996, 7(4):77-78.

（译者：任晓波）

第一章 现场情报示例

第二节　会展情报：成功计划的案例

原文刊载于 Competitive Intelligence Magazine，2009 年 3—4 月，共同作者 Kent Potter，Nancy Potter。

正如蒙提·派森[①]所说，"现在轮到完全不同的东西了"。本期的现场情报专栏旨在完成两件事。

- 提供充足的现场情报实用案例，你可以将其递交给高层管理人员。
- 鼓励会员分享他们的经验。这个重要的过程始于使用开源方法构建一个会展情报经验的仓库。

如果你回顾我过去写的专栏文章，就会发现文章中的主要关注点是现场情报的流程以及如何改进它。其中的话题包括收集、规划、沟通、合作、反情报、国际影响等。我不断地收到分享有关成功应用现场情报的案例的请求。你需要这些信息的原因有两个。

- 你将获得有关如何利用活动生成情报的创新思路。
- 它将通过向你的高层管理人员提供无数的活动引导可操作情报的案例，帮助你设计成功的现场情报计划。

本专栏及未来的专栏将不仅基于我的经验，还基于我的竞争情报（CI）同事的经验。本文中的案例集是在我有幸与肯特和南希·波特共度的两天中被开发出来的。他们愿意分享他们的业务模式和实例，这让我能够创建更多的活动联动。因此，按照真正的开源风格，这些案例现在进入公共领域，我将他们的名字添加到署名处。

两种看待现场活动的方式

情报专业人员如何看待现场活动？在与波特夫妇讨论时，我们关注了由于

[①] 蒙提·派森（Monty Python）是英国六人喜剧团体，喜剧界的披头士。

 隐身在会展活动里的市场情报

人们在此类场合愿意交谈以及由于存在过多的收集机会而能够收集的信息。许多情报专业人员会查看其现有的关键情报课题,并从中识别在会展上验证信息和填补信息空白的机会。例如,现场活动提供了机会,我们可借以获取完成竞争对手简介所需的信息或获得更新客户资料的信息。它们还提供了进行一两次采访的机会,我们可借以确认行业或技术趋势。

你还可以将现场活动视为从头到尾完成情报任务的机会。在我最初的会展情报培训结束时,我的客户告诉我会展情报模型在满足他的情报需求方面非常成功。当我要求他举一个成功案例时,他说他能够验证一份他委托的六位数咨询报告,识别某些行业趋势和机会。

表面上看,这是成功利用现场活动验证现有信息的一个良好案例。但我告诉他,我认为他所认为的成功是一种失败,是一种错失的机会。"考虑到你能够如此轻松地验证这份报告,你不能通过自己在活动上识别出趋势和机会来省这笔钱吗?"如果他带了一个或两个额外的人来参加活动,在3天内他们就可以撰写整份报告,大大节省成本。

核心情报项目

在我们在一起的时间里,我向肯特和南希·波特提出了两个问题。

1. 你的核心情报项目是什么?
2. 整个项目可以在会展上开展吗?

我特意问他们:"为什么要将会展视为一个单独的产品?我正在研究你们所有的产品和服务项目。在许多情况下,这些项目可以在活动中完整地完成,并且可能比以传统方式开展的项目更便宜。"我建议他们不要将会展视为一条业务线,而是看看他们的传统产品和服务,然后询问客户希望如何使用现场活动的情报方法收集和开发情报。

这个想法对他们有启发。因此,我们去了"波特图书馆",[①] 寻找可以在现场

---

① 波特夫妇收集或完成的情报项目案例库。——译者注

第一章 现场情报示例

活动中完整完成的具体案例。以下案例是我们搜索的结果。

案例 1： 合作情报：一家炭黑制造商

炭黑是增加汽车轮胎耐用性的物质。它是许多工业染料和墨水的主要组成部分。一家美国最大的炭黑制造商正在寻求更高端的市场，他们在燃料电池业务中找到了其高端产品的潜在新市场。他们雇用了纳米碳工程师，并开始为燃料电池制造商制造催化材料。

问题是，他们（客户）来晚了，其他制造商已经进入了这个市场。燃料电池的制造仍处于开发阶段。这是一项复杂的任务，涉及许多不同的实体，并经常由政府资助（注意：燃料电池仍没有强劲的零售市场）。

进入会展。参加会展的公司员工接受了情报培训，并为现场活动带来了外部情报支持。在年度燃料电池行业大会的会展上，情报项目全面开展。团队运用决策文化的分析技巧帮他们厘清人物关系并成功锁定潜在合作伙伴。通过使用该情报程序，团队成功地探索了现有的关系。公司建立了伙伴关系，最终使得公司的技术超越了几个竞争对手。

该公司的经理估计，活动前的培训和参展成本约为 45 000 美元。但所产生的伙伴关系潜在价值为数百万美元。更重要的是，他们预估利用会展活动为他们节省了约 8 个月的工作时间。

案例 2： 市场进入分析：能源设备制造商

一家能源设备制造商应用会展情报技术，准确地描述了特定类型的发电设备在美国市场的情况，并确定了可能的收购候选人。公司使用带有市场简介所需指标的清单，将会展作为收集和评估此信息的机会。

他们参加了一个会议，获得了有价值的研究结果。他们计算出总价值约为 6 万美元，高于将团队派往会议所花费的成本。

案例 3： 夜间汇报

夜间汇报是将整个情报流程叠加在传统会展销售方法之上的一个很好的案例。在这种情况下，一名没有接受情报培训的销售员在会展上收集信息，旨在增加公司的销售额。他获得了在现场环境外实施情报流程的支持。

一家高科技制造商只能派遣一名销售工程师参加夏威夷的技术会议，这让同行们非常不满。为了弥补无法派遣整个团队的不足，这位工程师采用了一种提供综合汇报销售前景的情报方法。采用这种方法，工程师每天会给一位专业的汇报听取者打几次电话，并分享他在会展上收集到的信息。

汇报听取者记录了他与工程师的通话，并将它们发送到亚洲进行转录。在那里，一名情报人员会审查转录以确定具体机会。因此，每天早晨，夏威夷的销售工程师都有前一天的每个关键联系人的记录，包括正面的线索和竞争威胁。这使得这位孤军奋战的销售员每天都能充分利用每个联系人的价值，并在第二天继续取得成功。

案例 4：支持销售的决策者分析：专业化学品公司

一家小型专业化学品公司（Sibilant）开发出一种特别有用的试剂，这种试剂很难制造，处理起来很危险。这种试剂有几种已知的用途，几乎没有替代品，但数量不足，无法证明制造和运输这种危险化合物的成本是合理的。该公司确定，他们需要在第一年销售至少 2 500 万美元的试剂，以证明其新产品成本的合理性。

Sibilant 在探索他们试剂的市场用途时，发现全球非常大的制药公司之一（Driggs）正在等待美国食品药品监督管理局最终批准一种有望成为畅销、高收益的新药。该公司还了解到，Driggs 制造新药需要使用一种具有类似于该公司产品的特性的试剂。但 Driggs 从未听说过该公司，并且众所周知，Driggs 只从长期供应商那里购买关键物资。更糟糕的是，该公司里没有人能够在 Driggs 新药上取得突破。

起初，Sibilant 的情况看起来很糟。然后，在一次该公司市场战略会议上，有人指出 Driggs 最近收购了另一家制药公司 Metzger，并且 Metzger 的工作人员很可能在最终准备制造和销售新药时扮演重要角色。

这创造了一个意外的机会。在四个月内，一场重要的专业化学品会议将在德国法兰克福举行，该公司已经计划参加。Driggs 和他们的新收购公司 Metzger 的重要人物也将出现在那里。Driggs 的人员变动是否会为新供应商创造机会？如果是，该如何抓住

第一章 现场情报示例

机会?

外部竞争情报团队与他们的客户 Sibilant 会面,并举办研讨会,生成一些 Sibilant 希望在即将到来的展览会上找到答案的问题,所有问题都集中在 Driggs 的决策文化方面。这些问题包括:

- Driggs 公司制造新畅销药物实际需要多少试剂?
- Driggs 将根据什么来选择试剂?决策导图会是什么样子?谁会参与?前 Metzger 采购人员在这个过程中会有什么影响,以及在哪个阶段产生影响?
- 新改组的 Driggs 公司是否会考虑新供应商? Driggs 内部哪些人最具抗拒性?谁最支持?
- 一旦确定关键决策过程,它们推进的速度会有多快?
- 如果有竞争的试剂供应商已经准备好接手这个业务,他们的弱点是什么? Driggs/Metzger 机构内的任何关键决策者是否特别关心他们的试剂供应?
- 一旦确定了关键决策者和决策影响者,他们的情况和兴趣是什么?什么能够吸引他们的兴趣,让他们相信事实并激励他们采取行动?

一旦他们提出了所有问题,Sibilant 研讨会的与会者就接受了交际情报的培训,这是一种适用于此类情报收集的良性引导技巧。公司在会议场地预留了一个空间作为指挥中心,会展团队在会议现场指定了几个汇报地点。双人汇报团队每天至少与每位 Sibilant 销售人员见面三次。一天结束时,整个现场活动团队聚集在一起分享关键发现。

结果是令人瞩目的。在第一天,团队没有获得太多信息。他们主要从参与者那里获得了很多 FRED(FRED 描述了通常需要与知情人建立共赢和中立关系的来源信息要素)。到第二天,团队已经对 Driggs 需要多少试剂有了一个概念。到第三天结束时,团队已经绘制出整个 Driggs 的决策过程图,决策图上谁影响了谁的清晰画面,以及其中的陷阱和瑕疵在哪里。

会议结束后两周,由会议工作收集到的情报促成了一张相当大的样品订单成交,这份订单远大于 Sibilant 预期的订单,以及更多大额订单的承诺。Sibilant 远远超过了市场目标,从当年的新试剂中获得的收入比预期多五倍。他们将很大一部分功劳归功于

 隐身在会展活动里的市场情报

有纪律的情报收集和对 Driggs 决策文化的详细分析。

如上述案例所示，决策者分析、战略扫描、市场影响研究、竞争地位诊断、销售线索汇报以及销售过程分析都可以在会展中完成。甚至安全诊断的某些方面——你在哪里容易受到攻击——也可以在现场活动中开展。你还有什么更好的机会来检查你公司的信息漏洞呢？毕竟，在这样的活动中，你的很多员工都在与行业人士（包括竞争对手）交谈。

我鼓励你们，我的读者，将这些案例带给你们的管理层和怀疑现场活动力量的同事。向他们展示如何将情报流程与活动相结合，使之成本效益更高，以开发更好的线索、开展研究、制定规划等。希望本专栏中讨论的案例研究能激发你们对会展情报对你们组织的潜在价值的想象力。

在我的下一篇专栏中，将重点介绍更多的案例（这些例子由来自 Fuld 的麦克·桑德曼提供）。在现在和下一期之间，我们会准备好这些案例，以便你们可以查看并从中学习。同时，我向你们每个人发出挑战，请把你们的现场情报成功故事发送给我，无论是已完成的情报任务还是对你们情报项目至关重要的信息的精华。我们分享的例子越多，就越容易让我们的情报用户了解情报的普遍优势，特别是会展情报的优势。

（译者：任晓波）

第一章 现场情报示例

第三节 现在——我们的会员们发来了一条信息

原文刊载于 Competitive Intelligence Magazine，2006 年 1—2 月，共同作者 Anne Barron（ABComm 公司）。

当我开始撰写这个专栏系列时，其目标之一是为 SCIP 会员提供一个机会，让他们分享自己的会展经历和学到的经验教训。到目前为止，我只谈到了自己的经历。现在是时候从其他人那里学习了。

这一期的专栏是第一篇，我希望会有更多关于会员经验的专栏。通过分享我们的故事和经验教训，我们可以建立一批会展情报材料库，所有 SCIP 会员都可以使用这些材料，为他们公司的会展情报计划提供支持。

在今天的专栏中，安妮·巴伦（Anne Barron）向读者提供了她的一些经历。安妮经常在 SCIP 会议上发表会展情报的演讲，她也是 ABComm 有限公司（一家会展管理和教育公司）的总裁。在这里，安妮谈到了如何利用会展情报帮助一家公司进行品牌重塑，并帮助一家政府机构迅速掌握会展情报。

案例 1：软件公司

情况

一家领先的加拿大软件公司进行了公司品牌重塑的预演。在 ABComm 的帮助下，他们对公司的整体会展参与策略进行了评估，包括交通模式、员工互动和效果以及潜在客户定位方法的分析。同时，（我们）也需要评估他们的会展展位的效果、设计和影响力。

行动计划

我们采用多种技术，开发了一个方案来评估公司的展位，并将他们在特定会展上的营销活动与主要竞争对手进行比较。我们每天监测竞争对手在会展现场、会议和网络活动中的表现。我们还监测了他们的几个关键竞争对手的"合作伙伴和技术"展台。

我们收集了所有竞争对手的数据，并使用几个预定的关键指标进行分析。此外，

隐身在会展活动里的市场情报

我们还监测其他与会展相关的营销活动，例如公共关系、广告、招待会、展位演示、产品展示、印刷营销材料和会展赠品等。根据这些数据，我们编制了一份报告，并用它为未来的企业营销活动建立了基准。

根据这次初步分析的结果，该公司决定评估并比较另外四个会展，以便了解其主要竞争对手在特定市场领域和地理区域内的营销活动。

结果

这些额外的活动结果给公司的整体会展策略带来了重大改变，包括：

- 完全重新设计现有的会展展位，以准确反映他们的新品牌，并重新定位公司的客户、潜在客户和竞争对手。
- 了解其主要竞争对手的当前和未来营销趋势和活动。
- 建立更具战略性的会展参与方法，包括确定关键会展、针对特定的地理区域和市场领域，并确定在每个会展上适当的参与水平和定位。
- 理解展馆作为实现特定营销目标的媒介的价值。
- 将供应商展馆纳入其他面向客户的活动，例如用户会议和产品研讨会。

我们还建议客户在所有会展上保持品牌、形象和信息的一致性。这提高了后续行业会展和他们自己的用户会议的客户体验。

所得经验

在活动中获取的竞争情报（CI）的价值不可低估。该软件公司获得了对主要竞争对手和行业活动的意外的深入了解。这导致了他们公司品牌重塑策略的整体改进，并在制定持续的企业营销策略、资源和预算方面取得了成果。

这种分析有助于组织识别行业细分领域，并针对特定地理区域和市场调整或改变其营销策略。

案例2：政府机构

情况

商业发展办公室（BDO）是加拿大工业部信息和通信技术（ICT）分支机构的一部分。由于其对ICT行业持有独特了解，ICT分支机构可以影响政策和决策制定者，为

第一章 现场情报示例

加拿大公司在全球 ICT 市场上实现增长和创新提供定位。

ICT 分支机构的作用是支持、促进、评估、预测以及推广加拿大 ICT 部门的利益。BDO 为 ICT 部门提供商业发展服务,以开发商业机会。

因此,加拿大工业部 BDO 通过贸易代表团、加拿大展台和其他场所这些渠道参加了许多国际会展。BDO 团队通常与加拿大国际贸易部和地区贸易网的同事合作。BDO 团队成员需要了解行业趋势,包括与他们的地理区域和特定市场领域相关的竞争情报。

虽然 BDO 团队成员是他们所在领域的专家,但需要进一步培训,最大程度地发挥他们的效果。持续的培训可以确保他们了解最新的技术、工具和趋势。

我们为定期参加会展的 BDO 关键成员开发了一个半日研讨会。参与者关注最新的信息收集技能,并开发报告模板。开放式讨论使参与者能够明确并开发在未来活动中使用的现场技巧。

结果

现在,BDO 团队成员在关键活动前会花更多时间进行计划和开发现场 CI 活动策略。此外,BDO 现在在每次活动后会有更加流畅的报告流程。

经验教训

培训强化了团队和管理层的意识,即需要持续培训员工以帮助他们掌握竞争情报技能。此外,BDO 支持终身学习以及更新和刷新技能的需求。事先计划、记录和报告结果是确保一致地评估活动和与内部、外部客户有效共享信息的关键。

做准备的价值

通过安妮的经验,我们可以看到为活动做好准备的巨大价值。培训本身甚至可以成为有趣结果的催化剂。例如,在她的一项任务中,她被 Itron Inc.(全球解决方案提供商和收集、分析和应用电力、天然气和用水数据的知识来源)聘请,为其竞争情报专业人员团队提供培训,以改进他们在行业活动中的信息收集技巧。培训聚焦在活动前、活动中和活动后要做的内容?

然后,公司人员使用培训概念,并在会展之前采访了他们的内部客户。结果:他们发现许多所需信息已经存在于公司内部。内部客户只是不知道谁有这些信息,或者在哪里或如何找到它们。

隐身在会展活动里的市场情报

任何CI组织的重要角色都知道内部"谁知道什么"和"谁拥有什么"，CI不仅仅要在外部寻找；你需要知道知识和信息在什么位置。Itron的市场情报总监表示："CI是一项综合性功能。"在内部知识网络建立之后，Itron的CI团队能够在参加其主要行业活动之前提供近一半的所需信息。这使得团队可以在会展上专注于未知的元素。

主要的经验教训

安妮有很多故事要告诉SCIP会员，这些故事基于她多年的现场情报经验。我问她在现场情报方面有哪些关键教训，以及她特别想向我们的读者传递什么。以下是她的回答：

在行业活动中勤奋而一致地实施现场情报任务，使组织能够确定他们所不知道的事情，并找到可能显著改变组织方针或方向的意外情报。在大多数会展上，我确认了客户已知或怀疑的情报约为80%。正是那20%我们还不知道的东西，我们称之为"惊叹"因素。通常，我们带回来的情报中有20%提供了对整个行业及其竞争态势的重要见解，组织在以前不知道、没有看到或知悉它。

大多数组织认为他们在行业活动中收集情报任务做得很好。实际上，大多数组织没有做得很好。他们没有有效收集情报的系统或流程，并且无法持续监测关键竞争对手、合作伙伴或其所在行业。他们不清楚自己的组织在行业中的定位，也不清楚这些活动的投资回报率。几乎在所有情况下，在会展上实施情报任务计划都可以让组织在不增加预算的情况下，通过对当前营销计划进行轻微修改，显著提高投资回报率。

（译者：任晓波）

第一章　现场情报示例

第四节　创造性的 PITTCON 现场情报

原文刊载于 Competitive Intelligence Magazine，2014 年 4—6 月。

过去一年，我在专栏中强调的两个主题是：情报专业人员需要更好地与其组织的会展目标对齐，以及需要利用现场活动收集客户情报。在 2 月份参加匹兹堡分析化学和光谱应用会议暨展览会（PITTCON）时，我深深地体会到了这一点。PITTCON 是一场重要的实验室设备会展。根据 PITTCON 的说法，"参加会议的关键决策者占参会者的 80%，他们依靠会展确定或最终购买其组织的实验室产品"。

在本期专栏中，我将为读者提供一份最近在 PITTCON 开展的现场情报任务（也是我最成功的任务之一）的案例研究。重点是现场情报流程中的创造性以及（我希望读者会发现趣味）使他们的现场情报计划更加有效的想法。

PITTCON 肯定为竞争情报提供了机会，因为根据出席者的类型（关键决策者），该行业的主要竞争对手应该都参加了此次活动。然而，如果 80% 的参会者都是来购买的，那么对于实验室设备制造商来说，这也是开发客户情报的难得的机会。此外，如果会展上 80% 的参会者都是来购买实验室设备的，那么这就需要一个情报流程来帮助你的公司做出更好的购买决策（也许你的公司就是参会者之一）。显然，在 PITTCON 这一会展上的出席者主要是来购买设备的。

我在会展上的任务是帮助我的客户计划未来五年的食品实验室设备采购，并帮助他们跟踪可能在未来五到十年中出现的技术变革，这会影响未来的采购。为了明确所需的情报和决策，客户在食品测试设备上投资了数百万美元。了解技术发展的方向以及即将推出的新技术对采购决策会产生重大影响，而我在活动中收集的情报（正如本专栏中将要讨论的那样）最终对人力资源和战略产生了巨大的影响。

PITTCON 活动提供了一个巨大的机会，即可以收集信息并开发情报，帮助获得正确的设备，但它也是一个非常复杂的活动，因为它的规模非常大：有超过

隐身在会展活动里的市场情报

16 000 名的与会者和展商人员，1 763 个展位，超过 2 000 个的技术会议分布在 73 个研讨会中，10 个颁奖仪式，84 场口头报告，4 个研讨会，51 个海报展示以及 116 个短期课程（来自 PITTCON 材料）。此外，与我现在参加的许多活动类似，PITTCON 还会并行举行专题会议。这些通常是嵌入到会展中的一天或两天的活动，但通常在与主展区不同的区域内举行，其中有关于一个或两个领域的演示、展商和网络活动。

在今年的 PITTCON 上，有一个为期两天的并行会议，名为"食安科技食品实验室会议：合规性、技术和最佳实践"。毋庸置疑，对于任何关注食品实验室技术未来的人来说，这绝对是一个具有吸引力的会议。了解并行会议所涵盖的主题可以帮你获取更多信息。例如，会议有一个名为"现有和未来技术的食品实验室"和另一个名为"未来的食品实验室"的演示。

像任何一个好的现场情报专家一样，我清楚地确定了我的信息需求，查看了所有的研讨会、海报展示、展位、短期课程、技术会议和并行会议，并确定哪些与我客户的需求相关。

创意提示 1：如何查看会议、展位、研讨会说明

当我查看会议说明时，其中包含一些创意。简单而无创意的方式是查看标题并问自己："提供的信息是否与我的情报需求相关？"创意的方法是以与会议相关的信息需求为起点，然后添加以下内容。

1. 即使主题本身不相关，演讲者是否与我的情报需求相关？如果是，我知道他们将出现在会议上，我可以在他们发言后向他们提问；在开始前问问题不好，因为他们正在准备演讲。

2. 参加会议的人是不是我想要交谈的人？如果是，我会在会议开始前到达现场并采访他们；在会议之后采访他们往往很困难，因为那时我正在采访会议演讲者。PITTCON 有一些这样的会议，我觉得参加这些会议非常重要。

上述第 1 点和第 2 点与我情报计划的来源部分相关。这需要我不仅从情报计划的信息需求角度来查看会议说明，还需要从来源部分（即我需要从谁那里获取

第一章 现场情报示例

信息）来查看。

创意提示 2：嵌入会展的会议需要特别关注

接下来是针对食品实验室会议本身的计划。对于情报从业者来说，这是一个独特的机会：两天时间内，50多个拥有共同兴趣的人将聚在一起。即使是在展位上（会议室里有几个），这两天的与会人员也是一样的。大部分演讲者也会出席这两天的活动。

这是建立关系和充满机会的两天时间，可以向期望被问问题的人提出多个问题。在这里，你最好按照最高标准来履行SCIP所倡导的职业道德准则：明确你的身份和目的，不要曲解。违反SCIP职业道德准则从来不会是一个好主意，尤其是在你要和同行专家一起度过两天时光的时候。

多年前，SCIP的著名成员和情报顾问肯特·波特教给我，采访是关于建立关系的，而不是采取信息的。遵循他的建议并坚持SCIP的指导方针和收集计划，以下是我采访的不同类型的人和这些采访背后的目标。

记者：会议室里有几位来自实验室设备和食品行业杂志的记者。专业杂志的记者是很好的交谈对象，因为他们对自己所报道的行业建立了知识轮廓，并且拥有作为专业记者的深入知识。需要知道他们已经采访了许多制造商，我问了每个记者他们看到的趋势，不同展商推出的产品等问题。其中一位邀请我参加了一个主要会展的社交活动，这是另一种难得的机会。

设备供应商：一些演讲者，大部分展商和几位与会者来自设备供应商。我想从他们那里了解他们技术的方向，以及他们的公司未来五年在技术方面的发展方向。在第一天，我和会议中的两个不同供应商一起享受了美味的午餐。这是一次非常愉快和友好的交谈，我从中了解了他们对未来的愿景。顺便说一下，在两天的会议中认识了供应商后，当我在主要会展的展位上拜访他们时，他们会介绍我认识他们的工作人员。现在，我更像是一个朋友，而不是一个顾客。当你不被视为客户（或竞争对手）时，你可以学到更多东西。

买家：在专注于食品实验室的会议上，实验室经理以及支持实验室经理的人

隐身在会展活动里的市场情报

应该也会出席。这些都是很好的交谈对象。我问他们如何做出决策，他们正在考虑购买什么以及为什么购买。当你把已经做了大量研究的人聚集在一起时，你会学到很多东西。

演讲者：正如前面提到的，这个并行会议中有几场演讲对我的关键情报课题很有参考价值，这意味着每个演讲者对我都很重要，我肯定想问他们问题。首先，我确保在他们的演讲结束时间他们问题（这是让自己知名度提升的一种方式）；其次，在他们演讲结束后，我一定会介绍自己、我的活动目的，并以此为基础继续讨论。关键问题是在什么时候问这些问题，如果演讲者表示他们将在活动的余下时间内出席，那么时机就很重要。我不会和其他与会者一起在演讲结束后立即冲到讲台前问问题。相反，我会等到在活动期间相对可以独处的合适时间里问问题。这样，就会减少时间压力，并且可以进行更深入的谈话。

两天的会议——使用现场情报原则进行管理，和另一天的会展现场，再加上偶尔的海报展示和技术会议访问，我收集了很多信息，帮助客户做出更明智的采购决策。更好的是，在这些交谈和演示中出现了一个共同的主题，表明了一种潜在的范式变化。主要的趋势包括大数据，推动DNA和其他测试数据库的共享，代谢组学的进展，手持和其他便携式测试设备的功能增强，全球推动测试设备的互操作性和自动化程度的提高（一个供应商提供的解决方案可以使八个测试步骤中的六个实现自动化，包括培养基制备、稀释、接种、文件归档、读取和报告）。这些趋势和变化将导致实验室、实验室功能以及，也是最重要的，人员需求和实验室经理角色的重大改变，这些结果我将向该组织的战略人力资源负责人汇报。

对我来说，这是三天美好的时光，我必须承认我很怀念在两天的会议中遇到的许多人。幸运的是，有几位在给我发电子邮件，想知道我是否会参加他们的下一场活动，这份人际关系我已维系好了（如果我的客户派我去的话）。更重要的是，客户对报告非常满意，在自己研读之外，还与一些合作伙伴分享了报告。因此，客户现在正在寻找一种方式，将现场情报类型的报告作为参加活动的人员的要求。

（译者：任晓波）

第一章 现场情报示例

第五节　帮助你的组织满足其现场情报需求

原文刊载于 Competitive Intelligence Magazine，2013 年 7—9 月。

今年夏天，我有了一次非常独特的活动情报体验。我去了洛杉矶"国际电影、视频和数字媒体博览会（Cine Gear Expo）"，这是美国规模最大、最重要的同类活动之一。它被认为是顶级的电影、视频和数字媒体会展之一。这个活动在好莱坞的派拉蒙影城（一个非常酷的地方）举行，数百家跨越电影行业产品和服务的参展商占据了数个舞台和制片街道。它甚至包括学术研讨会、小型研讨会、招待会和派对（好莱坞喜欢它的派对）。

我和当地的好莱坞制作公司一起参加了这个会展。公司没有摊位，他们不是来了解竞争对手的动态的（根据最近的 Fletcher/CSI 的研究，这是人们去会展的主要原因）。我甚至不是以现场情报的背景参加的。我是作为公司的一员来帮助公司完成大多数公司去会展做的事情的（稍后会详细说明）。我从这个会展中学到的是本文的主题。它是关于我们如何在现场情报方面，借助我们所拥有的技能和知识，在帮助公司实现其参加活动的目标方面发挥重要作用。

我为什么要参加这个会展，而且还要去好莱坞？每隔一年或两年，我都会帮助我的一位亲密朋友拍电影（我曾经在那个行业工作）。作为前期制作的一部分，我在当地待了几天，帮助处理现场拍摄地点、物流和其他制作细节。在那里，他让我跟他一起去会展；他说那个会展很有趣。我怎么能拒绝呢？！"别担心，"他说，"我们不会待太久，之后我会带你去一个重要的好莱坞派对。"（这将是以后专栏的主题。）我会去仅仅是因为对去派拉蒙影城而感到好奇；我会去恰好是因为我的朋友叫我去。但是考虑到我研究、撰写和从事现场情报方面的工作，我对去参加这个会展感到特别兴奋。因此，本文的其余部分是关于我在派拉蒙影城的历险以及我如何尝试利用我对现场情报的知识在会展上帮助我的朋友。

隐身在会展活动里的市场情报

帮助他们规划——他们所需要的信息

会展前一晚，我到达了洛杉矶。我问我的朋友他为什么要去，这个会展对他来说为什么很重要？他的回答非常明确："8 月份我要拍下一部电影，我需要买一台新相机和找一个电影组。这两个东西应该都会出现在这个会展上。这是一个关于技术/产品采购情报和人力资源情报的话题。"

最近，在弗若斯特沙利文（Frost & Sullivan）网络研讨会上 Fletcher/CSI 发布的研究报告指出，会展上收集情报的第一目标是了解竞争对手的新产品。我已经参加会展多年了，虽然毫无疑问，对情报专业人士来说调查竞争对手是会展上的主要目标，但这不是人们参加会展的最重要的原因。

想想看。你认为公司为什么会在会展上设置展位？不是为了关注竞争对手，而是为了向客户介绍他们拥有的东西。你认为大多数人为什么参加会展？调查表明，主要不是为了了解竞争对手。当我与参加会展的高管和其他人谈论他们为什么在那里时，我的朋友给出的回答，即他需要购买产品或找到可能的员工，这并不罕见。这些是"非"情报专业人士（我们称之为组织人员）在会展上所拥有的更为常见的（我们称之为）关键情报课题。再加上寻找潜在的销售机会、合资机会、市场信息、趋势等，你就会发现更多人参加会展的原因。我曾经写过，虽然了解竞争对手的动态是一个重要的话题，但对于我所接触的大多数高管来说，他们更关注的是新的商业机会和技术。

这让我开始思考——我能否利用我在现场情报方面的知识来帮助我的朋友处理这些情报需求呢？

我开始进入情报收集规划模式，并问我的朋友："你似乎对自己的信息需求很清楚，那我们要去哪些展位？要见哪些人？"他回答道："到那儿后，我们会四处看看，看看有什么感兴趣的，浏览一下。""这不是我们在现场情报方面的工作方式，"我告诉他，"考虑到这个活动的规模，我们需要清楚地知道我们要去哪里和为什么去。"

我们坐下来，查看了参展商名单，确定了他们的位置，并制定了一个计划。

第一章 现场情报示例

在和朋友一起查看材料的过程中,我对他的信息需求有了更好的了解。例如,他在会展上谈论了很多关于无人机的话题。随着技术的提高,无人机在电影制作中的应用越来越广泛(军事无人机的研究功不可没)。我们将在亚利桑那州拍摄时使用一架无人机,因此有一些技术问题需要回答;我们确定了一些相关展位。他还关注照明和凝胶公司。这部电影的主角是一只狗,因此我们需要使用不会使狗眼睛发红的照明产品,这是拍摄动物时常见的问题。

我们越看会展材料、越谈论会展,我就越清楚他究竟在寻找什么以及为什么。反过来,我能够更好地帮助他做出合理的规划。因此,真正的需求是:

(1)找一个合理收费的电影制作团队。

(2)找一台具有先进技术的相机,可以减少狗眼睛发红的效果。

(3)找到照明和照明产品解决方案,以避免狗眼睛发红的问题。

(4)获得有关我们选定场地的无人机问题的答案。

基于以上需求,我帮助他确定了需要访问的展位和路径。

CI 的贡献

帮助更清晰地确定信息需求和需要访问的展位,以及"改善"产品(电影)所需的信息和来源。

我们通过采访收集情报;如何接触人、如何建立网络?

并不是每个人都是喜欢与陌生人见面并获取信息的外向型人格。这很困难。我曾经带过许多团队参加会展,我知道许多人是内向型人格,而且有很多研究支持这一观点。话虽如此,我朋友的信息需求确实需要接触人们并与之交谈。询问展商问题是一回事——他们在展位上就是为了回答问题。但我想与这些产品和服务的其他消费者和用户交谈,并询问他们的意见,而不仅仅是在职责范围内推销产品的"销售员"。

我的朋友问:"你怎么能去找你不认识的人并问问题呢?"我经常被情报从业人员问到这个问题,所以我并不奇怪那些代表他们公司参加会展的非情报专业人士向我提出这个问题。我开始教授 CI 的知识:"我可以帮助你更好地建立关系

隐身在会展活动里的市场情报

网络。情报收集有很多关于如何进行有效采访的资料。有许多关于如何有效建立网络的书籍，因此情报从业人员应该可以轻松地向他们的公司团队提供如何'处理会展'的技巧。"

我告诉他的第一件事是，总体上来说，人们在会展上是为了交流；他们已经准备好进入友好的模式了。其次，你应该寻找你和目标之间的共性。这可能是我在 SCIP 文献中阅读过的最重要的引导技巧之一。"你怎么做到的？"他问。我回到教学模式："看着我做。"我们选了几个目标，其中包括两个摄影师和一个照明专家。

摄影师：我看着人们的胸牌，找到了一个写着"摄影师"的人。我走到他跟前，说："这是我第一次来参加 Cine Gear（这是真的）；有哪些酷炫的赠品？"（我注意到他正在拎着几个会展的赠品袋。）目标受访者打开了他的袋子，向我展示了他拥有的东西，以及他认为最好的赠品。我们开始交谈，我很快就知道了他感兴趣的事情。这是一个极好的谈话的开端，知道他喜欢什么是开始对他建立认识的好方法。我的朋友觉得这很棒。

还有一个人，我注意到他的胸牌上写着"摄影师"，并且我看到他正在摄影工会的展位上和人交谈。我问我的朋友看到他有什么特别的地方。在 CI 工作中，我们关注所有事物。朋友没有看到任何特别之处。他看起来像个摄像机操作员（这是正确的），这本身就可以成为一个谈话的开端，特别是对于我的这位制片人朋友而言。这是我看到的：我们在洛杉矶，这个人穿着芝加哥黑鹰队（冰球）的球衣。关键是，国家冰球联赛（NHL）季后赛正在进行中，洛杉矶正在与芝加哥比赛，这个人在洛杉矶的会展上穿着芝加哥黑鹰队的球衣（敌对方）。如果这不是一个巨大的"我想被注意，来和我聊天"的信号，那我就不知道这还能算是什么信号了。

照明专家：这个人实际是在展位上。我们需要能减少狗的红眼问题的胶片（一种透明材料，放在灯光前面）和照明方面的想法。我的朋友问了问题，并得到了一个非常好的和快速的技术答案。然后他说这听起来像是一个昂贵的解决方案，这时展商露出了痛苦的表情。我对此进行了反驳："我该怎么告诉你呢？我

第一章　现场情报示例

们是预算有限的加拿大人。"（我说这是因为我注意到他的包上有一个枫叶。）"你是加拿大人，"他说，"我也是。"

我们花了30分钟才从这个展位走出来，但是在离开时，我们得到了一个非常便宜的解决方案，一个样品可供我们使用，以及一个新的朋友，如果我们有任何问题可以联系他。结果发现，他曾在加拿大与我的很多朋友一起工作过。

CI 的贡献

培训如何建立人际关系，如何发起对话，以及该注意什么。

帮助他们提出正确的问题

如果我没有听到这段谈话，我永远不会相信它。我的朋友想要一台具备先进技术功能的相机来解决本文前面提到的问题。他在佳能展位停下来，开始与一位技术专家（而不是销售员）交谈。我朋友问的问题是："我几年前买了一台佳能相机，非常喜欢它。哪台是你们拍摄电影最好的摄像机？既用到最好的技术也有不错的性价比？"接下来的五分钟里，我朋友和佳能技术专家谈论了技术的进步以及它们如何让你在摄影中以合理的成本实现所需的效果。他解释了这款特定相机（由佳能代表确认）是最好的，且不是最贵的。他谈到了自从我朋友上次从佳能购买相机以来技术如何变化。这是一个很棒的对话，我对我朋友的技术知识以及佳能代表的技术知识印象深刻。

我们似乎正在选择一台相机，但我的 CI 感觉有些不对劲。谈话中的某些事情似乎有问题，这与我经常谈论的个体背景有关。每个人在提出或回答问题时都有一个背景，不幸的是，很少有人能够清楚地解释这个背景。我的朋友正在寻找能够解决红眼问题并在高温气候下拍摄的先进技术。他使用"最好的技术"一词来包括所有这些内容。佳能代表根据自己的专业知识回答了他的问题。佳能代表是研发人员，知道哪些功能可以真正提高拍摄质量，哪些不妨说是玩具和营销噱头。每个人都在谈论先进技术，但每个人的意思略有不同。

在 CI 中，我们会谈论开放式问题（告诉我有关技术的情况）和封闭式问题（这台相机能减少狗的红眼吗？）。我们知道为什么需要使用不同类型的问题来获

隐身在会展活动里的市场情报

取所需的信息。整个谈话主要涵盖了开放式问题。现在是提一个封闭式问题的时候了。我告诉我的朋友，让他告诉佳能代表他的技术问题，他需要相机具体完成什么任务，以及他对旧相机及其功能的喜爱之处。佳能代表听取了这些信息，并说："哦，你说的'最好的技术'是指这个啊。针对这个应用，让我给你展示一下最好的相机。事实上，"代表继续说道，"我刚才给你展示的相机不适合你，因为你需要的功能没有。你的旧相机比我给你展示的那款相机更好！"

CI 的贡献

如何提问和组织采访稿。

结论

组织派员工参加活动有很多不同的原因。主要是为了收集信息以帮助做出决策。例如（像我的朋友一样），可能是为了决定购买什么设备和雇用什么员工，或者（在客户的情况下）可能是为了寻找新产品来开发或确定合作伙伴。还有很多其他原因。不幸的是，正如我一遍又一遍地看到的那样，许多参加活动的人并不了解现场情报和如何利用各种技巧来实现他们的信息和决策目标。

本文展示了我们的规划技能，以及展示了知道如何有效地建立人际关系、进行采访和制定采访问题可以帮助企业在活动中满足其信息需求。

我希望通过为你提供 Cine Gear Expo 的例子，激发你的思考，看看你如何帮助你的组织参加活动，既帮助你的组织实现真正的活动目标，也帮助你的组织的员工明智地利用他们的时间。

（译者：任晓波）

第二章
现场情报的技能和技巧

Chapter 02

隐身在会展活动里的市场情报

第一节　会员最佳实践：组织一场现场情报的趣味测验

原文刊载于 *Competitive Intelligence Magazine*，2011年4—6月。

"会员最佳实践"的栏目有些与众不同（难道不是每个专栏都各有不同吗？）。如果跳过几期往前看，我展示的是一系列表格。今天，我要介绍一项趣味测验，形式上与表格类似。测验的目的是测试你们是否为现场情报做好了万全准备。我准备的测试题属于趣味小测验，这些问题是为你们的同事而设计的，他们可能不像你们这么了解"情报"。

但这些测试题可以让答题者知道竞争情报该如何做，而且也有普及教育的作用：告诉人们真正的情报该如何定义，情报意识该如何建立。因此，我要求你们与你们企业里的管理层、员工、参与做题的其他人围坐在一起，并且以一个近期要组织的会展活动或者已经结束的会展活动为背景来完成测验。请体验做题的乐趣。

不过，这个栏目有一个读者需要完成的隐藏关卡。我向美国战略与竞争情报从业者协会（SCIP）的会员提出征集测验问题的要求。会员可以通过电子邮件向我发送你们认为应该包含在测试里的问题。日后，我会在这个专栏下发布调整之后的测验卷，将这些新提出的问题扩充进去。我会将出题者的姓名放在问题的一侧（如果出题者同意这样做），以便读者知道问题是由谁提出的。这是一种激励你们参与隐藏关卡的方式。我准备的测试题只有35个问题（但我的竞争情报原始题库有100个问题）。而你们可以丰富题库。我希望看到由会员们提出的各式各样的问题。

现在，来聊聊这个测验。我是以"情报循环"为框架来设计这个游戏的。我认为，现场情报必须遵循这个循环的过程。基于我提出的竞争情报"十步走"框架（见表2-1），我可以轻轻松松地完成测验的设计。

第二章 现场情报的技能和技巧

表 2-1 乔纳森·卡洛夫的竞争情报"十步走"框架

信息收集：   1. 明确所需的工具和信息   2. 确定信息的来源   3. 为展览制定专属工作计划   **后勤：**   4. 制定资源需求计划   5. 摸索展览开始前手里有哪些资源   6. 其他展览开始前的后勤工作   7. 建立"指挥室"   8. 活动前夕的准备和后勤工作   9. 现场收集信息   **安全：**   10. 保护有形资产和知识产权

竞争情报的核心就是情报流程，因此，我把情报流程作为测验的出发点。随着问卷的深入，你们将从不同的角度认识情报流程。你们可以以一个近期结束的会展活动为背景来完成测验，以测试自己在实务中是否遵循情报流程，但问卷应当是"是否式"的。你们也可以借机回顾自己的工作流程并给管理层上一堂课。你们要向自己提出下面的问题：情报对于实务有用吗？如果我们没有这样做，为何不尝试一下呢？

如果你们想要评价过去 12 个月里参加过的会展活动，那么把测验题设计为一个五分制的"李克特量表"问卷（1= 从未，2= 很少，3= 有时，4= 大部分时候，5= 总是）。你们可以用这种方式与管理层合作，打造一个会展情报基本流程。问卷还可以用作某个即将到来的会展活动的确认清单，但应基于"是否式"的提问模型。只是问句的时间状态需要进行相应调整。问卷的目的是以轻松的方式教育答题者，问卷的形式可以灵活调整。因此，做题时不需要拘谨。

SCIP 想做的是分享最佳实践案例。在过去的五年里，我在这个专栏里分享自己的最佳实践案例和许多竞争情报同僚的案例。现在，身为读者的你们也应将

隐身在会展活动里的市场情报

你们的做法分享给其他人。

在另一个栏目里，我说，"用表格'智'定现场情报工作计划"（Form'ulating Your Event Intelligence Plan），下面这张表格可以有效帮助竞争情报从业者打造世界一流的情报工作流程。将你们的问题和表格发送给我。让我们通过协会，建立一张社会关系网。我会在下一期与你们分享更多有趣的信息（表2-2）。

表2-2 现场情报测验

工作计划和工作重点（活动前）

1. 在会展活动之前（不只是前一晚），确定我想从会展活动中了解的"课题"。用"关键情报课题"以及其他信息需求来确定这些课题的方向。
2. 罗列每一个需要回答的"关键情报课题"，整理出一张关键问题清单。
3. 征求高级管理层和情报服务客户的意见，完善"关键情报课题"和"信息课题"。
4. 浏览所有在活动开始前可用的材料，找出所有可以给出问题答案的谈话对象，制定"何时与之会面交谈""如何与之会面交谈"等计划。
5. 记录在活动期间想要接触的所有人和所有组织的"画像"。
6. 创建一张直接基于"关键情报课题"的提问清单，供活动期间与谈话对象碰面时使用。
7. 与同事和组织内部再次确认，以确保我寻找的信息是缺失的信息。
8. 参与活动的所有同事都清楚知道活动期间需要收集什么信息。
9. 检查活动与会人员的社交网络，找出有可能在现场帮助我收集信息的人。
10. 分析活动与会人员的社交网络，找出在计划里确定的信息需求的潜在信息源。
11. 准备好现场情报的现场工作安排，清楚记录何时做何事，并且记录这样安排的原因。
12. 准备用于信息收集的表格。表格应当方便信息的记录和评估，并可以应用于其他场合。
13. 向参加会展活动的所有工作人员提供与现场情报相关的培训。
14. 为参加会展活动的员工分配收集信息的具体任务。

收集信息（活动期间）

15. 将信息需求列表分发给参加活动的同事。
16. 我通过供应商、客户、竞争对手、政府官员等渠道获取一些双方都感兴趣的信息（他们是**信息收集的合作伙伴**）。
17. 要求位于总部的人员收集**更多信息**，这些信息最好由不去活动现场的工作人员收集。
18. 向所有为我收集信息的人简要说明哪些是在活动现场收集信息时可以使用的**符合伦理规范的方法**。
19. 我最后采用的**伦理规范**至少达到了协会伦理规范的高度。
20. 需要一个**安全的地点**来存储在活动中收集的所有信息。

第二章　现场情报的技能和技巧

（续表）

整理和分析（活动期间）
21. 在活动期间将收集的信息输入**数据库**。
22. 对信息进行**系统编码**，方便我日后解读信息。
23. 每天与同事一起（或独自）**快速回顾当天信息收集的成果**，基于评估结果**提出新问题**。
24. 每天晚上**分析**收集到的信息。

内部沟通（活动期间）
25. 在当天的情报工作开始之前，准备**每日通信简报**。
26. 向**高级管理层**递交我们的每日现场情报通信。这是一种在活动现场完成的简报。

管理和评估（活动期间）
27. 每晚向管理层**报告**我们的进展，为他们留出**评论**第二天的工作计划的时间。
28. 确保活动期间有一个供工作人员保存信息收集表的**便捷空间**。
29. 向所有现场情报工作人员分发**联系卡**，卡上有上述工作人员的名单和联系方式。
30. 在所有现场情报工作人员都参加的**每日简报会**上讨论调查结果和工作计划，会上也可以修正路线或者提出新想法。

管理和评估（活动结束后）
31. 现场情报工作团队对活动成果进行**评估**。
32. 召开一次所有参与现场情报工作的人（包括管理层）都参加的**汇报会**，通过汇报会，总结下次现场情报工作可以改进的地方。

其他
33. 我们参加的所有会展活动都参照**现场情报基本流程**，这些活动包括贸易展览会、商务会议、研讨会、年会，等等。
34. 向所有参加活动的员工说明哪些信息**不应与他人讨论**或交流。
35. 每项活动的现场情报**工作预算**都不同。

（译者：俞俊）

隐身在会展活动里的市场情报

第二节 贸易展网络研讨会：一个有趣的学习方法

原文刊载于 *Competitive Intelligence Magazine*，2007 年 5—6 月。

我经常在这些专栏的开头说自己在上个月度过了多么激动不已的时光。因为身兼"学者""咨询师""实操者"三种身份，我能够真正接触到我所从事的情报工作。不得不承认，我是何其幸运。我最近开始涉足网络研讨会，这里指的是在网络上举办的 SCIP 研讨会。网络研讨会创造了一个非常好的机会。

网络研讨会的做法很简单。我们从竞争情报基金会（Competitive Intelligence Foundation）最新出版的《会展情报》（*Conference and Trade Show Intelligence*）一书里挑选了几名作者，他们是不同章节的作者，我们请他们分享更多观点，也请他们回答各自专业领域的问题。

快速回顾

对于那些没有参加网络研讨会的人，你们可以在这里快速回顾错过的内容（你们也可以在 SCIP 网站上获得该书的副本）。

1. 这是两场持续三小时的会议（时间分别是 3 月 20 日和 4 月 10 日）；

2. 大卫·弗朗西斯（David Francis）、朱迪·皮克（Jodie Peake）、安妮·巴伦（Anne Barron）、凯瑟琳·海耶斯（Kathrine Hayes）、乔纳森·卡洛夫、托尼·威尔森（Toni Wilson）、布莱恩·索斯（Brian Soth）、艾莉森·布蕾（Alison Bourey）等众多专家分享了他们在以下方面的专业知识：

- 会展如何与情报有关。
- 贸易展情报工作的伦理。
- 会展前要做什么。
- 挖掘会议资料。
- 关键情报课题。

Chapter 02 第二章 现场情报的技能和技巧

- 在会展期间落实工作计划。
- 在现场收集重要信息所需的工具和技巧。
- 单人完成的情报收集和反情报。

3. 网络研讨会的参与者有数百名，包括一个 SCIP 分会的全部会员以及来自加拿大、英国、印度、德国、荷兰、葡萄牙、西班牙、丹麦、法国和其他几个国家的参与者；

4. 网络研讨会参与者提出了数十个有趣的问题；

5. 听众接受了 20 余次投票调查和测验，这是为了了解与会者如何开展会展情报工作。

网络研讨会涵盖众多主题，但在评估与会者提出的问题之后，出现了两个更受关注的领域：

- 访谈技巧，尤其当竞争对手知道你的身份时，如何从竞争对手处获取信息。
- 会展情报工作的伦理。

访谈

就访谈技巧的疑问，提问者用下列问题向专家提问：

- 当参展商问你的雇主是谁时，该如何回答？
- 在展厅中寻找信息时，如何不让自己看上去可疑？
- 如何在不引起怀疑的情况下提问？
- 如果我们不被允许进入竞争对手的展位时该怎么办？我们应该如何收集竞争信息？
- 如果你向竞争对手提问，在被反问为何向他们提问时，你会怎么说？
- 如果你是展位上某人的直接竞争对手，并且正在询问他们的产品和服务，你如何回答这个问题："你为什么想知道这个？"

为了不透露网络研讨会的全部内容和书籍的详细信息，此处摘录了专家们要说的话：

展位上的大多数人的任务就是回答问题，而且他们比你更加紧张。请放松一点。但最重要的是，你要做好准备。你在谈话对象身上做的准备工作越多，你就

隐身在会展活动里的市场情报

会越放松。

你不必直接回答。试着先澄清:"我想知道……""我不清楚……""我想弄清楚……"。或者告诉他们你提问的原因:"我在研究……""我正在尝试比较……"。

你可以这样说:"我听说你们的产品很棒……"这似乎可以让提问者感到安心。

也许这是一个聘用外部咨询顾问的好时机。

我会如实回答。因为 SCIP 的伦理规范要求你不能掩饰自己的身份。事实上,我通常会佩戴客户的徽章或表明我是咨询顾问。我在全球各地都这样做过,在收集信息时没有遇到任何问题。

伦理

与会者高度关注伦理上的尺度,这也是他们提问的另一个焦点:

- 从新闻发布室拿走竞争对手的媒体资料包是否合乎伦理规范?
- 如果你抓住一个拿着假徽章的同事,你会怎么做?
- 我可以使用他人用不道德手段收集来的信息吗?
- 你是否建议在竞争情报的伦理规则、工作流程和工作计划里增加销售团队的角色?
- 为什么拍摄公共展示牌的做法属于灰色地带?
- 诱导提问技术在什么情况下踏入灰色地带?

提问者还有其他方面的疑问,但访谈技巧和伦理规范是问答环节的焦点。

与会者的信息

但是与会者呢,我们对他们的了解有多少?他们是如何在会议和贸易展上开展情报工作的?与会者人数众多,在查阅他们完成的调查问卷之后,我们发现他们对当前实践方式提出了有趣的见解。

如前所述,与会者来自世界各地。其中 33% 的人以个人为单位收集信息(而不是组成情报团队)。去年一年里,除四人外,其他所有人都参加过会议或贸易展,大多数人表示每年参加 1～4 场贸易展。

当被问及他们是否为他们的会展活动制定会展情报工作计划时,只有 12%

的人回答"总是",39% 的人回答"很少或从不"。这个结果与已有的研究结果一致。已有的研究表明,企业很少做出在贸易展上收集信息的安排。然而,有一半的人表示,他们会根据手里的关键情报课题来决定参加哪些会展。

伦理制度

既然与会者关注在贸易展上收集信息的伦理规范,那么在这些与会者所属的企业里,有 60% 的企业有竞争情报伦理制度或指导方针也就不足为奇了(15% 的与会者不知道他们的公司是否制定了这些指导方针)。

根据针对与会者调查的结果(见表 2-3),67% 的人表示他们的竞争情报伦理制度并未包括在贸易展上收集情报的具体内容。因此,他们提出的很多问题都涉及在会展期间收集信息的伦理尺度。

表 2-3 对与会者的调查

你的组织是否有专门针对贸易展情报收集工作的竞争情报伦理制度?	
有	
没有	
不知道	

表 2-4 对与会者的调查

你是否愿意走进竞争对手的展位以获取所需的特定信息?	
总是	21%
经常	25%
很少	44%
绝不	10%

访谈环节

访谈环节呢?当被问及他们是否愿意走进竞争对手的展位询问信息时,毫不奇怪,大多数人都不愿意这样做。根据针对与会者的调查(见表 2-4),46% 的人表示他们总是或经常愿意这样做。我发现,两者之间落差明显:54% 的人不愿意这样做,而有 46% 的人并不介意这样做。

事实是这样的:对于那些一想到要去竞争对手的展位寻找信息就感到焦虑的 SCIP 会员,有其他几位 SCIP 会员会用经验告诉你,这样做既没有那么糟,也没有那么难。当被问及在贸易展上开展竞争情报工作期间最重要的工具或技能是什么时,80% 的人回答说访谈技巧最关键。

隐身在会展活动里的市场情报

专家组和与会者传达的信息都很明确：如果你想在会展情报方面做得出色，那就提高你的访谈技巧。

反竞争情报

网络研讨会的最后一场会议侧重于"反竞争情报"。到目前为止，网络研讨会的与会者一直被告知在贸易展中收集信息是多么容易。然而，如果他们可以轻而易举地收集信息，那么其他人也很容易收集与他们有关的信息。于是就诞生了反情报的需求。

与会者反竞争情报的准备情况如何？令人惊讶的是，他们的准备不太充足。因为77%的与会者表示他们的公司没有反情报方案。而在那些有反竞争情报方案的企业里，有许多企业没有制定专门针对贸易展的反情报方案。因此，面对在遵守伦理规范下有条不紊地开展情报工作的竞争对手和使用不道德手段获取信息的竞争对手，这些网络研讨会与会者的贸易展信息资产可能会受到损害。在贸易展上反竞争情报的需求也许会成为未来的焦点。

我希望你们喜欢这份对网络研讨会的介绍。网络研讨会的做法很有趣，因为我们可以通过问答环节和投票环节进行互动。网络研讨会的唯一缺点是，无法在休息时间和与会者见面或交谈。与他们见面和交谈是我非常喜欢做的事情。可以理解的是，这确实是一个再普通不过的技术局限。但是，如果你们需要向身处不同地点的受众快速扩散信息，这就是一个办法。我希望在下一次贸易展情报工作的网络研讨会上"听到"你们的声音。

（译者：俞俊）

第三节　会展的伦理规范

原文刊载于 Competitive Intelligence Magazine，2008 年 3—4 月。

不久前，一位记者问我有关会展情报工作的问题。在采访开头，他说他参加了几次贸易展，发现经常可以听到有人为了获取竞争对手的信息而谎报身份。

另一个故事发生在一家著名的电器制造商（如炉灶和冰箱）身上。每天早上，这家企业的员工回到展厅时都会发现自家品牌的电器被拆得七零八落。原因似乎是，竞争对手的员工在下班时间进入展厅并拆开了他们的展示机器，以更好地掌握这些电器生产技术的情报。

还有一个案例。一家公司的员工在贸易展上冒充记者，破坏了竞争对手公司的产品发布会。这位假记者向高管提出了一些以套取对方企业情报为目的的问题，而这样提问也让高管颜面不保。

这不属于竞争情报（CI）

我经常在贸易展上听到别人讲述此类故事。这些情况都不属于竞争情报的范畴，而是行业间谍活动。然而，因为这些情况可能会发生，你们所在的公司也有了开展会议和贸易展反情报工作或制定安全工作计划的需求。为了防止公司自己的员工做出越界的行为，你们还需要为在活动现场参与竞争情报工作的所有人员制定明确的伦理规范。

托尼·威尔森在《会展情报》一书中指出，贸易展和会议上出现了很多情况：为了收集竞争对手的信息，信息收集者，尤其是未经培训的信息收集者、新入门的人或非竞争情报从业者，可能触发法律风险或者导致一家公司在公共场合表现得不够体面。

贸易展诱惑人做出一些不道德的行为（踏入美国战略与竞争情报从业者协会的灰色地带），这种诱惑很难抵抗。我可以在这个栏目里源源不断地讲述这些

隐身在会展活动里的市场情报

故事。因为乱象层出不穷：灌醉对方、使用虚假身份获取信息、植入电子窃听设备，等等。数量多到都让我怀疑自己的耳朵和眼睛。

我听说有的企业管理政策居然放纵不符合伦理规范的做法（员工被唆使以这种方式行事），我也看到有恶劣员工主动以这种方式行事。这种行事方式很难抗拒，有人告诉我："掩盖你的徽章、欺骗展位工作人员，你可以获得竞争对手的价格。如果你的身份被公开，那么你就会被请出门。"

不道德的竞争情报行事方式没有什么价值

贸易展上不符合伦理规范的行事方式造成了两个问题。

首先，在许多情形下，人们会发现你们做了什么，你们的作为会损害你们和（或）你们组织的声誉。例如，记者根据自己的观察就收集了许多故事，这使竞争情报工作处于不利境地。获得企业对竞争情报的支持、防止出现反复澄清行业间谍传闻的情况，要做到这两点就已经困难重重。

其次，这样做没有必要。许多作者都通过《会展情报》和《竞争情报杂志》指出，在贸易展上获取信息并不困难。大多数人都是去会展交流的，他们也确实付诸行动。不要忘记，通过直接观察可以学到很多东西。

洁身自好

如果你们发现自己有误入灰色地带的可能，我这里有一些建议。如果你们发现自己考虑做出任何可能歪曲自己身份的行为，无论是像掩盖徽章这样轻而易举的行为，还是像改变外表这样复杂的做法，请停下来，思量清楚。你们可能有更好的方法来获取信息，无须越界。

如果你们不确定自己的行为在伦理上是对还是错，请问问自己，如果竞争对手对你们这样做，你们会有什么感受。如果角色对调之后，这种做法是不合适的，那么显然你们想要对竞争企业这样做也是不合适的。如果你们依然拿不定主意，请咨询公司的法律人员。

个人判断

现在，请进一步规范会展情报工作伦理制度，即明确定义一套伦理规范，让

第二章 现场情报的技能和技巧

贸易展上的情报工作有规范可依。如何制定符合协会伦理规范的贸易展情报工作伦理规范？表 2-5 给出了一个例子。这个例子来自美国战略与竞争情报从业者协会丛书《会展情报》①里托尼·威尔森（Tony Wilson）撰写的章节。

然后，向所有参加会展的公司员工解释你们的伦理规范。别忘记，参加现场活动的每个人都要收集信息，这是他们参加活动的原因。收集信息不仅仅是竞争情报工作人员的责任。因此，要确保每个人都事先了解你们的伦理规范。

请记住，媒体不会区分做出信息收集逾矩行为的竞争情报团队和做出同样行为的企业员工。对媒体来说，他们都是某个企业的员工。当你们向去现场的员工说明伦理规范时，他们应该充分理解遵守伦理规范条款的重要性。

表 2-5　让贸易展伦理规范符合 SCIP 的伦理规范

> **不断努力提高社会对竞争情报工作的认可和尊重。**
> 竞争情报从业者在贸易展和其他地方的道德风貌直接影响了外界对行业的观感。
>
> **遵守所有可以适用的国内和国际法律。**
> 合乎道德的行为显然属于合法的行为。
>
> **在所有采访活动之前准确公开所有相关信息，包括个人身份和所属组织。**
> 遮掩还是坦白可能是最常见的道德困境，但在贸易展期间，竞争情报从业者（和其他人）不能掩饰自己的身份或掩饰自己所属的组织。
>
> **在履行职责时避免发生利益冲突。**
> 竞争情报从业者应该抵制不择手段获取竞争对手信息的危险想法。
>
> **在履行职责时提出真诚的建议和真实的结论。**
> 符合伦理规范的信息收集方法将得到真实结果。

---

① 注：本书有两章专门讨论在贸易展中收集信息时需要面对的伦理问题和法律问题，非常值得一读。

隐身在会展活动里的市场情报

（续表）

> **在企业、第三方团队和整个行业内推广此伦理规范。**
> 如果仅在竞争情报团队的成员之间传播，伦理制度和贸易展工作指南几乎没有什么价值。必须在整个公司内向任何可能在贸易展上收集情报的人分享这些标准，并强调它们的重要性。
>
> **严格遵守企业制定的政策、目标和指导方针。**
> 如前所述，贸易展的竞争情报伦理制度不仅不能与贵公司的商业行为准则或企业伦理制度有所冲突，还应与之相辅相成。

原文见托尼·威尔森，《会展情报》，卡洛夫、霍沃夫编。

容易与否

我之前说过，在贸易展上收集信息轻而易举。基金会出版的《会展情报》有几个章节都提到了这一点。然而，实际上采访竞争对手的员工常常会碰到问题。尤其在行业内每个人都相互认识的情况下，或者在竞争对手有一支训练有素的情报团队出面阻碍的情况下。

尽管如此，我很少碰到企业需要的大部分信息都无法收集的情况。所以，这里有一些方便在活动现场收集信息的建议。当你们发现自己想要打破伦理规范来收集信息时，这些建议应该会有所帮助。

访谈的准备做得越充分，成功的概率就越高

诱导提问等采访技巧，你们掌握得如何？为了有效采访你们的信息收集对象，你们是否对他们进行了必要的背调？成功的采访需要采访对象对你们感到满意，并在一定程度上信任你们。

了解这个人的背景可以帮助你找出在采访期间可以使用的话题并创造一个舒适的讨论环境。例如，在背景调查中，我试图找出我与采访对象的共同点，然后将它们融入对话中。

还有谁可能有这些信息？

如果你们仍然无法从特定人员那里获得信息，请问问自己还有谁可能拥有所需的信息并且更容易进行对话。在某一次会展期间，我收到命令去确认竞争对手是否有发布新产品的计划。我需要找出新产品的发布时间和新产品的一些特征。竞争对手的工作人员没有现身（谁能责怪他们？），但还有其他人知道这家公司新产品开发的情况和新产品发布的风声。我与竞争对手的几位客户和供应商进行了开诚布公的讨论。这种做法在贸易展上很容易实现，因为业内的每个人都在那里！

我还与竞争对手的竞争对手进行了谈话。请记住，你们不是唯一关注这家企业的人，其他人也在关注这家企业。只要你们不讨论他们自己的运营情况，你们可能会发现这些企业的员工急于谈论双方共同的敌人！

贸易展上不仅要采访对方

你们可以在贸易展的活动中使用其他信息收集的方法。例如，你们还可以通过简单的观察来收集信息。在某一场会展上，我们无法轻易得知竞争对手战略方向出现的潜在变化，但我们认为，如果对手的战略确实发生了变化（竞争对手进入新的产品领域），这家企业的员工会表现出不同于去年的贸易展的互动模式。

我们可以发现他们的员工出现在不同的主题讨论会上，参观不同的展位，并被看到与过去不同的谈话对象交谈。贸易展上的互动模式是很容易被人观察到的。

学会始终遵守伦理规范

许多竞争情报从业者都在活动现场成功收集到信息，完全没有采用不符合伦理规范的方法或非法的方法。这要感谢前人的经验。采访对象的技巧和其他收集信息的方法都是长年累月积攒下来的经验。这个栏目里提到过其中的许多做法，协会以前出版的众多出版物里也提到过这些做法。因此，在你们有进入灰色地带和越过灰色地带的冲动之前，你们要知道有其他选择。

（译者：俞俊）

隐身在会展活动里的市场情报

第四节 用表格"智"定现场情报工作计划

原文刊载于 Competitive Intelligence Magazine, 2010 年 10—12 月。

我经常在我的专栏文章中引用弗农·普莱尔（Vernon Prior）说过的话：

"如果组织得当，一个工作熟练、能力出众的团队应该能够收集到有用的信息，这些信息会比他们用其他方法持续一整年收集到的信息都更加有用（普莱尔，1996）。"

在回顾过去 12 年我为《竞争情报杂志》撰写的专栏和文章时，我发现自己写过的专栏数不胜数，专栏里写的是现场情报的成功案例，而文章则是关于如何开展跨国的情报工作、哪里可以找到信息（我还写过其他方面的文章）。除此之外，我从未完整写过如何制定现场情报工作计划的话题。而弗农的观点是，要想在 3 天内收集原本需要收集一整年的信息，制定工作计划才是关键！

贸易展的工作计划涉及什么内容？这份工作计划要确定住宿方案，也要明确如何汇报在会展期间找到的情报，还要确定访谈对象、分配工作角色等所有细节。现场情报需要收集者、分析者、传播者和协调者共同努力，因此需要向他们一一分配任务。工作计划需要确定的要素是：谁、何时、何地。为一场活动制定计划需要进行大量的思考，并且付出大量精力。

组织形式

本期专栏的标题是"用表格'智'定现场情报工作计划"。现在，我来解释这个双关语的意义。在翻阅协会丛书《会展情报》时，我发现很多章节的作者都利用表格来组织活动现场的情报工作，此类情况之多让我很是吃惊（卡洛夫，2007）。当我与越来越多的情报团队合作之后，我注意到他们为项目工作计划制定、信息收集和信息评估的环节设计了许多表格。

多年来，我不仅见过制定工作计划需要的表格和确认清单，也见过收集信息用的表格、访问他人用的人物信息登记表格、内部通信用的确认清单和表格，另外还有评估用的表格。这些表格清楚地列出了完善情报工作应当考虑的因素，因此，使用这些表格可以让情报工作程序的每一步都迈得更加踏实。使用表格是现场情报的关键。内容全面的确认清单可以确保情报工作没有疏失（这本书的作者们当然证明了这一点）。因此，这篇专栏文章将介绍一些制定工作计划需要用到的表格。这只是开头。（在接下来的几个月里，你们将会看到更多有助于你们完善情报工作的确认清单和表格。）那么，让我们接着来看现场情报可以用到的表格和确认清单。

工作计划由细节组成

大多数人认为彼得·麦肯尼（Peter McKenney）的样本收集流程是一个有效的做法（见表 2-6）。他的做法是，不遗漏任何一个环节，清楚每个环节中要围绕哪些"关键情报课题"展开，明确工作计划的后续情况也被考虑进去（如果你们想要知道更多细节，请购买此书）。此外，为了收集信息，需要确定人员的任务分配。上述细节可以有效保障现场情报任务成功完成。

表 2-6　彼得·麦肯尼样本收集流程

第一天		第二天	
焦　　点	关键情报课题	焦　　点	关键情报课题
会议：与专家碰面 上午 7:00—上午 8:00	4、7	分组会议 上午 8:00—上午 10:00	3、5、8
海报展示（第一场） 上午 9:45—下午 7:30	1~4、10	分组会议 上午 10:30—上午 12:30	1、4、7
教育活动 上午 10:15—上午 12:00	1、2、3	海报展示（第二场） 上午 10:35—下午 6:45	1、2、3
开放展示时间 上午 12:00—下午 7:30	全部	开放展示时间 上午 12:00—下午 7:30	全部
学术委员会会议（简要讲话） 下午 4:15—下午 6:00	1、10	分组会议 下午 1:00—下午 3:00	3、4、7

（续表）

	第一天		第二天	
	焦　点	关键情报课题	焦　点	关键情报课题
	海报介绍（第一场） 下午 6:00—下午 7:30	1～4、9	分组会议 下午 3:15—下午 5:15	5、6
	在展厅举办欢迎会 下午 6:00—下午 7:30	1～6、8	海报介绍（第二场） 下午 5:15—下午 6:45	1～6、8
	—	—	奖学金募集音乐会	全部

认真制定贸易展情报工作的目标，因为只有在工作目标合理的情况下才能拿到细节饱满的信息。布莱恩·索斯在会展竞争情报的确认清单中列出了 26 个项目，并将它们分为五个大类（见表 2-7）。

竞争对手信息。列出需要在现场观察的竞争对手名单、确定与每个竞争对手相关的"关键情报课题"、在会展前查看竞争对手的网站、基于现场收集信息的需求给竞争情报团队的成员分配任务。在确认活动现场的"资源需求"时，上述信息自然十分重要。

展厅和会展物流。检查楼层布局并确定穿过展厅最有效的方式（确定一种）。注意展厅的开放时间和参展商的位置，并指派特定的员工到正确的展位收集公开信息。

会议。根据情报工作的信息需求，浏览会议议程并指派竞争情报工作人员或外围的工作人员参加特定的会议。另外，必须确保每个信息收集人员在参加会议时都佩戴了正确的徽章。

收集信息的地点。确定所有可以收集信息的地点，包括举办招待会的地点、举办聚会的地点，等等。为了在现场获取最多的信息，这一步至关重要。

内部沟通的方案。为公司员工和竞争情报团队制定详细的内部沟通方案。规定情报工作小组成员在活动期间碰头的时间和汇报的时间。给出最终报告应有的框架。这些都是制定方案时要考虑的要素。

第二章 现场情报的技能和技巧

表 2-7 布莱恩·索斯的会展竞争情报确认清单

工作任务	执行人员	状　态
一、竞争对手信息 • 创建要观察的潜在竞争对手名单 • 完善竞争对手名单 • 收集关键情报课题（KIT）与关键情报问题（KIQ） • 派不同的竞争情报团队成员负责不同的竞争对手 • 在会展前查看竞争对手网站 • 列出内部专家的名单，向他们咨询每个竞争对手的情况		
二、展厅和会展物流 • 查看会展网站 • 获取参展商列表和展位列表 • 获取展厅布局 • 指派公司员工收集公开资料（例如，在媒体室发布的新闻稿） • 检查观察点的参展商分布情况 • 如果情况可行，在下班前/下班后进入展厅 • 查看照片是否可用 • 将去年的参展商名单与今年的名单进行比较		
三、会议 • 获取会议议程 • 指派竞争情报工作人员或外围工作人员参加会议 • 以非参展商的身份注册会议，或者获取多个徽章（如参展商和会议代表徽章）		
四、收集信息的地点 • 找到可以收集信息的地点和招待会的举办地 • 找到私人聚会的举办地 • 找到"友军"		
五、与公司员工和竞争情报团队沟通 • 制定与竞争情报团队在展前碰面的会议时间表 • 召开反情报的简报会或准备反情报的备忘录 • 决定如何传达"关键情报课题"和"关键情报问题" • 安排每日汇报 • 安排展后汇报 • 根据需要调整报告格式		

布莱恩·索斯在他的确认清单中提出了六个沟通要素。他的确认清单默认你们有一个人数合适的情报团队进入活动现场开展工作。但许多清单上的要求也适

用于单人行动的情况。

关于"单人行动"

凯瑟琳·海耶斯为单人行动的场景提供了详细的工作计划制定指南，包括如何具体制定计划和任务。从会展举办前的两到三个月里就要开始执行任务，一直持续到会展结束后的一周（见表2-8）。

表2-8 由凯瑟琳·海耶斯提出的贸易展开始前信息收集者的工作计划

时间	采取行动	任务进度
开始前2~3个月里	• 与高管讨论战略信息需求 • 整理应优先获取的数据需求清单 • 灵活调整列表，根据需要添加或删除需求 • 删减重点需求清单，但保留"愿望清单"	• 基于预期结果，向高管提交一页以内的工作计划 • 附上最终确定的数据收集清单（可以调整） • 列出工作进度的时间表和内部演示会的日期
开始前2~3周里	• 查看优先列表，制定数据收集计划 • 确定谈话对象，包括演讲者、与会者和其他人 • 收集谈话对象的个人照片和数据。你知道自己在找谁吗？ • 再次确认还有谁会参加活动。制定会面计划，获取联系人姓名或者找到介绍人 • 发送电子邮件给你想见的新联系人（行业专家、演讲者、组织者）	• 制定自己的"进攻计划"：你的时间安排、次数、计划召开的会议 • 准备一台电脑，以发送电子邮件提醒和访问报告，或用黑莓手机发送提醒 • 将你在贸易展上想见的人或者你需要经过他人介绍认识的人根据优先顺序进行排序 • 为介绍人制作备忘手册（关于需要牢记的产品或服务的详细信息）
会展期间：第一天第二天第三天	• 根据计划行动，但也要随机应变 • 获得数据后，将其添加到数据库或数据工作表里。重要程度高的材料应当发送电子邮件进行提醒 • 在数据库中添加新的联系人姓名，并记录会议对话。检查哪些数据还未完成收集 • 每晚开展自我汇报（提炼和分析当天的信息），为第二天做准备 • 查看收集的信息，为第二天的关键数据制定新的优先级列表	• 输入原始数据，包括快速填写完成工作表和联系人数据库，对话期间的笔记，以及发送给自己的电子邮件 • 根据收集来的信息重新排列列表的优先级 • 基于谈话对象建立人际关系图，包括他们推荐的人和计划要接触的人。维护这些关系 • 向高管发送电子邮件并报告工作进度

第二章 现场情报的技能和技巧

（续表）

时间	采取行动	任务进度
每项活动之前和之后	• 参加新手聚会、贸易展的鸡尾酒会、晚宴活动或任何其他计划中或计划外的社交活动 • 通过现有联系人认识其他联系人 • 主动请谈话对象喝一杯，借机开始对话	• 收集名片。在背后写上简短的信息，作为对话期间的临时记录 • 去场外发送电子邮件提醒，或者写下需要立即记录的复杂数据。使用餐厅、咖啡摊位、酒吧、休息室
会展结束后的一周里	• 在数据过时之前对数据进行分析 • 制作一页以内的重点需求报告，发送给对应的高管 • 记录贸易展期间收集的无关数据，将这些数据转发给公司内部对应的人员 • 提交经费支出报告 • 为上级制作 PPT 展示文件，展示主要数据和成熟的分析，同时，提出你们对竞争对手新产品或新服务的看法 • 记录会展期间哪些东西有用、哪些东西没用。记录的内容可以是技巧、技术、汇报机制，也可以是最有价值的活动 • 通过电子邮件或电话与接触过的对象保持联系	• 写一份详细的报告，记录贸易展期间收集到的所有信息。包括竞争对手的情况、影响和对未来的预期 • 根据预先在计划中提出的需求，撰写一页以内的重点需求报告 • 汇报会展竞争情报支出费用的详细预算，记录一整年中收集和使用竞争情报带来的影响

凯瑟琳的确认清单给出了一个重要信息，即制定工作计划时，也必须将会展后进行的活动考虑进去。一是记录会展期间哪些东西有用、哪些东西没用；二是与你们在会展上遇到的对象保持联系，这些人可能对企业未来的情报工作起到举足轻重的作用。

凯瑟琳的方案明确规定何时需要执行任务、要完成的具体任务有哪些、与之相关的成果有哪些。她一共列出了 24 项不同的任务，这些任务组成了一个成功的现场情报工作计划。

总结

这篇专栏文章向读者展示了制定完整的现场情报工作计划时可以参考的三类

隐身在会展活动里的市场情报

确认清单，这些确认清单也是工作指南。你们如果要取得工作计划上的成功，就必须完成列出的任务。

这是你们启动现场情报的第一步。修改工作指南，把对所属企业十分重要的其他内容加入其中，并且删除不适用于某些活动的步骤。使用这些工具制定个性化的表格和清单，从而完善工作计划。

接下来的几期将介绍我和其他人认为对现场情报有用的其他表格。有些表格是情报工作通用的表格。

你们该用表格"智"定现场情报的工作计划了。

参考文献

［1］Calof J, Bonnie H. Conference and trade show intelligence[M]. Alexandria, VA: Competitive Intelligence Foundation, 2007.

［2］Hayes K. Solo competitive intelligence trade show collection[M]//Calof J, Bonnie H. Conference and Trade Show Intelligence. Alexandria, VA: Competitive Intelligence Foundation, 2007.

［3］Mckenney P. Conference and trade show intelligence methodology[M]//Calof J, Bonnie H. Conference and Trade Show Intelligence. Alexandria, VA: Competitive Intelligence Foundation, 2007.

［4］Prior V. Trade shows and exhibitions; the intelligence gatherer's cornucopia[J]. Competitive Intelligence Review, 1996, 7(4):77-78.

［5］Soth B. What to do before the show[M]//Calof J, Bonnie H. Conference and Trade Show Intelligence. Alexandria, VA: Competitive Intelligence Foundation, 2007.

（译者：俞俊）

第二章 现场情报的技能和技巧

第五节 SCIP会议：你们有多少"情报"？

原文刊载于 *Competitive Intelligence Magazine*，2005年7—8月。

我写的第一篇关于贸易展情报工作的文章引用了SCIP出版物中有关贸易展的表述，以此作为开头：

"如果组织得当，一个工作熟练、能力出众的团队应该能够收集到有用的信息，这些信息会比他们用其他方法持续一整年收集到的信息都更加有用（普莱尔，1996）。"

从那之后，关于贸易展对发展情报工作很有用的文章有很多，SCIP会员们不断使用和研究世界级的贸易展情报工作方法。事实上，有一项研究课题正在推进。两名优秀的SCIP会员肯特·波特（Kent Potter）和约翰·普雷斯科特（John Prescott）参与其中。随着研究不断深入，这个专栏将分享更多内容。

现场情报

这个新的专栏将为从业者提供完善现场情报工作计划的建议。在接下来的专栏文章里，我将介绍一些案例、工具和概念。有些文章将聚焦我的课程和经验，还有些文章将分享SCIP会员的成功经验和失败教训。

敏锐的读者会注意到，本专栏的标题提到的是现场情报，而不仅仅是贸易展的情报。原因为何？因为，多年来我们谈论的技巧不仅可以应用于贸易展，还可以应用于会议，实际上是任何其他活动。我们的第一篇专栏文章将聚焦贸易展情报工作的专家（SCIP会员）和开展情报工作流程的绝妙地点——SCIP05芝加哥会议[①]。

[①] SCIP05芝加哥会议指的是2005年在美国芝加哥举办的SCIP会议。数字指的是会议举办的年份。——译者注

隐身在会展活动里的市场情报

SCIP05 会议的情报环境

SCIP05 会议提供了非常有用的情报工具。SCIP05 会议举办了 100 多场活动（主题讨论会、聚会、演讲），有 1 000 多名参与者，还设立了参展商的摊位。SCIP05 提供了以下机会：

- 为了未来的竞争情报工作而去认识新的联系人（该领域的专家）；
- 学习改进企业情报实践的方法；
- 弄清楚客户和竞争对手在做什么，以及获取更多信息。

换句话说，SCIP05 会议提供了一个情报丰富的环境。会议的举办非常成功，SCIP 在线上这样评价此次活动："许多与会者称其为'迄今为止最好的 SCIP 会议'，SCIP05 会议取得了巨大成功……近 1 200 名与会者不仅获得了宝贵的信息，而且度过了愉快的时光。"但是会员们充分利用了这次活动创造的机会吗？

SCIP05 会议有这么多活动和这么多人，机会随处可见，但只有正确使用现场情报的技巧才能最大程度地把握住这些机会。我在 SCIP05 会议的一个目标是了解竞争情报专业人员为这个大好机会做了哪些准备。因此，在 SCIP05 会议上，我以一种非常不科学的方式穿过人群，向与会代表们提问。我的问题是要确认他们是否在活动中使用了现场情报的方法。

从我的角度来看，这个活动之所以是一个绝佳的机会，是因为参加活动的人是情报工作的专业人士。SCIP05 会议可以审视情报工作的许多方面。我可以观察会员如何收集、分析和传播信息，并确定他们在会展上采用哪些流程来协调工作。这是我的第一篇专栏文章，因此，我写的是情报工作流程的第一步——制定计划。未来的专栏文章将关注有利于现场情报取得成功的情报的其他元素。

制定会展的工作计划——你的计划包括多少内容？

虽然提前制定工作任务只是增加了抓住机会的可能性，但在制定工作计划时，你们还是应当思考如何在会议现场尽可能增加开展情报工作的机会。

由于会展上有大量活动和大量人员流动，如果工作计划制定得当，你们应在会展开始前的某个时间节点完成下面这些工作：
- 确定关键情报目标和关键情报课题；
- 查看会议提供的机会；
- 将工作计划与你企业中的情报工作目标进行比较；
- 确定你们应该参加哪些会议、应该与谁交谈、应该走访哪些参展商；
- 针对想要交谈的对象，为与他们的访谈做好准备（例如整理他们的简要信息），或为你们将要参加的会议制定适当的工作计划。

因此，第一步是确定与会展上出现的信息源相匹配的情报工作目标，并思考从这些信息源收集信息的最佳方法。

何时开始制定工作计划

应该从什么时候开始制定计划？有人说是活动开始的六个月前，也有人说是两三个月前。

关于 SCIP05 会议的情况，我问的第一个问题是：你们何时决定要参加的会议场次？我以表格的形式对一些可行的方案进行分类，将它们分为"最佳方案"和"下次会有好运"两类（见表 2-10）。

你处于表格的哪个位置？

这个问题的主流回答是"在活动现场做决定"。是的，很多人没有为会议做好准备。这没什么大不了的，因为你们的 CD 上有演示用的幻灯片。

这是谁的工作计划？

已有文章建议制定现场情报工作计划来满足高级管理层的情报需求。但制定工作计划时也应该考虑其他目标，例如，获得乐趣、帮助个人学习、满足企业的其他情报需求。这是我创建会展竞争情报工作计划表的原因（见表 2-9）。

"这是谁的工作计划？"理论上，工作计划应该与企业里需要会展情报工作的那些人讨论完成。在 SCIP05 会议上，我询问了与会者都与谁讨论并确定工作

隐身在会展活动里的市场情报

计划的内容。表 2-11 展示了他们给出的一些回答，但总的来说，主流的回答是："什么计划？"一些与会者也表示，他们的企业要求他们在注册会展之前说明参加会展的工作目标。

表 2-9　会展竞争情报工作计划表

	竞争情报的工作目标	个人发展	未来的竞争情报工作	娱乐
专题讨论会				
与人会面				
观察活动现场				
指派展位工作人员				
聚会				

表 2-10　决定参加的会议场次

最佳方案	下次会有好运
当活动日程发布时 （会展开始的几个月前）	我要决定明天参加哪些会议。 网上有时间表吗？什么时候？在哪里？

表 2-11　谁参与了计划的制定？

最佳方案	下次会有好运
我和高级管理层讨论了我们在 SCIP05 会议上需要实现的工作目标 我提前与我的团队见面讨论，因为他们不能去参与 SCIP05 会议	什么计划？只有我本人而已

计划与人会面

也许 SCIP 会议的最大优势就是你可以与人会面。多年来，我一直对人说，SCIP 会议之所以重要，是因为你们可以在会上与该领域的顶尖专家对话。那么，你准备好与人会面了吗？表 2-12 是我根据调查结果得到的两类答案。

在活动期间，我还能收到陌生人的电子邮件，他们借邮件表达了希望与我会面的想法。但他们可以在活动开始前就给我发电子邮件，并询问我是否可以安排见面。

制定工作计划和协调工作的另一个要点是明确工作计划里涉及的人员和在活动现场与你们搭档的同事。有关贸易展情报工作的文章已经聊过如何与其他参加活动的同事合作的话题。但合作的对象也可能是供应商、客户、监管机构和其他希望看到你们企业发展顺利的人。

现场情报的工作中有众多潜在的可能性,为此,我也向与会代表询问他们是否与其他人一起工作。看看你们最终给出了怎样的回答(见表 2-13)。

表 2-12 做好与人会面的准备

最佳方案	下次会有好运
在活动开始的几个月前,我联系了我想见的人,安排好会面的时间表	我希望我有机会碰到你!

表 2-13 与他人一起工作

最佳方案	下次会有好运
我和同事一同决定由谁参加会议、参加哪些会议。我们共同做出决定	我没有意识到他们(其他同事)也参加会议

提前制定工作计划

SCIP 会议提供了独一无二的机会,但前提是你们必须准确制定工作计划。想一想要提前多久为明年的会议制定工作计划,也要想一想这份计划应该体现怎样的"深度"。计划的"深度"是指工作计划涵盖的工作要点的数量。

SCIP 会议有演讲会,这是你们以演讲会为模型制定工作计划的实践机会。但 SCIP 的活动形式还有主题讨论会和适合建立人际网络的欢迎会,你可以见到参展商,并与企业代表会面。你们在制定工作计划时应一一考虑这些细节,将它们纳入工作计划里。因为每个细节都有可能为你们输送通过情报工作想要获取的宝贵信息。

对于那些发现自己没有在 SCIP05 会议上按照现场情报的方式执行任务、为

隐身在会展活动里的市场情报

错失这个宝贵机会而感到沮丧的人，请不要退缩。SCIP06 会议和 SCIP Europe 05 会议也是机会，你们可以最大限度地利用情报工作会议为你们提供的情报。参与会议的可谓是最有经验、最资深的竞争情报专家，他们在看过这个专栏里分享的一些最佳实践案例后说："明年我也要这样做。"

顺便说一句，如果你们想知道在哪里可以获得对现场情报有用的学习材料，那么，找找 SCIP 自己的出版物，不必舍近求远。下面列出了一些这个主题的文章。其中一篇可能对 SCIP05 会议的与会者有很大帮助，题为《充分利用 SCIP03》！

希望你们能顺利开展现场情报工作，也希望这个专栏可以给你们一些灵感，让你们的工作任务有更多"情报"。

参考文献

［1］Barron A. Getting the most out of SCIP03[J]. Competitive Intelligence Magazine, 2003.

［2］Calof J, Fox B. Trade show intelligence: intensive, exhaustive, and fun[J]. Competitive Intelligence Magazine, 2003, 6(6).

［3］Calof J. Trade show intelligence-one year later[J]. Competitive Intelligence Magazine, 2005, 8(2).

［4］Shaker S, Kardulias G. Scoring at conferences: the quarterback technique for gathering intelligence[J]. Competitive Intelligence Review, 1996, 7(4):4-10.

［5］Prior V. Down under: trade shows and exhibitions-the intelligence gatherer's cornucopia[J]. Competitive Intelligence Review, 1996, 7(4):77-78.

（译者：俞俊）

第二章　现场情报的技能和技巧

第六节　在会展现场收集信息——来自竞争情报最佳收集者的建议

原文刊载于 Competitive Intelligence Magazine，2020 年 5 月。

现在，SCIP 把几本经典的竞争情报教学用书免费提供给会员，以加强向会员宣传竞争情报重要性的力度。

这几本教学用书包括《启动竞争情报功能》(Starting a Competitive Intelligence Function)、《认识灰色地带》(Navigating the Gray Zone)、《技术竞争情报》(Competitive Technical Intelligence)、《市场和竞争情报选集》(Market & Competitive Intelligence Anthology) 以及（本专栏的主题）《贸易展和其他会展情报最佳实践》(Trade Show & Event Intelligence Best Practices)。《贸易展和其他会展情报最佳实践》有 200 多页内容，顶尖的竞争情报从业者们在书里告诉我们，如何最大限度地抓住贸易展上开展情报工作的机会。此书为读者提供了如何制定计划（制定会展情报需要哪些工作表格和怎样的工作计划）、如何在活动现场分析情报、如何在活动现场开展反情报工作的建议，还展示了案例研究。当然，书里还给出了如何在活动现场收集信息的有用建议。这个专栏坚持分享书里提到的关于收集信息和建立人际关系网络的建议，我希望这样做能够吸引 SCIP 会员下载这个方便他们完善现场情报工作的免费资源。

我在无数专栏文章里都指出，贸易展和其他会展活动是你们在伦理规范的指导下开展情报工作并获取重要信息的最佳机会。因此，这是 SCIP 网站上的一个重要主题，也是无数网络研讨会的主题。

会展中有各种各样的活动，这些活动的主要作用是交换信息，因此，在会展上收集信息的机会比比皆是。我经常说，它们的名称是贸易"展览"，而不是贸易"保护"。毫不奇怪，《贸易展和其他会展情报最佳实践》就如何在会展活动中收集信息的主题提供了很多建议。这些建议由公认的竞争情报专家提供，一定会

隐身在会展活动里的市场情报

帮助每个人提高他们收集现场情报和建立人际网络的技能。

挖掘会议资料的重要方法

《贸易展和其他会展情报最佳实践》有几个章节专门谈到如何在会展活动中收集信息。其中一章是艾莉森·布蕾（Alison Bourey）写的"挖掘会议资料——利用二手信息掘金的方法"，她为读者提供了从二手信息收集信息的方法。表2-14是她列出的挖掘信息的建议。

表2-14　可以在会议资料中挖掘的信息类型

议　程	主题和演讲者的身份提供了以下几方面的信息： 市场热点； • 意见领袖及其职位； • 表达立场的专家及他们提出的敏感问题； • 成为新兴意见领袖的新演讲者
展区布局和参展商名录	计算竞争所需的营销预算。如果预算随着时间发生变化，那么对特定产品线的经费预算可能会减少
与会者名单（注册人、供应商）	与会者名单能够让你们在会议后通过挖掘与会者找出主要的联系人以及他们的联系方法。它们可以作为了解会议与会者的情况和会议定位的档案，以供未来制定工作计划时参考： • 根据会议总体规模和与会者质量挖掘会议或忽视会议的重要性； • 会议的地域偏见或管理层面的偏见；会议开始后两小时内到场的与会者比例； • 参展商的质量、规模以及类型
披露声明	帮助你们追踪与竞争对手的关系
海报、讲义和教育材料	要了解竞争对手的新产品的开发方向，这些材料至关重要。这些材料里也可能会出现新的意见领袖或发言人，将他们添加到你们主要的研究数据库里
新闻稿	在接下来的一个月内，竞争对手的"噪音"可能会出现在媒体上，弄清楚细节，让你有时间做好准备。也可指定公关公司或广告公司参与竞争
会后报告	根据从会议组织者那里获得的统计数据和报告来衡量活动的用处。了解有多少人参加会议、他们来自哪里。研究会议及其材料的投资回报情况。购买会议纪要（书籍、CD、DVD）会是更好的投资吗？ 将材料存档并使材料易于访问。提醒你们的团队你们拥有哪些资料、在哪里可以轻松找到这些资料

第二章　现场情报的技能和技巧

访谈的重要方法

安妮·巴伦写了一章，以"在现场收集重要信息所需的工具和技巧"为题。该章提供了访谈的技巧和准备访谈的技巧。安妮在这章的开头写道：

"为了有效地协调这项工作，你首先需要在会议或贸易展之前进行组织和准备。想想需要哪些设备收集你正在高效且持续收集的信息。想想你的外表、衣服的功能，也要想想哪些工具可以帮助你简化这些任务。"

安妮给出了有用的访谈技巧，这些技巧针对的是不同的活动收集场所：展厅、展位、演讲会、海报展示时间、媒体室、社交活动与人际网络活动以及酒店、餐厅、会议交通。对于海报展示时间的访谈任务，安妮建议：

"无论你希望阐明作者的研究还是希望进行细致的讨论，请提前设计好问题并制定好访问时间表。在大多数情况下，作者会告诉你他们研究的所有内容——毕竟，这就是海报展示的目的。他们可能急切地想要与人交谈，而不是一个人站在那里。"

关于在展位（包括竞争对手的展位）进行访问的情况，安妮根据她多年的经验，给出了适用于你们会遇到的大多数展位人员的访问建议：

"在展位环境中，大多数参展商都专注于销售，这意味着他们需要告诉所有接近展位的人他们的故事并回答这些人的问题。"

安妮指出，"大约 85% 的展位人员的特征如下，你需要有所了解"。

- 他们不想待在展位里。
- 他们从未接受过如何与参观者互动、如何从参观者中识别竞争对手的培训。
- 他们在这种环境中感到不安。
- 他们中的许多人是新员工或经验不足的员工，他们急于展示他们对新雇主业务的了解。
- 他们中的大多数是营销人员或销售人员。他们想告诉你他们的故事。他们正等着告诉你他们的故事。他们很想告诉你他们的故事。他们想把产品卖给你。

隐身在会展活动里的市场情报

• 大多数展台工作人员会问："有什么可以帮你吗？"你们只需说"不，谢谢，我只是看看"，然后继续你们的任务，或者回答"是"，然后提出问题。

安妮还提供了可以在贸易展上顺利收集情报的着装方面的重要建议：收集信息时佩戴不同类型的"徽章"（参展商、企业代表和展厅专用徽章）各有优缺点。

著名的访谈专家约翰·诺兰（John Nolan）写了一章，以"诱导提问——你们的贸易展工具包的关键内容"为题。该章以剧本或场景为例，给出了如何在活动现场诱导谈话对象、何时进行访谈以及在何处进行这些访问的建议。如果你们想知道什么是诱导提问，请下载这本教学用书并阅读本章。

最后，克里斯塔·戴维斯（Krysta Davis）撰写的章节"在贸易展和会议上收集情报的人为因素"为读者提供了从一手信息收集信息的许多建议。以下只是她分享的众多访谈技巧的其中一部分：

"尽量保证对话流畅。当他们说到一些你认为独特、重要甚至令人激动的内容时，不要打断他们。如果你需要更多信息，那么可以在对话的后期随时切回主题……请做到谦虚有礼。如果对方觉得受到了你的威胁，便不会和你说话。在询问某人对某个事情的意见时，不要认为你也必须坚持自己的意见。你是去那里学习的。让别人在与你交谈的过程中觉得他们真的能够帮助你，这样做的话，你可以获得更多信息。"

给出收集信息其他建议的章节

有一些章节虽然关注的是现场情报的其他方面，但也提到了信息收集的技巧。例如，著名的竞争情报顾问JP·拉塔扎克（JP Ratazak）在他撰写的以"工程学之用：如何形成贸易展情报的流程"为题的一章里为读者提供了他多年贸易展情报（Trade Show Intelligence，TSI）经验的总结。虽然这一章并不是主要说访谈（它的内容要丰富得多），但也向读者介绍了10个访谈技巧。之后，我会谈到这些技巧。

我在几个情报培训项目中使用了JP·拉塔扎克的实用访谈技巧，这些项目

第二章 现场情报的技能和技巧

分布于全球不同的地方。我询问与会者哪些技巧在他们的行业和他们的国家能起作用，哪些不能起作用，然后请他们进行补充。有趣的是，我访问的群体对这些建议的反应存在跨越国家和文化的共通之处。有些文化喜欢说体面话，有些则不喜欢。有一个国家的人告诉我，恭维别人很管用，但前提是对方认识你。如果他们不认识你，那么任何体面话（即便是真诚的恭维）都会造成对方不信任你的后果。

我曾以沉默作为应对之道，因而获得了一次有趣的文化体验。被访问的人在沉默的氛围里通常会浑身不自在，接着会用更多信息打破沉默。这种做法在北美取得了不错的成果。但当我第一次在亚洲尝试这种做法时，对方将沉默视为一种宝贵的禅意，我们默默地对视了几分钟。

阿尔琼·辛格（Arjan Singh）、朱迪·皮克（Jodie Peake）和雷奥那·福尔德（Leonard Fuld）合著了一章"如何落实贸易展情报工作计划"。其中同样提到，国家背景的不同会影响贸易展上的信息收集。他们还就不在计划范围的信息收集提出了很好的建议。

计划外、非正式的机会并不容易提前计划应对之道，但这些机会通常会产生最好的结果。指导团队成员认识并利用好这些时刻。收集情报最好的机会总是在出人意料的时候出现，所以你必须做好准备……团队成员应该尽可能眼观四路，耳听八方，以平易近人的姿态示人，用耳朵'捕捉'他们周围正在进行的对话和活动，并且保持微笑。一个看起来友善的人更容易让人接近，你永远不知道谁会向你走来。这些意料之外的机会可能发生在飞机上、在活动开始前的机场里、电梯谈话期间、排队吃午饭时、酒吧喝酒时——任何情况都有可能。

表 2-15 JP·拉塔扎克的十条诱导提问技巧

1. **你已经有了不错的人际关系联结点。** 你可能认识在［竞争企业 A］工作的人，认识向他们销售产品的供应商等。这些都是对话时很好的开场白。
2. **直接的问题可能会扼杀对话意愿。** 问题可以让人印象深刻，将注意力直接吸引到你感兴趣、想要获得的信息上。问题让人们有时间思考他们是否应该告诉你一些信息。

（续表）

> 3. **未知的信息比已知的信息更有价值**。永远不要对听到的内容感到惊讶。有人会更愿意向你提供他们认为你已经知道或已经猜到的信息。
> 4. **避免使用**竞争性研究、市场研究、专有、机密、法律等**词语**。
> 5. **注意非口头信息**。人们想要掩饰自己的感受时会做出微秒级的反应。露出舌头，即便只是露出舌尖，通常是下意识地表达不同意。当某人要说某事时，如果他们不想说或场合不允许他们说，他们往往会捂住嘴巴。
> 6. **体面话能创造奇迹**。无论你是在评论他们的产品还是他们公司的 Polo 衫，对方都会对你的恭维做出积极的反应。一种无声的应对方式是模仿他们的肢体语言。
> 7. **停顿和重复可以获得更多细节**。如果有人说"听着，我们正在扩大我们在亚洲的市场。"你只需说"亚洲"，然后等待。或者什么也不说，让他们打破沉默。
> 8. **做好准备**。在你走到他们的展位之前或者在知道你将与他们进行对话之前，查看信息需求列表。
> 9. **不要因为你记得信息需求就直接去向他们开口**。如果［竞争企业 A］的 5 个人来找你并就一个非常具体的问题发表评论，那么说明你的表现可能已经引起对方怀疑。请谨慎地诱导。
> 10. **依据伦理规范收集信息**。没有必要掩饰自己的身份。员工参加贸易展就是为了宣传他们的企业。
>
> 还有一个建议：**记录信息**。你不用在谈话过程中记录信息，但应该在遗忘之前将信息记录下来。之后，你可以将这些信息整理成工作成果。

艾伦·奈勒是"单打独斗：提高你的贸易展情报收集技能"这一章的作者。该章介绍了单人开展贸易展情报工作的做法。虽然本章的重点不是信息收集，但她给出了一些有助于访问技术人员的实用技巧。

"技术人员可能更愿意告诉你他们公司技术的细节，如果你运气好的话，你可以拿到关于未来开发计划的信息。吸引技术人员的注意通常很容易：对技术人员遇到的技术上的困境表现出感同身受的样子（如果演示不起作用）或简单地询问他们正在参与的项目。他们可以将你介绍给其他展位人员，你也可以根据刚刚从技术人员那里学到的知识向其他人提出更多问题。"

建立人际网络的技巧

在之前的专栏文章和我开设的培训课程中，我强调要使用贸易展、会议和其

Chapter 02 第二章 现场情报的技能和技巧

他活动来建立你们的人际网络。在活动中结交新"朋友"可以不断给你馈赠。有两个原因让我提出了使用会展等活动缔结友谊的建议：

1. 活动期间，大多数人都疲于奔命。他们可能没有时间因为你的情报需求而与你详细讨论，但他们很欣赏这样的方法："我知道你很忙，活动结束后我们聚一下吧。"

2. 访问是一种双方交流的关系，而交流的关系也始于一种关系。为什么不利用活动现场来开发这种关系呢？

埃里克·格利特曼通过"通过会展互动强化你的联系人网络"这一章进一步完善了在会展上发展联系人和建立人际网络的方法。埃里克提出了重要的观点：

在活动期间建立友好的联系是成功建立长期联系的关键。交换真实信息、表达对市场走向的看法、谈论有关每家企业产品的传言以及谈论管理层的变动都是与新的信息源建立信任和互惠关系的条件。不要因为你想要建立长期关系而忘记你需要在活动现场获得可靠的竞争情报，但也不要在活动现场表现得过于强硬，强硬会吓跑新的信息源。

埃里克有一系列在活动结束后与对方进行沟通的技巧，见下方的表2-16。

结论：你如何为以后的专栏做好准备

如果安排得当，你在一个持续三天的活动中收集到的信息比用其他方法持续一整年收集到的信息还要多。《贸易展和其他会展情报最佳实践》旨在帮助你们充分利用这一机会。它是向 SCIP 会员免费提供的资源，顶尖的竞争情报从业者在书中给出了尽可能提高贸易展情报投资回报的技巧，这些技巧可以指导你们在活动现场收集信息。另外，SCIP 网站上的"现场情报"链接下（打开"Insights"的下拉菜单，找到"Key Topics"）还有丰富的材料。那些对访谈技巧感兴趣的人则可以点击"主要研究和次要研究"的链接。这些资源都是帮助竞争情报从业人员最大限度增加其信息收集机会的工具。

隐身在会展活动里的市场情报

表 2-16　埃里克·格利特曼提出的在活动结束后保持沟通渠道畅通的 7 个步骤

- **提醒**。告诉对方你是谁、你是如何认识对方的、你们曾经谈论的内容。
- **重新评估**。明确此联系人可以给你提供哪些帮助。你应该花时间建立长期的关系吗？
- **加强**。提醒他们你学到了什么，以及提醒他们通过你们的第一次互动获得了什么。
- **改变方向**。在不泄露任何关键竞争情报的情况下告诉他们"新的"信息（"先予后取"）。
- **指派任务**。给信息源一个理由，让对方为你完成一项不太困难且只涉及公开信息的任务。
- **让对方放心**。让信息源知道你重视他们给出的信息。
- **维护**。有意识地与对方在其他活动碰面，以这种方式维护这段关系。

但我们还有其他更多资料！SCIP 将顶尖的专家聚集在一起编写了这本教学用书。这种做法给了我灵感。我可以将其他精通访谈技巧和精通建立人际网络的技巧的专家聚集在一起。于是，我开始将目光转向渥太华大学的同事。我研究了教授们的履历和他们发表过的文章，并与朋友们交谈。我发现，建立人际关系和访谈的主题已经融入许多院系的课程当中。

我在"特尔弗"（Telfer，指渥太华大学特尔弗商学院）教授这门课程。之后，我在英语学院的传播系找到了特雷弗·塔克（Trevor Tucker），他正在教授一门关于非语言交流的课程。信息研究系的斯戴芬妮·豪施泰因（Stefanie Haustein）从事社交媒体和社交网络分析的研究和教学，而佩里·斯泰克利（Perry Steckly）则在商学院开设以"建立人际关系"为主题的奇怪讲座，他还在卡尔顿大学（Carleton University）教授一门课程。最后还有来自心理学学院、医学院（采访患者是一个重要的研究领域）、法学院、生物学系和其他（科学）院系的研究人员。

有许多学科将"访谈和建立人际网络"作为研究和教学主题。我的想法是，可以将来自每个领域的与"访谈和建立人际网络"有关的理论、技巧和实践放在一起，开发一套可以给学生和其他人使用的教学通用材料。图 2-1 展示了我们的方法。

在以后的专栏里，我将与你们分享这项工作的一些进展。第一篇文章会谈谈佩里和我在"访谈和建立人际网络"这个领域所做的工作。佩里将警察科学的做法与认知心理学、神经科学和生物学的研究相结合，开设了一节名为"擦出火花"的研讨课,很受人欢迎。请继续关注贸易展情报(TSI)的更多信息。

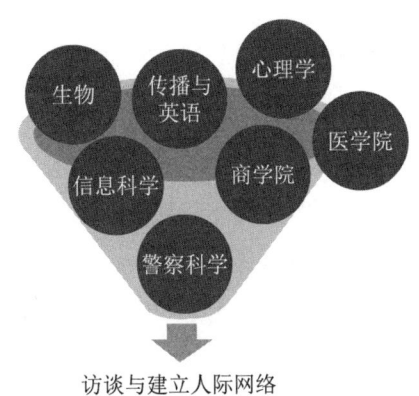

图 2-1 打通渥太华大学多个教学与研究院系的"访谈和建立人际网络"课程

(译者:俞俊)

 隐身在会展活动里的市场情报

第七节 在现场开展工作

原文刊载于 Competitive Intelligence Magazine，2006年5—6月。

竞争情报工作流程的所有环节（制定计划、收集信息、评估、内部沟通、管理）都可以在活动现场中完成。但最有趣的是信息收集这个阶段。

在会展上可以使用哪些方法、工具和技巧进行信息收集？几乎在 SCIP 出版物中谈到的话题都可以套用于这些活动。在贸易展上，企业设立展位，专家发表演讲，此类活动不胜枚举。他们都是来提供信息的。与其他收集信息的机会相比，在会展上收集信息可能是最轻松的。因为他们都是为你们（信息收集者）提供信息的。

农业生物技术会议（agriculture biotechnology conference，ABIC）提供了一个有趣的例子。与其他贸易展一样，ABIC 也很典型，有展位、宴会和主题演讲。作为一个学术会议，它也有海报展示会和主题讨论会。会议有数百个展位，有数千名与会代表，有主题讨论会，有海报展示会和主题演讲，因此，这里有很多收集信息的机会。

活动前的工作

活动前的准备阶段主要做几件事。其中一件事是保证在活动中只收集活动开始前无法收集的信息。例如，没有必要在活动期间花时间阅读产品介绍或者企业介绍，因为企业网站免费提供这些资料册。

对于学术会议，在活动开始前就拿到科研人员论文的做法，比在公司会议桌上拿到论文、然后在活动现场评估其内容的做法效率更高。尽可能只关注一手信息，并认真准备好这些信息。在活动开始之前完成对访谈对象的调研，以提升会展现场访谈时的效果。

学术会议通常有海报展示会的环节。海报展示不在活动主场，而是在场外的

第二章 现场情报的技能和技巧

某个地方。展示的海报有 15 到 20 张,介绍不同阶段的研究。每张海报都由对应的研究人员从旁介绍。研究人员们喜欢海报展示的形式,因为通过这种形式,他们可以在不公开的场合下展示研究成果,并与观众展开对话。

为访谈做好准备是所有信息收集过程中的关键步骤。对于海报展示会来说,这一步也很关键。准备访谈的第一步是获取海报作者的详细背景。由于每个展示阶段的主题和作者姓名都已提前公开,因此,请对每位作者进行背景调查,并确定每位作者的专长:

- 这是他们第一次涉足这个领域吗?
- 这项研究是否建立在他们过去的研究之上?
- 他们是否曾与你们想要进一步了解的研究人员有过合作?

接下来,向演示者发送一封电子邮件,请求他们提供一份工作论文的副本。如果演讲者在大学工作,首先查看大学的网站,看看是否有论文可供下载。在这一步,你们有机会进行自我介绍,并获得尽可能多的二次信息,以便在活动期间与研究人员进行更加详细地讨论。可以考虑安排在活动期间与对方一对一会面,或者也可以通过电话收集一些信息。

如果你们无法提前拿到论文,请在海报展示会期间拿到论文,并尽量把海报图像存储为电子文档。如果你们想在海报展示区对资料进行数字化或在展位观察对方的互动模式,请选择在这些区域人流量多的时候完成这些动作,而不要选择在人流量少的时候。在你们做好准备之前,不要与研究人员或展位工作人员对话。

无论你是在公司的展位、海报展示区还是其他场合与访谈对象启动访谈程序,你对访谈对象做的背景调查越充分,访谈的成果就越丰富。

在活动现场启动访谈程序

在看过论文或完成必要的背景研究之后,你们就可以进入访谈程序了。这时,你们提问的技能能够派上用场。SCIP 有许多专门讨论这个主题的讨论会,我强烈建议所有读者不要错过这些讨论会。

隐身在会展活动里的市场情报

在会议上采访别人并不是难事，因为会议就是交谈的地方。海报展示区的研究人员希望你们了解他们的研究成果。这就是他们张贴海报的原因。企业工作人员站在他们的展位上只有一个目的：谈论他们的公司和公司的产品。话虽如此，但不是所有活动现场的访谈都能立竿见影。下面是我遇到的几个问题。

"我时间不多"

展位上的工作人员或海报展示区的研究人员十分忙碌，因为他们需要与很多人交谈。如果他们读过任何一本关于展位工作人员的书籍，那么他们就知道把参观人员分为潜在客户、合作者、竞争对手、无所事事者以及其他类型的人。所以，在你们被归为某一类人并且被要求离开之前，你们有提出三个问题的机会。

学习理解肢体语言。肢体语言可以帮助你们判断在你们面前的人是否因为忙碌而想要赶你们离开。你们该如何处理这种情况？尝试通过职业身份或个人身份与之接触。然后，你们可能会发现，他们在常规的三个问题之后，还想继续对话，并开始认真思考。你们要有可交易的信息，但要确定这是他们工作中需要的信息。另一种办法是，安排稍后与他们会面。

最后，回到他们的展位或展区，向他们提出三个新的问题。你们会惊讶地发现这种方法十分奏效。有时，这种做法让你在更加恰当的时机与对方接触，有时，他们根本不记得自己已经和你们说过话了。

如果你们的访谈时机合适，你们可以完成一次时间长、内容多的谈话。在我参加过的一次活动中，我在展览的最后一天接触访谈对象，当时，展厅里几乎没有人。展台的工作人员因为感到冷清而一直延续话题。

"我不喜欢你"

无论你们学会了多少技能，有时，你们只是不适合进行访谈。在一次活动现场，我试图从一位高管那里获得有关一项新技术的信息，但一无所获。从缺乏眼神交流这一点看，或许，这次访谈应该由其他人来完成。

缺乏眼神交流可以说明很多事情：说话人神经紧张，说话的时间十分有限，或者其他原因。但我注意到他正在与其他人进行眼神交流。每当有西装革履、头发花白的男人经过时，他都会看向那个人。我发现了这种倾向后，马上便意识

第二章 现场情报的技能和技巧

到是时候让其他符合他首要条件的人来与他对话了。我找了一位碰巧参加这个贸易展的朋友。他穿着考究,有一些白发。我请他进行访谈,他取得了巨大的成功。

"我不想谈论那个话题"或"我是一个沉默寡言的人"

有时,即使在适合交谈的活动现场,对方也会觉得你们在询问敏感信息,或者,他们根本不善交谈。在这种情况下,我用的也是许多常用的技巧,其中包括诱导提问。我询问对方我还能和谁交谈,或者,为什么这个话题是一个敏感话题。我甚至尝试稍后回来提出相同的问题(也许他们晚点才有谈话的意愿)。

为了尽量减少对不想说话的对象强行进行访谈的情况,花一点时间观察访谈对象,了解他们的风格。当其他人在展位或海报展示区接近他们时,他们是健谈还是有所保留?他们是试图快速结束对话,还是采取更友好的应对方式?此外,试着捕捉一些对话的内容,以辨认对方属于愿意谈论细节的类型还是属于只说场面话的类型。

活动现场的观察

访谈并不是在活动现场收集信息的唯一方法。你们还可以通过眼睛观察到丰富的信息。以下是亚洲食品贸易展的一个例子。在这次贸易展上,信息收集的重点是日本牛肉品牌的营销策略。我的客户正在考虑以牛肉的食品安全为推广的亮点。这背后的卖点是,从客户工厂出来的牛肉是健康的,牛吃的是天然饲料,所有切好的牛肉产品都可以追溯到每一头牛身上——安全、安心和可追溯。我在这次活动上的任务是确定这种策略是否有用。

我的方法自然包括访谈。然而,收集信息有一个非常简单的方法,那就是直接观察信息的两处源头:展位和会议。

展位

在展位上找出品牌营销的方法非常容易,并且,我们也可以使用科学的方式

隐身在会展活动里的市场情报

完成任务。我的方法是,从销售牛肉的企业里随机选择展位。我收集了它们所有的营销材料,将它们的广告标牌数字化,然后根据这些材料研究他们为牛肉产品制定了怎样的营销策略。

处理完这些信息后,我在展台访问了企业的工作人员,向他们确认这是不是他们品牌营销的策略,并询问他们为什么要制定这样的策略。但并不是所有展位上的内容都会被制作为电子文档,也并不是所有有数字化材料的展位都是我访谈的对象。我需要研究并给出一个合理的抽样方法。

会议

贸易展包括各种主题讨论会、主题演讲和其他公开活动。在亚洲食品展上,我浏览了这些活动的清单,找出了品牌营销和牛肉产品被列为话题和可能成为话题的会议。在这些会议上,我记录下有关品牌营销的评论,并听取行业参与者提出的有关品牌营销的问题。

倾听他们的提问之后,我可以看出他们对品牌营销的想法、他们正在考虑做出的变化以及他们面临的问题。例如,日本的一家大型牛肉进口商问演讲者,"据你所知,有没有研究表明牛肉具有额外的医疗功能?"紧随其后的另一个问题是,"与食用牛肉有关的心脏病发病率是否像大众媒体报道的那样高?"我可以合理地得出结论,健康益处可能会成为日本牛肉市场的重要营销元素。这是说得通的,因为健康是日本食品市场上许多其他产品常用的营销元素。

直接观察是一种收集信息很有用的方法,因为直接观察不会引人注目。它也不会造成信息收集的偏见,因为信息收集者被准确地告知要收集什么,他们也不需要提供对数据的任何解释。他们只需汇报他们所看到的内容,并制作数字化的图像或小册子作为辅助材料。而访谈可能催生偏见,因为信息收集者可能无法准确记住访谈的全部内容,特别是在没有录音的情况下。

我在亚洲食品展上的观察得出了什么结论?几乎所有营销策略都提到了安全和安心。如果我所代表的企业采用相同的策略,那么与其他竞争对手相比,它将丧失差异性。它需要别的东西来让它与众不同。基于对主题讨论会的观

第二章 现场情报的技能和技巧

察，我认为，健康可能是品牌营销的第二个亮点。后来的面对面访谈证实了这一点。

简而言之，在活动现场收集信息并不困难，机会随处可见。关键是做好准备。

（译者：俞俊）

隐身在会展活动里的市场情报

第八节　在现场利用数字工具配对，并从他人口中获取市场信息

原文刊载于 *Competitive Intelligence Magazine*，2019 年夏季刊。

我在现场情报的培训课程中度过了相当有趣的几个月。我让几家公司为两个国防工业展览（DSEI 和 CANSEC）[①] 做好准备，让另一家集团为 Startupfest 做好准备。Startupfest 是一个聚焦新企业、风险投资和企业扩张的会议。

随着现场情报培训的深入，企业的信息需求变得更加集中。但如何找到谈话的合适对象？如何与这些人交谈？在很多情况下，这些问题成为主要的问题。对建立人际网络和访谈的环节心存担忧是正常的。在近期的 SCIP 会议上，我主持了一场关于现场情报的会议，会上讨论的第一大主题是如何在有竞争对手参加的活动中开展访谈。

因此，这篇专栏文章使用我在 Startupfest、DSEI 和 CANSEC 等场合累积的经验来研究如何建立人际网络、如何开展访谈。我将分享一些在活动现场收集信息的故事，并穿插一些收集信息的技巧。

人们之所以会参加贸易展，是因为他们希望能与合适的人建立联系，会展活动正通过技术来实现这一点。

寻找可以交谈的人

从技术层面看，会展活动正在发生变化。例如，我之前写过关于在活动中使用推特的文章。你们让那些发推文的人代表你提出问题，并把推文作为会展的信

[①] DSEI 是在英国举办的国防安全装备国际展。CANSEC 是加拿大最大的全球防务与安全贸易易展。——译者注

息源之一。但我在 Startupfest 和 DSEI 上看到的是，会展上的技术不断发展，这些技术可以帮助你们认识合适的人。会展的项目经理正逐渐认可这种做法。人们之所以参加贸易展，是因为他们希望能与合适的人建立联系，会展活动正通过技术来实现这一点。

Startupfest 使用了一个名为 Braindate[①] 的程序，而 DSEI 使用的是一个被称为 BE Link 的工具（用于配对的工具）。这两个工具的使用方法是，让用户填写自己的个人资料并描述访谈对象的类型，系统将为用户匹配到感兴趣的人。（图 2-2 是在 DSEI 活动上系统为我找到的匹配项；图 2-3 是 Braindate 的视觉效果，其中展示的是 Braindate 的对话功能。）这些系统都允许用户搜索会展注册人员（和填写过资料的用户）的列表，以促成可行的"约会"。

在 DSEI 上，我已经与参观者和参展商完成了配对，匹配对象还有国防部副部长。我现在可以与对方联系，而且沟通的形式也不只是电话寒暄。至于 Startupfest，我培训过的每个人都遇到了满足他们信息需求的"合适"对象。在"头脑约会"期间，你们可以拿到有关分销商、竞争对手、潜在客户等能说得出来的任何信息。但前提是你已经完成了"正确配对"。

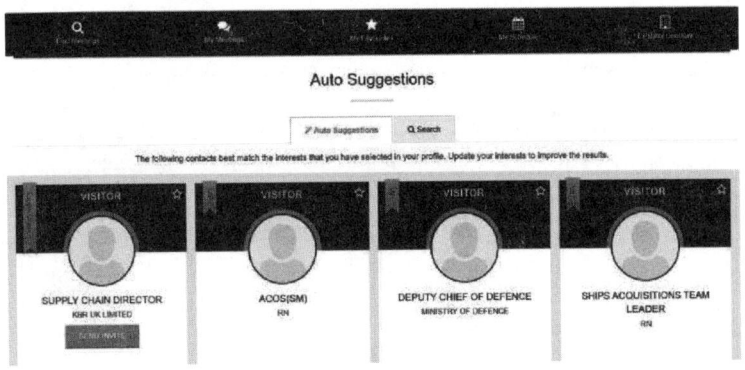

图 2-2　DESI 的配对平台

---

① 可以直译为"头脑约会"。——译者注

隐身在会展活动里的市场情报

> **Startupfest 2019 向你力荐 Braindate!**
> 你们来 Startupfest 的目的是与人会面和学习新事物。但是，如何正确打开对方的话匣子？从"头脑约会"开始吧。
> "头脑约会"的目的是分享知识。通过"头脑约会"，在活动现场与其他与会者建立一对一的对话或多人对话。
>
> **什么是"头脑约会"？**
> Braindate 是一个创新型的平台，可以帮助你找到一对一对话的合适对象，让你通过对话在分享知识的同时也能向对方学习。"头脑约会"为你提供了向其他与会者就你最感兴趣的话题学习的机会。想要听别人是如何向投资人宣传的吗？想要交流市场营销战略的最佳实践案例吗？在 Startupfest 与企业家们进行"头脑约会"吧。带上学习的意识。

图 2-3　Startupfest 提供的 Braindate 平台

寻找合适的访谈对象

在会展的每一天，我都与我所有的"学生"（培训学员）谈话，以了解活动的进展，并提供指导、建议和鼓励。培训学员中第一个使用 Braindate 的人抱怨它并没有什么用处。因为她碰上的人只想要免费样品。这不是她希望认识的专家。为什么会出现这种情况？

其一，这名"学生"在 Braindate 上填写的个人资料缺乏深度和个性。其二，她没有查看对方的任何信息，既没有查看"约会对象"的领英个人资料，也没有查看对方企业的网站，因为没有信息在手，她无法打造一个可以找到合适对象的个人形象。在我指出这些问题之后，她非常仔细地查看了已经与她匹配成功的那些人，解除了与一些人的匹配，又匹配了一些新的对象，于是在活动上取得了情报工作的巨大成功。

竞争情报的方法给那些需要创建个人形象的人提出了很多建议，甚至包括如何寻找最合适的访谈对象。如果你们想要吸引符合你们的情报需求的"合适对象"，竞争情报可以帮助你们通过组织语言来吸引你们眼里的目标对象；可以帮助你们的同事填写他们的个人资料，以吸引那些有可能为了方便日后的成功销售而向你们的同事提供情报的人。这是竞争情报经典的人物分析法和辨识法。竞争

第二章 现场情报的技能和技巧

情报还借助背景调查和想要在活动上为谈话的对象建立档案的做法,以实现尽一切可能创造机会的目的。此外,作为竞争情报从业者(正在阅读本文的人),如果你们要去参加活动,那么你们需要思考要与谁建立联系以及如何编辑你们的个人资料,你们的目的是吸引理想的访谈对象主动与你们说话。越来越多的贸易展开始提供可以搜索参展人员身份信息的工具,因此,你们可以在自己的资料上展示恰当的文字来吸引目标对象的注意,这样做至关重要。

找到合适的对象,以获取信息

在我的现场情报培训项目中,项目学员要为会展制定工作计划,我给他们的培训中包括这一项内容。他们准备了一份信息需求清单,并浏览了有关活动的可用信息,包括演讲者、参展商、小组讨论等。在准备参加 DSEI 和 Startupfest 期间,他们还要搜索与会人员数据库,然后根据信息需求在与会人员中找出匹配的对象。

我之前提到,他们通常对访谈环节非常紧张,所以我尝试告诉他们这个活动被称为贸易"展示"而不是贸易"保护",给参与者灌输信心。我告诉他们,参加活动的人是来讨论的,那些主题演讲者(他们要回答问题)更是如此。我还有一条建议:他们想要交谈的对象应该是以前从未交谈过的对象。所以,在最坏的情况下(目标对象不说话的情况),他们的情况也不会更糟(以前没有和他们说话,现在也不和他们说话)。我还告诉他们,他们不应该感到紧张,因为他们已经完成了所有的准备工作:他们知道他们想采访谁,已经记录了这些人的特征,还准备了一份问题清单。他们已经为访谈做好了准备,万事俱备。他们应该有信心。他们还接受了一点访谈培训。

然而,尽管万事俱备,他们也制定了详细的计划,但在活动现场与他们在一起时,我觉得,我就像是在把小鸟推出巢穴。因为要去采访目标对象,他们感到紧张。他们不想离开我们拿来作为"指挥室"的休息区。

在 Startupfest 上,某位培训学员将一位主题演讲者确定为目标对象。这个对象可能是竞争对手,也可能是分销商。作为竞争情报的学习者,她将目标对象会

隐身在会展活动里的市场情报

出现的三个演讲场合作为使用现场情报方法的机会,并耐心等待,只待在对方下台时向她问候。她很紧张,但我告诉她不要紧张,因为对方是一个主题演讲者,应该想要回答问题。我们做了一些背景调查:目标曾接受过许多采访,为自己的成功感到非常自豪。我的学生仍然十分紧张,虽然紧张并没有什么用。前两次演讲结束后,对方从舞台后方离开,避开了人群。

她虽然有些紧张,但没有被吓倒。她已经为第三次机会做好了准备。她走到靠近舞台后面的位置。当她看到对方提着行李正要离开时,她向对方走过去,马上要与她正面接触。她进行了自我介绍,然后讲述了自己是如何在演讲人所属的行业里创业的,并表示想向对方学习。演讲人停留了几分钟,与她交谈,回答了她的一些问题(这些问题取自情报工作计划),然后给了她一个个人电子邮件地址,以便以后继续讨论。她还向她企业的一位高级管理人员发送了一条消息,让这名员工帮助我的学生。

在制定情报工作计划时准备好重点明确的问题、对访谈对象进行分析以及制定保障工作目标的应急计划,这些做法都可以促成访谈的成功。然而,在即将出发采访时,我方学员表现得非常紧张和焦虑,不愿离开团队工作区域,甚至不愿意尝试。

偶遇

就像所有会展活动一样,Startupfest、CANSEC 和 DSEI 创造了自由讨论的绝佳环境。参加 CANSEC 活动时,我排着长队去买食物,并开始与排在我前面的人与他的同事交谈。我根据他的徽章发现他的公司是我另一个竞争情报项目想要接触的公司。尽管这是一次偶然的相遇,但我有现场情报工作计划,因此,这是一次成功的对话。我做好了准备,提问时有焦点,并且态度友好。但对我来说,重点是要通过一些问题确认对方的情况,以确保与我交谈的人具有必要的专业知识、在组织中担任方便我开展情报工作的职位。这些问题不容忽视,并且,它们也是分析人物时必要的问题。另一个重要的条件是,我不能紧张,还要表现出友善的一面。我也要根据他提到的参加活动的目的给他提供一些联系人(我称之为人际网络 101），这样做之后，他会更愿意帮助我。

阅读肢体语言，将信息置于语境中

让我告诉你另一个发生在 Startupfest 的故事。Startupfest 提供了向别人展示想法的大量机会，你们可以在正式的宣传会表达想法，也可以在展位和其他地方随意表达想法。你们偶然遇到或寻找的许多专家可以提供如何获得风险投资、行业动态等信息。图 2-4 展示的是其中一种可能。这是一个叫做"向小伙伴推销"的会议。你们有几分钟的时间来展示你的想法，然后等待听众的提问。

图 2-4 Startupfest 的宣传会

我培训我的团队在与人交谈时，要观察对方的肢体语言，例如，注意他们何时表现得十分激动、什么让他们感到焦虑。我告诉他们应当记录下对方收到的所有问题。但我没有告诉他们，还要弄清楚提问者的身份、背景以及掌握的专业知识。有些问题和评论很要紧，有些则不需要关注。这取决于说话者的专业水平。这是竞争情报识别的方法——辨别目标。

隐身在会展活动里的市场情报

这里有一个在 Startupfest 期间发生的故事。其中一个培训学员经营一家纯素食生产企业，企业的产品包括几种美味的涂抹酱和一种纯素食制成的奶酪。在她结束自认为还不错的宣传之后，她只收到了一个问题："它会融化吗？"她有些失望。"我以为我做得很好。我的肢体语言很棒，然而，观众只提出了一个问题，而且是熔点这样的小问题，但这是我在演讲中提过的内容。"

我用竞争情报的视角来分析这个问题。听她宣传的"小伙伴"接触过大量初创企业，但他们是像祖母一般年纪的"小伙伴"（你们可以在图 2-4 看到她们的照片）。我向这位培训学员解释，这反映了加拿大人口的多样性：有人是穆斯林，有人是犹太人。他们开始认识到清真食品和犹太食品的重要性，发现能够真正融化的纯素食产品在这里有巨大的市场（因为犹太食品禁止混合奶制品和肉类）。所以，这不是一个令人失望的问题，它让纯素食公司的创始人发现了曾经忽视的庞大市场，为她提供了宝贵的市场信息。可以提供信息的联系人以及他们的专业水平和观点，掌握这些对于信息收集十分关键。

结论

准备充分的情况下，访谈并非难事。找出明确的信息需求，并利用可以利用的技术。例如，在会展上越来越常见的配对工具可以让你们找到合适的访谈对象。但这只有在你们知道自己需要什么信息、懂得如何编辑你们的个人资料以及如何选择关键字来进行匹配时才会发生作用。之后，花点时间总结你想采访的对象的特征，为对方制定一个合适的访谈方法。

主题演讲的故事则向我们证明，如果访谈对象是一个非常重要的人，你们要有一个备用方案。文章里提到，无论你们准备得多么充分，都会出现意外。对于这些情况，访谈对象的"画像"并不能马上完成（尽管可以通过肢体语言发现一些特征）。不过，你可以提几个问题来评估对方的专业水平（以及此人对你们的情报工作的重要程度）。这么做可以取得效果。

这篇专栏文章向你们展示了几个访谈的成功案例。这些故事的主人公几乎

第二章 现场情报的技能和技巧

都是新手。但他们做好了准备,于是取得了成功。请记住,像会展这样的活动场合聚集了一批想要进行讨论的人;如果你们准备充分,很可能轻而易举就能取得成功。我希望这里介绍的故事和技巧可以帮助你们在情报收集的过程中收获更多成果。

(译者:俞俊)

隐身在会展活动里的市场情报

第九节 沟通与贸易展

原文刊载于 *Competitive Intelligence Magazine*，2008 年 11—12 月。

当我们谈论竞争情报的时候，常常会提到"可操作情报"。如果情报从来不被落实到"操作"层面，那么计划、收集和评估情报的意义何在？根据我的经验，阻碍情报使用最主要的因素之一是其沟通方式。与市场上的其他要素一样，沟通对情报来说是不可或缺的。本专栏将重点介绍贸易展上的情报沟通。

仅仅强调贸易展上情报沟通的重要性非常容易。事实上，我完全可以在往期 CIM 作者科雷茨基（2007）、德苏扎（2003）和菲奥拉（2005）等人文章的基础上，介绍情报成果呈现的方式、内容、人员、对象、时间等元素。

这些元素的确也很重要，因为信息的呈现方式与接收方式有着密切的联系。但是，正如去年艾伦·奈勒（2007）的专栏文章那样，本专栏将以更广阔的视角来体现以下几点。

- 如何在展前、展中和展后不同阶段发挥沟通的作用；
- 如何利用沟通实现重要的情报目的；
- 如何针对不同群体（客户/决策者、贸易展团队和广大员工）设计不同的沟通方式。

表 2-17 根据这 3 个维度对本文内容进行了简要概括。

表 2-17 会展沟通的目标

阶段	客户/决策者	广大员工	贸易展团队
展前	聚焦 KITs（关键情报课题） 功能意识	功能意识 建立盟友/助手关系	培训、意识、协调
展中	会展简报 专项验证	建立盟友/助手关系	协调、执行、调整
展后	发布报告 重申情报的重要性	建立意识	总结经验

第二章 现场情报的技能和技巧

沟通目标

让我们从围绕活动展开沟通开始,介绍沟通对于情报工作的作用。在我参加过的贸易展中,沟通往往被用于多种目的。

提高对 CI 的认识和理解

尽管业内人士都很熟悉 CI 的概念,但对于许多企业的人来说,它仍然是一个谜,并且经常被误解。我在即将付梓的《开启竞争情报职能》一书中具体描述了贸易展如何提高人们对 CI 的认识。其中,与管理层、广大员工和团队成员保持沟通是加强外界对 CI 职能理解的关键。

制定情报计划

贸易展占企业市场预算的很大一部分,因此贸易展上的沟通必须能够产生可靠的情报计划。例如,与高级管理人员进行面谈是沟通计划的基础。必须将编写好的计划书发送给所有相关人员,让他们更高效地参与项目。沟通甚至还可以确保整个团队都参与到计划的制定当中。此外,还要对团队人员进行培训,制作便于理解和使用的表单,掌握数据收集等沟通技巧,同时提升人员的沟通思维,加强他们的沟通意识。

在现场情报计划前对每名员工进行培训

沟通可以帮助员工学习与 CI 相关的技能。例如,参与访谈的人员可以事先学习与访谈相关的材料,所有参展人员都要了解 CI 道德准则,等等。

发展情报收集助手

在活动前和活动期间,可以通过沟通来争取其他贸易展参与者的帮助。我参加的许多贸易展就向参与者提供了一般简报等材料,让这些参与者为情报工作提供帮助。还可以与团队的非正式成员分享情报计划,让这些成员也参与到信息收集中,提供有价值的信息。

保证计划运行

贸易展上的沟通可以让团队所有成员更加明确行动的内容和时机。在我参加的贸易展中,参与者都会收到一张提供所有情报团队成员联系方式的卡片。在实

隐身在会展活动里的市场情报

践中，我们发现，贸易展的现场沟通有时也会遇到阻碍，比如场所用了太多金属材料，导致手机的使用遇到困难。

情报递送

往期的《竞争情报杂志》文章曾经提到，情报的提供方式会影响其被接受的方式。因而活动期间递送的简报必须包含决策者需要了解的情报，最终形成的简报和报告都是沟通工作的关键。

决策者

如上文所述，沟通可以有很多目标对象，涵盖组织中的每个人，包括决策者、CI客户等。他们的意见会影响CI工作的预算、工作重点和这份工作最终的生存。

在我参加的贸易展中，我们与决策者保持不间断的沟通，以电子邮件和采访等方式向他们呈现贸易展中包含的情报。我们一直在讨论情报收集计划，以确保我们的工作满足他们的要求。

在贸易展期间，我们准备了一份来自现场的"每日情报通信"以及一份定期简报，并发送给决策者，以确保我们的工作符合对方的期望。当然，在贸易展结束后，我们还进行了后续报告和讨论，好让未来的CI工作也能满足他们的需求。

公司参展人员

除了客户之外，我们还要与所有参与活动的员工进行有效沟通，不论他们是否正式参与了现场情报计划。普通员工向来是帮助收集情报的最佳资源，他们参与贸易展的方式可以是协助清理现场、参加活动、进行采访等。可以请他们帮忙收集情报。与他们沟通，说服他们花点时间为现场情报团队收集情报是很重要的。

如果你能妥善地处理这些事，这些员工在返回工作岗位之后还会成为情报工作的推广人员。在展前可以对他们进行有关现场情报的重要性及主要任务等方面的培训。当然，沟通远比培训更重要，沟通可以让他们清楚地了解活动团队在贸

第二章 现场情报的技能和技巧

易展期间将如何协助他们的工作。

现场情报团队

最后，与现场情报团队的沟通至关重要，包括展前的计划简报、展中进行适当的沟通协调，以及展后对情报收集结果进行讨论。执行现场情报计划的 CI 从业者应该意识到在贸易展期间与现场情报团队保持联系的重要性。这些联系包括一起发布新计划、分发计划表格、制定新指令，等等。在贸易展期间，紧密有效的协调取决于组织良好的沟通计划。

正在阅读本专栏的读者如果想要了解如何最大化地进行现场情报交流，可以参考《会展情报》的作者之一乔·戈德堡（Joe Goldberg）的一些建议。他建议简报的内容应该更丰富、建议的含义应该更深入，以及要严格使用报告模板，以便读者阅读，并有利于情报团队更轻松地准备每日报告等。这本书的许多其他章节的作者还提供了他们的沟通方式和设计方法，读者可以去查阅。

艾伦·奈勒（Ellen Naylor）也曾撰文，针对在贸易展期间和结束后应该将情报发送到哪里提出了很好的建议。她的主要观点是，如今的客户正在遭受信息过载（如电子邮箱收到过多信息）的困扰。因此，她建议情报收集者事先反思：哪些人确实需要我收集的这些信息？以及：

- 他们需要这些信息的紧迫程度如何？
- 是否有一些对每个人来说都很重要的关键信息需要立即发送？
- 客户喜欢的沟通方式是怎样的？数据的重要性是否会影响这种沟通方式？

奈勒还介绍了多种让关键客户了解现场情报概念的沟通方式：

例如，在准备一封电子邮件的时候，可以列上所有 CI 客户都会感兴趣的重要信息，并附上包含更多层次细节的文档，以便那些对这些细节更感兴趣的客户打开附件进一步阅读。

制定沟通策略是管理现场情报工作项目的关键。我希望本专栏能够帮助读者了解沟通对于实现关键情报目标的重要性——它是如何在贸易展之前、之后和期间各个阶段发挥作用的，以及它对于公司各个层级来说又有什么重要意义。在

未来的专栏中，我还会介绍更多关于如何在活动中进行沟通、设计信息、收集表单、设计活动、选择信息和递送人员等方面的细节，目前本专栏只是提供一些值得进一步思考的想法。

参考文献

[1] Calof J. Conference and trade show intelligence[M]//Calof J, Bonnie H. Conference and Trade Show Intelligence. Alexandria, VA: Competitive Intelligence Foundation, 2007.

[2] Desouza K. The communication of intelligence: three lessons[J]. Competitive Intelligence Magazine, 2003, 6(5):42-44.

[3] Fiora B. When to disseminate intelligence?[J]. Competitive Intelligence Magazine, 2005, 8(5):41-43.

[4] Goldberg J. Communicating the value of trade shows to decision-makers[M]//Calof J, Bonnie H. Conference and Trade Show Intelligence. Alexandria, VA: Competitive Intelligence Foundation, 2007:107-114.

[5] Koretsky I. Tell your business story: eight steps to inspire your audience[J]. Competitive Intelligence Magazine, 2007, 10(3):27-30.

[6] Naylor E. Communicating cooperatively: trade shows[J]. Competitive Intelligence Magazine, 2007, 10(1):44-46.

[7] Naylor E. Going solo: Sharpen your trade show collection skills[M]//Calof J, Bonnie H. Conference and Trade Show Intelligence. Alexandria, VA: Competitive Intelligence Foundation, 2007: 125-136.

（译者：金旸）

第二章　现场情报的技能和技巧

第十节　贸易展与活动的绩效评估

原文刊载于 *Competitive Intelligence Magazine*，2009 年 7—8 月，共同作者弗朗斯·布蒂利耶（France Bouthillier）。

读者可能已经注意到，我之前的几篇专栏都有共同作者，这一篇也不例外。弗朗斯和我在过去 6 个月中一直在研究如何进行竞争情报（CI）评估，这也是 CI 界的一个重要议题。我们在研究中学到了很多东西，在之后的专栏里，我会更详细地介绍我们的发现。不过，目前本文的重点是贸易展情报的评估——这是我们研究中有关 CI 评估的一个组成部分。

许多本专栏的读者在电子邮件中提到了情报绩效评估的问题，这也是 SCIP 会议上经常讨论的话题，尤其是在气氛活跃的对话环节。在当前经济衰退的大环境下，企业所有的运营环节都会受到审查，因而衡量 CI 绩效迫在眉睫。随着出席贸易展人数的下降（可以参考 SCIP 会议的出席人数），现在比以往任何时候都更需要一个可靠的 CI 评估框架。

让我们从 CI 评估的基本概念开始说起。在 2006 年 SCIP 会议有关 CI 实践的调查研究中，受访者被问到两个关于 CI 评估的问题，问卷结果如表 2-18 所示。最令人惊讶的是，30% 的受访者没有采取任何 CI 评估措施。通过查阅贸易展文献，我也得出了类似的结论——许多企业无法衡量绩效（参见我 2005 年的一篇专栏文章《让自己受欢迎》）。

只有 56% 的企业在参加特定贸易展之前有特定的目标；而只有 46% 的企业在参展前设定了某些目标，但其中有一半目标都不够现实；另外有三分之一的参展企业没有设定任何可量化的目标。（赫比格、帕伦博和奥哈拉，1996）

因此，首要问题是，在大多数情况下，绝大多数企业既没有对贸易展的效果进行评估，又没有可靠的 CI 绩效衡量标准。这是一个双重麻烦。

评估现场情报计划的实际效果至关重要。如果不对现场情报计划的效果进行评估，企业在以后的活动中将越来越难获得资源来继续进行 CI 工作。此外，随着大多数企业削减贸易展的投资，作为贸易展的辅助部分，贸易展情报获得管理层的批准也将变得越来越困难。

所以，必须从情报投资而非营销成本的角度来看待贸易展。企业如果具备这样的眼光，相信贸易展情报的价值，就应该使用有效的情报评估标准——SCIP文献中提供了许多这方面的标准。CI工作者需要与决策者共同制定合适的情报目标，然后根据这些目标评估贸易展情报的表现。

例如，CI必须是决策的推动者。如果现场情报对关键决策有所支撑，这必须在CI评估系统中得到体现。在最近的一次贸易展的后续评估中，一位决策者的评价被引用到评估里："现场情报对我手头的项目有所帮助。"这句话可以说明现场情报工作的直接效果，证明贸易展情报支持了企业的预期目标。

表2-18 CI的价值和绩效衡量指标

问卷答案设置	回复数/个	占比/%
绩效衡量指标：		
顾客满意度	301	57.9
决策支撑	248	47.7
CI生产力/产出	210	40.4
策略增强	196	37.4
新产品/服务	113	21.7
投资回报率（ROI）计算	72	13.8
无有效措施	154	29.6
CI的价值：		
收入新增	152	29.2
新产品/服务	147	28.3
成本节约	141	27.1
时间节省	116	22.3
利润增加	105	20.2
财务目标实现	103	19.8
无价值衡量标准	222	35.0

资料来源：《最新技术》，竞争情报基金会，2006年。

第二章　现场情报的技能和技巧

在研究中，我们确定了情报企业可以评估的 6 个不同要素，这些要素也可用于贸易展情报的绩效评估，具体介绍如下：

- **企业在活动中的表现**。整个企业对其情报计划的支持情况如何？这可能包括活动中的项目数量，以及贸易展客户要求开展额外项目的频率等。
- **个人表现**。CI 团队的工作做得好吗？这个问题主要关乎具体 CI 员工的表现，而非情报本身的价值。衡量标准可以是查看 CI 人员是否以专业的方式行事、帮助识别情报，或者在处理客户请求方面是否灵活等。
- **项目/过程绩效**。是否以适当的方式处理 CI 流程？这部分评估不是为了审查项目结果，而是为了评价项目的质量，即评估 CI 参与者是否遵循情报实践规范，以及是否使用了合理的分析技术等。
- **输出质量**。情报的输出质量如何？这方面的评估重点是客户对输出结果的满意度、输出结果对后续决策的影响、所提供的情报的可靠性、报告的可读性等。
- **绩效影响**。情报对组织的绩效有什么直接和预期的影响？许多 CI 专业人士试图衡量这一点，可以通过在情报和组织绩效衡量标准（如销售、新产品发布、盈余等）之间建立联系来反映。
- **二次冲击效应**。团队提供的情报会产生哪些间接或意料之外的影响？这体现了情报的次要影响，例如可通过查看情报能否支撑后续决策或应用于初始目标以外的其他决策等来反映。

我们的研究还发现，虽然客户对情报的影响力非常满意，但直接衡量 CI 效能几乎是不可能的，因为没有哪种决策是仅凭情报报告书就能做出的。相反，情报只是影响决策的众多因素之一。因此，无法采用直接的财务措施来衡量情报的影响。

但是，诸如"情报帮我做出了决策"之类的评价性陈述是可以辅助衡量 CI 效能的。贸易展情报的关键在于，通过获得决策者的同意，情报效能评价工作将更易于开展。例如，"情报拓宽了我的知识面""帮助我发现了新市场"，或者"情报帮助我做出了关键决策"等，是比投资回报率更容易实现的有效衡量标准。

我们的研究还发现了有关直接措施的重要问题。首先，决策通常包含比情报报告书更复杂的内容。企业在很多年内都不一定感受得到特定决策的经济影响（我们在 CI 报告中发现，有时可长达 20 年），更不用说只有在正确实施情报的情况下，企业才能察觉到情报的益处——这个结果不是 CI 部门能控制的。

其次，衡量标准不一定仅限于 CI 报告的直接影响，还可以应用于上述 5 个领域相关的衡量方法来进行评估。这需要创建一个更复杂的评估系统，可以将更多的精力集中在受 CI 影响领域的绩效衡量上，例如个人绩效、项目/流程绩效等，通过这种方式评估可实现的衡量标准，如客户对情报结果的满意度如何、情报的专业程度如何，等等。

还有关于衡量 CI 性能的最后一个想法……本专栏重点关注作为一项投资的现场情报，以及基于特定、独立、成功的情报活动的贸易展情报案例。不过，企业可能会将现场情报视为贸易展的辅助功能，将其作为营销成本的一部分。因此，在这种情况下，应该将 CI 绩效评估与营销团队本身创设的目标联系起来。

美国展览业研究中心（CEIR）曾发表多篇文章，探讨企业从贸易展中获得的回报。例如，在文章《与会者希望从会展中得到什么》（泰勒、琼科，1999）中，作者们说明了他们的调查结果，并列出了企业参加会展的几十个动机。其中在受访者中得分最高的一些动机是：

- 了解新技术；
- 了解监管问题；
- 观察大型企业在做什么；
- 获得新产品介绍；
- 验收产品；
- 收获想法和计划；
- 了解现有产品；
- 比较品牌优劣；
- 深入了解行业；
- 与参展商建立联系；

- 预测产品设计师的想法；
- 寻找潜在供应商。

如果企业基于以上动机设置其贸易展览目标，那么将现场情报评估措施与这些目标联系起来就应该是非常简单的。例如，假设办展目标是为了"了解新技术"，那么 CI 评估可以着重考察员工在贸易展上是否了解到了最重要的新技术。绩效衡量标准可以是与会者是否有类似"CI 帮助我了解到了新技术"的评价。如果企业的目标是深入了解该行业，评估方式就可以是查看 CI 在多大程度上帮助与会者进行了行业洞察。

CI 评估措施需要与企业的参展目标相一致，这样才能更好地支持贸易展计划，为与会者提供辅助服务。不过，企业如果想要削减成本，那么，比尝试部署现场情报更为经济的方法可以是考察 CI 如何帮助实现活动目标。

参考文献

［1］Calof J. Making yourself popular[J]. Competitive Intelligence Magazine, 2005, 8(6).

［2］Fehringer D, Hohhof B, Johnson T W, eds. State of the art: competitive intelligence[M]. Alexandria, VA: Competitive Intelligence Foundation, 2006.

［3］Herbig P, Palumbo F, O'hara B. Differences in trade show behavior between North American-focused firms and worldwide-oriented firms[J]. International Journal of Commerce & Management, 1996, 6(1-2):97.

［4］Tanner J, Chonko L. What attendees want from trade shows[R]. Center for Exhibition Industry, research report AC32, 1999.

（译者：金旸）

隐身在会展活动里的市场情报

第十一节　贸易展和反情报

原文刊载于 *Competitive Intelligence Magazine*，2005年9—10月。

最近，我参加了在费城举行的一场生物技术会议。会议名为 BIO，是生物技术领域的顶级会议，汇集了许多科学家、政府官员、协会官员、企业高管和大学学者等。正如之前的专栏所提到的，如果精心规划，在贸易展期间，从丰富的研讨会、海报、派对活动以及众多的代表和展位信息中，可以有很多机会获取到有关技术、政府、竞争对手等方面的情报。

当然，在你收集竞争对手信息的同时，竞争对手同样也有机会收集你的信息。因此，在贸易展中的反情报工作也十分重要。

我见过贸易展上的不少企业在不经意间泄露了自己的竞争优势，因为在这个场合中很少有人会注意到信息和物理安全。事实上，正如前面的文章所指出的，正是在贸易展中人们才倾向于互相交流并且无法集中注意力。

BIO 2005 生物技术展上的活动就相当典型。举办方在乡村场馆安排了一场晚间招待会，参会的企业可以利用这个场合拓展人脉、洽谈合作。首先，思考一下，从情报收集的角度来看，在这样的场合下，有哪些机会可以用来支撑情报收集活动？接着，从反情报收集的角度考虑，有哪些方面可能导致竞争优势的泄露？本专栏将重点介绍其中一部分内容。

电脑

贸易展中，大部分展位都设有电脑，主要用于辅助展示。不过，这些电脑同时也用来保存重要客户信息、贸易展记录等。而从物理安全的角度来看，考虑到贸易展期间展台区域人来人往，想象一下在这样的环境中获取电脑中的数据是多么简单。

另外一个问题则是电脑中存储的信息。在本次会议和其他会议的展台上与我

… Chapter 02
第二章 现场情报的技能和技巧

交谈的许多人中,很少有人知道展位电脑硬盘中存储了哪些信息,也很少有人知道相关的文件保护协议。

你知道在活动中使用的电脑上的所有内容吗?此外,你是否禁用了电脑的红外线功能,防止外部用户通过该功能从你的计算机远程复制文件?你知道在不知情的情况下从系统中提取重要信息有多容易吗?不要以为只要删除机密文件就万事大吉了,请注意,有许多应用程序可以恢复已删除的文件。如果你想要保护电脑上包含的信息,有两种方法可供参考:

- **物理安全**。通过使用适当的机制将电脑被盗的可能性降至最低,例如警报、链条等,防止有人将电脑塞进包里然后悄然走开。
- **信息安全**。确保携带的电脑没有储存有可能危害你组织竞争优势的信息。或者更进一步,使用一台仅包含演示文稿副本的电脑,并将联系信息保存在单独的系统上。此外,停用那些能够在你不知情的情况下从你的电脑下载信息的功能。包括红外端口和可能的其他网络功能。还有定期维护符合强度要求的密码。

参会者

人们在贸易展上回答问题时更为开放,这正是贸易展的魅力所在。我在会展上提出过如此多的问题,真是难以置信。

我注意到,当贸易展摊位上的员工觉得他们获得了销售机会时,他们很容易泄露关键信息。你可以通过"四分卫技术"(quartetback technique,之前 SCIP 的出版物中提到过)获取情报,针对目标"发动进攻",提出一些问题,吸引对方注意,再问一些其他问题,之后安排其他人员询问。当把所有答案拼在一起来看时,你就能得到需要了解的对象的所有信息。

一家加拿大企业曾有过这样的经历,他们在贸易展上回答了许多问题后,其他企业就根据这些回答推出了对标他们产品的软件。在另一场贸易展上,一位国外政府官员来到各个企业的展位,并暗示企业有巨大的商机,但他们的政府需要一些有关企业的敏感信息才能进行匹配。但结果是根本没有商业机会,而中招的企业却泄露了自己的商业机密。

有一些方法可以避免发生这类问题。

1. 明确什么不该说。确保全体员工都知道哪些问题要避免回答,哪些信息是需要保密的。在我合作的许多公司中,我发现很少有人对哪些信息是机密信息、哪些信息不是机密信息有共同的理解。

2. 为敏感问题制定政策。我见过的最佳程序之一是,公司制定了某些只能由情报部门人员回答的问题。这样他们就能够确定问题的来源(例如竞争对手)以及应该提供多少信息。

3. 限制饮酒。这是最难执行,也是最重要的规则之一。俗话说,"酒后吐真言",酒精是一味"吐真剂"。我参加过一次贸易展,当时我们部门的情报人员喝多了,以至于事后他们都不记得收集到了什么情报,但可以确定的是,他们说了一些不该说的话。

信息

情报界常说,"精鹰不露爪"。该概念的核心是指,即使对展示的信息进行创造性的组合分析,仍能确保企业竞争优势不被泄露。

图 2-5　会议现场

第二章　现场情报的技能和技巧

例如，在贸易展上，（1）展位信息和标牌提供了具体信息；（2）在图 2-6 中还包含了企业高管在之前会议中发表的演讲；（3）企业的专家在展厅另一侧进行海报展示；（4）另一位专家正在研讨会上发表演讲。从营销的角度来看，这是企业向市场展示信息的 4 个绝佳机会。

这 4 个展示机会同时也是企业信息泄露的渠道。在一家拥有良好反情报系统的企业中，所有这 4 种输出（展位材料、演讲、海报材料和研讨会材料）都将由情报部门的人员在其出席活动之前进行审查。这样做是为了确保四者的结合不会让竞争对手对企业的竞争优势有太多的了解。

情报有时会被比作拼图，收集情报的过程就如同把碎片拼凑在一起。反情报则要确保没有泄露太多的碎片。

虚假信息

SCIP 行为准则提供了一套有价值的指导方针，规定了情报工作的行为准则。不过，不是每个人都遵循这些准则。我就曾经在贸易展上看到过一些发布虚假信息和进行恶意破坏的行为。

其中一种发布虚假信息的方法表现为：在企业展位上安排几位访客提出一些产品可能存在问题的言论，如"我知道贵公司的产品没有某些功能……"或"贵公司目前因……被起诉，是真的吗？"……这些质疑往往缺少细节和信息来源，很明显这就是有组织地散布不良信息的行为，后续调查表明，这些都是竞争对手故意安排的。

由此，我们得出了在贸易展上需要进行反情报行动的另一个原因：需要在虚假信息损害到企业利益之前就对虚假信息进行识别和消除。至少要对人们在展位上提出的问题和评论进行跟踪，并全天候地对其进行评估，以确定是否存在有组织的虚假信息散布活动。在问题和评论中寻找那些提供虚假信息存在的固定模式与线索。

本专栏梳理了我在贸易展上见过的具体威胁，这更说明了对雇员进行活动中反情报训练的必要性。企业还需要在内部建立由一系列培训和流程支持的反情报

 隐身在会展活动里的市场情报

文化。

  根据贸易展举办国家／地区的不同，你甚至可能需要有关该国家／地区情报收集规范的特别简报。这可以由驻该国地区的领事馆官员来完成，他们可以帮助你确定特定国家／地区的反情报问题。

（译者：金旸）

第十二节　与"友情支持者"合作，拓展贸易展情报的触及范围

原文刊载于 Competitive Intelligence Magazine，2019 年夏季刊。

本文将介绍拓展现场情报触及范围的 4 个步骤：
（1）识别你的"友情支持者"；
（2）对"友情支持者"进行分类；
（3）找到"友情支持者"，分配任务；
（4）在活动中寻找更多的"友情支持者"。

过去几个月的贸易展情报经历令我感到难以置信。这期间我一直在为加拿大几个省份的中小型企业举办培训计划，并分享关于贸易展情报对他们产生影响的故事：一家初创企业现在弄清楚了他们真正的客户是谁；一位高管现在已经明白如何最好地分销他们的产品；一些参与者利用贸易展开发更具体的客户角色，等等。但我最喜欢的，同时也符合本期专栏主题的是这些企业带回来的故事，有关他们在贸易展之后（或之前）从"友情支持者"——愿意提供帮助的人那里获得的支持。

一位从贸易展上回来的高管，对竞争对手在活动中接近他的举动感到非常兴奋，当时该竞争对手对他说："我们必须团结一致，才能击败（另一个国家的）竞争对手；让我们互相帮助吧。"该竞争对手还为这位高管所在的企业提供了宝贵的情报，帮助企业对产品进行适当的零售分配。另一位参会者谈到了一位之前的客户/分销商是如何接近他们的，这位客户跟他吐槽了一位讨厌的公司同事，在"嚼舌"结束时对他说："既然我把话都说出来了，我有一个很强大的联络簿，我可以怎样利用它来帮助你？"

我最喜欢的"友情支持者"体验源自于我为海洋技术贸易展举办的培训计划。当时房间里挤满了几家企业、政府官员和协会人员，他们要去参加同一个贸

隐身在会展活动里的市场情报

易展。当我们谈论现场情报以及构想情报主题时，帮助就发生了。客户愿意在活动中为供应商收集信息；省级政府官员主动帮助其他省份的企业获取信息；企业提出要与房间里的其他公司合作，在活动中帮助对方收集信息。参与者甚至还主动提出与培训计划中的其他人分享现场情报计划。

我在过去几年的现场情报培训计划中注意到，如今，参与者越来越愿意帮助其他组织参与现场情报活动。这并不应该让人感到意外，因为这很符合"共享"的相关技术与概念的发展趋势——无论是研讨会、领英、推特等共享平台，还是日益发展的开放式创新。开放式创新目前的发展，建立在组织外部的人愿意帮助他们自己以外公司的基础之上，否则这不可能发生。在全球范围内，人们帮助他人提高竞争力的意愿也在增强，这在很多文章和学术研究中都有所提及。可以称之为真正想帮助其他组织成功的人的成长：我们正在成长为共享经济。

基于对这些"分享和帮助"的观察，本文的其余部分为读者提供了如何识别、评估、接近和从"友情支持者"那里获得情报支持的过程概述。本文假设已经具备很好的情报主题，并且已经为活动确定了所有对情报目标有帮助的信息收集机会（如果假设的前提不满足，请阅读我过去的一些专栏，了解如何满足这个前提）。

这个"友情支持"的过程也运用了社会学、心理学和源头招聘的知识。让我从一个我常常提起的故事开始这个过程。假设我有一个活动，我们的团队开始是3个人的核心团队，到最后有超过100人为我们收集信息。这些"友情支持者"们是谁？我是怎么找到他们的？如何让他们参与进来？怎样分配工作？下面4个步骤总结了我是如何让这些人提供帮助的，希望对阅读这篇文章的人来说是一个有用的框架。

第1步：识别你的"友情支持者"——他们是谁？

从技术层面来讲，我将"友情支持者"定义为任何可以帮助我发展情报的人。我将我的"友情支持者"分为两大类。

- 关心我的人。他们包括我的朋友、同学和与我有共同点的人——我们通过兴趣、俱乐部、信仰、运动、家庭/儿童活动等方式认识。有朋友、同事、前同事、客户，甚至还有希望看到我取得成功的为那些竞争对手工作的朋友。

- 关心我企业的人。他们是真正希望看到我的企业取得成功的人和组织。

我的组织网络：想想组织中所有关心他人的人。也许你的同事可以帮你联系到他们的"友情支持者"。

客户：他们应该希望我的企业为其提供更好的产品/服务，并可能希望在活动中帮助我实现这个目标。

协会高管：他们应该希望看到整个行业蓬勃发展，其中也包括你的企业。

分管我所在行业的政府职员：他们应该有兴趣看到这个行业有所发展，其中也应该包括我的企业。

供应商：随着我的企业不断发展，供应商也会从中受益（获得更多订单）。

贸易展上的企业员工：许多客户在会前不清楚企业有多少员工参加会展。

竞争对手：最后，正如我在上一期贸易展中看到的那样，甚至一些竞争对手也想和我一起击败更大的竞争对手，也就是我们共同的敌人。

我通过丰富的经验了解到，对许多组织而言，我的企业获得成功也有助于他们取得成功，抑或他们只是关心我的企业。无论他们是在个人层面关心我并希望我成功，还是关心我的组织并希望其取得成功的"友情支持者"，可能有很多人愿意在活动中为我收集情报，向我介绍他们在活动中的消息来源，为我提供行业见解，甚至参与活动中的研讨会。因此我希望组织在活动情报计划中做的第一件事就是列出所有即将参加活动的"友情支持者"。

第2步：对"友情支持者"进行分类——谁是最适合与你合作的？

我们的工作领域非常重视对可靠性和有效性的评估，你需要弄清楚这些"友情支持者"名单中谁是可靠的，他们是现场情报计划中的真正资产。最优秀的竞争性技术情报从业者之一，也是我的好朋友，布拉德·阿什顿（Brad Ashton），给了我一份极好的清单，用于评估"友情支持者"的主要来源（表2-19）。

表2-19 评估"友情支持者"的主要来源（布拉德·阿什顿）

有效性	内容的相关性、重点、独特性
及时性	我们能及时得到答案吗？
可靠性记录	是否有良好的可靠性记录？
便利性	对方方便联系吗？
成本	采购和过程费用
风险	对我们有什么损失？

这是我对"友情支持者"进行分类的起点。在这个层面可以使用4个通用的标准进行分类。

1. "友情支持者"的道德规范：这对我来说至关重要。那些帮我收集信息的人在某种意义上就是企业的代理人或延伸，因此他们做事必须符合道德实践的规范。例如要符合SCIP的道德准则、所有适用的法律，还应当在采访前披露相关信息，等等。请注意，当"友情支持者"做出不道德的行为时，一旦传出去，人们会把他当作你企业的一员。对我来说，道德规范是评估"友情支持者"的首要标准。如果他们不符合企业的道德规范，就不应该再根据其他标准来评估他们的工作，否则你将后悔与之合作。

2. "友情支持者"与你/企业的关系强度：他们在多大程度上真正关心我/企业？他们真是"基于友情"的支持者吗？这些确实关乎我可以信任谁的问题。他们真的想帮助我的公司/我？如果他们不是真正的"友情支持者"，那么再怎么查看他们的技能、关系网络、可靠性或知识背景等都没有意义。

3. 专业知识、技能和可靠性记录：这一条改编自布拉德·阿什顿的清单。他们以前成功帮助过你/企业吗？他们愿意传递信息吗？

活动的时间是有限的，如果你只依靠"友情支持者"收集信息或介绍消息来源，一旦他们靠不住，你就失去了一次非常重要的机会。"友情支持者"的确很棒，因为他们在贸易展上可以带来宝贵的人脉资源，有时甚至还会带来额外的信息收集技巧（比如他们很擅长采访你不擅长采访的人）。我真正需要知道的是

第二章 现场情报的技能和技巧

"友情支持者"在现场情报方面具备哪些优势,以及能否联系到他们。

4. 主题专业知识:我在许多专栏里都谈到过,要将具有适当专业知识的人聚集在一起,以便提出正确的问题。要理解回答的内容。虽然不是所有情报都需要主题专业知识,但是在你对"友情支持者"进行分类时,如果情报收集任务有特别的技术/专业知识要求,就需要知道"友情支持者"具备哪些专业知识。

在根据上述标准评估"友情支持者"时,重要的是确保信息的准确性,以便进行客观的评估。大多数时候,"友情支持者"都是自己直接或通过公司里某个人间接认识的人。所以评估他们应该也很直截了当。然而,也有我和组织中其他人都不认识的人,可以将其作为潜在的"友情支持者",或视为在未来可能成为"友情支持者"的陌生人。这时你就需要寻求帮助。我在之后的专栏文章中还会详细讨论这个问题。

步骤1:道德规范筛选——他们是否符合组织的道德要求?如果符合,继续执行步骤2。

步骤2:我可以信任谁,谁是真正的"友情支持者"?(参照图2-6)。

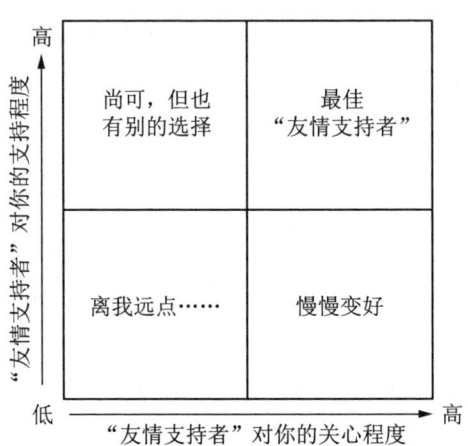

图2-6 选择支持你的"友情支持者"

步骤3:(对于那些真正的"友情支持者"而言)我可以依靠谁?(参照图2-7)。

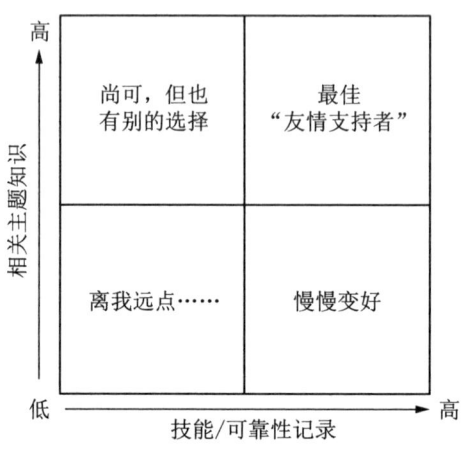

图 2-7　选择最佳"友情支持者"

第 3 步：找到"友情支持者"，分配任务

通过第 1 步和第 2 步，你已经筛选出具备现场情报所需的道德、技能、人脉和专业知识的合格"友情支持者"。现在你需要找到他们，并说服他们帮助你。我在寻找"友情支持者"时，总是抱持两个关键理念：

我不想增加他们的工作量。每个人在活动中都很忙，包括"友情支持者"们。超负荷工作会让他们无法做最重要的事情，这最终会让你失去他们的帮助。

我也想帮到我的"友情支持者"。你可能不是唯一一个想在活动中做得比实际时间允许得更多的人。你也可以辅助"友情支持者"们的工作。

在我上次的培训课程中，几乎每家企业都同时确定参加若干个活动（例如，同时参加 2、3 个贸易展），但一个人不可能同时出现在两个地方。一些参与者确定要进行很多采访，远超过他们时间允许的场次。我个人最喜欢的一个（贸易展情报）项目参与者，在为期 3 天的贸易展中完成了 70 小时的信息收集任务，仅凭这个真正的情报任务资源——她自己是做不到的。你可以算笔账：每个人都可以求助于"友情支持者"。

在寻找你的"友情支持者"时，你首先要了解他们在活动中打算做什么和想做什么。他们计划参观哪些展位、参加哪些会谈等。你可以通过主动帮他们制定

第二章 现场情报的技能和技巧

情报计划来协助他们。在你即将参加的会议上代表他们提问,看看他们是否也愿意替你提问。如果你们在贸易展/会议上都要参加研讨会或其他活动,可以看看能不能作为团队错开参加,互相帮助对方收集信息。我在上一次现场情报研讨会上提到了这一点,当时一家企业告诉我,他们是如何在一次贸易展的同一场演讲中遇到了 5 个"友情支持者"的。当时他们把大部分时间都花在了交谈上,而忽略了演讲者。与朋友谈论办公室政治或闲聊生活琐事是挺有意思的,但在活动中这可能会很浪费时间。在寻找你的"友情支持者"时,要确保每个人都能最大程度地从活动中有所收获;也就是说你要有意义地帮助你的"友情支持者"们,也让他们帮到你。

第 4 步:在活动中寻找更多的"友情支持者":保持灵活机动

不论你为活动准备得多么充分,也不论你在筛选和召集"友情支持者"的方面做得多么出色,在活动中你还是会遇到意想不到的人。在我参加过的大多数活动中,这都发生过。我会常常与过去的学生、客户、合作者、亲戚、朋友、协会伙伴等不期而遇。我会跟他们(真正的"友情支持者"们)拥抱、握手、微笑,以及讨论一些与我或他们的现场情报需求基本无关的问题。但这些都很有趣。

现在,我希望你们所有人继续进行这种正常的"会面"体验,并将其转变为"友情支持者"的"招聘会"。即完成上面的第 2 步和第 3 步,确定你和"友情支持者"之间如何互相帮助,以最大程度地利用活动洞察情报机会。

总结

"友情支持者"是给情报从业人员的一份真正的礼物。本专栏重点介绍了如何与"友情支持者"一起合作,以最大程度地利用现场情报机会,产生巨大的收益。互惠互利是其中的关键。你还要避免被视为在利用或操纵他们。要确保互惠互利——如果对方能收获更多,那就更好了。否则他们可能会感到被利用,以后不会再帮助你。同样地,这也会影响你的名誉,使你之后难以找到更多的"友情支持者"们。

隐身在会展活动里的市场情报

这里我要提醒一句：别忘了活动（贸易展、会议等）是争取"友情支持者"们的绝佳机会。这不一定完全是关乎情报的。我希望你对潜在的"友情支持者"保持"友善"。在你的现场情报计划中安排时间接触他们，但这样做的前提还是建立及时、互利的情报。你不应该把100%的时间都花在情报上，但也不能都用于社交。

最后，关于"友情支持者"还有一个建议或者说是挑战……即你应该着重于在活动中结交新的"友情支持者"，他们能在你手头进行的情报计划中帮上忙，你也可以帮助他们。

（译者：金旸）

现场情报的变迁

Chapter 第三章 03

隐身在会展活动里的市场情报

第一节 综合情报：SCIP、CI 和贸易展情报令人兴奋的方向

原文刊载于 Competitive Intelligence Magazine，2016 年 2—4 月。

在 SCIP 官网的首页上有"SCIP 综合情报"这个词。SCIP 首席执行官楠·巴尔杰（Nan Bulger）也在许多论坛中谈到了综合情报的重要性，比如主题为"情报角色的演变"的网络研讨会，还有 SCIP 一个主题为"医疗保健行业中的综合情报"的章节演示文稿（SCIP 西班牙演讲）。甚至 2016 年 SCIP 年会也以"重点发展战略和综合竞争情报的四天"为标题，说明 SCIP 正在对综合情报予以关注。

综合情报可能是 SCIP 有史以来最大的发展之一，在我看来，这是确保 CI 专业人员最大程度地发挥其对于组织决策支撑作用的重要环节。在本期专栏中，我将重点关注综合情报的概念及其对现场情报的影响。鉴于这种情报思维演变的重要性，我还在文中援引了楠·巴尔杰关于综合情报演讲的大部分文字记录，作为文章的一部分。读者可参阅本节末尾。

竞争情报思维进化背景下的综合情报

要理解综合情报概念的起点，特别是它对现场情报的影响，就要回顾过去 30 年（自 SCIP 成立以来）情报的演变情况。在采访中被问及情报是如何演变的时候，楠提到，CI 早期侧重于了解竞争对手。

现如今，CI 的确演变为不仅要了解竞争对手，还要真正将客户置于收集情报的中心，这样就可以确定如何最大化地帮助客户在市场上竞争和盈利，同时还要研究竞争对手和政治环境如何影响客户做出决策及市场动态如何对客户产生影响等。

它确实已经演变为一门更精微的学科，不仅仅是收集数据，还要进行复杂的

第三章 现场情报的变迁

分析，以帮助企业做出有关市场的决策，从而帮助他们的客户。

对贸易展情报计划的影响

很多现场情报项目都植根于了解竞争对手，这与早期的情报是一致的。事实上，Fletcher/CSI 公司在 2012 年进行的一项名为"作为竞争情报来源的贸易展"的研究，就证明了这一点。这项研究调查了来自世界各地的 408 名受访者，目前仍是有史以来最全面的现场情报研究之一。他们的众多发现之一就是"在贸易展上收集 CI 的最常见目标是更多地了解竞争对手的新产品"。第二个最常见的目标是"得到对竞争对手的大体了解"。这种目标与将 CI 视作专注于竞争对手领域的旧有观点是一致的。但随着综合情报概念中固有情报的演变，可以预见 2 个主要的关注点的变化：

1. 关注主题必须比洞察竞争对手和了解其产品更为宽泛。尽管贸易展确实有大量关于竞争对手的信息，但其中也有解决楠·巴尔杰提出的问题所需的信息——市场信息（市场动态）、政治环境等。因此要将主题扩展到竞争对手分析以外的领域，包括客户洞察、市场动态、政治环境、技术环境，以及采访中提到的其他领域，主题的拓展将对贸易展情报工作人员需要具备的技能产生深远的影响（更多细节详见下一节中的讨论）。

2. 客户将成为现场情报的焦点。彼得·德鲁克（Peter Drucker）在 20 世纪 50 年代写道，"企业的目标是创造并留住客户"。楠·巴尔杰在 2015 年的采访中也明确表示，情报计划的目标应该是发展能够帮助客户更有效地参与竞争的情报。这意味着客户必须是现场情报计划的中心。顺便说一句，活动还是与客户进行联络、了解他们的想法、了解哪些情报可以帮助他们提高竞争力的绝佳机会。即便是上文所说的风靡于活动中的竞争对手分析概念，也将从"我的竞争对手是如何影响我的？"转变为"我的竞争对手是如何帮助我的客户提高竞争力的？""他们对我不熟悉的客户有什么了解？"

这种以客户为中心的观点演变对于所有情报团队看待总体情报需求以及制定具体的现场情报工作目标都具有深远的影响。

 隐身在会展活动里的市场情报

定义综合情报

当被问及什么是综合情报时，楠·巴尔杰给出了以下答案：

综合情报的确是……我们稍微接触了一下这个概念。我已经提过我们起初是如何看待竞争对手的。现在我们所做的实际上是将所有技能整合到情报学科当中。当我审视经济形势时，我需要具备一定的技能，以便了解监管环境中的经济和政治形势。当我查看竞争对手情报和市场情报时，我需要一套能够真正让我了解如何营销、如何细分市场、如何构建竞争格局以及了解竞争对手的技能。

再来看客户洞察，我们过去经常将市场研究、客户洞察与情报分开。现在我们希望将这些结合在一起，好让我们不仅能了解竞争对手，正如我之前所说的那样，还能了解市场，并且将其与我们已有的客户相关信息真正结合起来。然后，在引入技术 CI 等其他方面，我可以理解该行业空白领域的连接之处，以及未来的产品趋势。

所有这些不同类型的情报都要求你拥有将特定技能组合在一起的能力，也就是情报的综合与技能的综合。如今的综合情报专业人员应该也是一位非常成熟的战略家和分析师，他们拥有一些技能，并且善于将这些技能综合在一起。

对贸易展情报项目的影响

楠·巴尔杰提到的综合技能很重要。它是不同分析技术和主题专业知识的集成，可以提高情报人员对宏观环境的认识。这可能需要让企业的不同部门参与到贸易展情报项目中来。

在我与妮莎·苏达斯（Nisha Sewdass）和鲁本·阿科斯（Ruben Arcos）共同参与的 CI 实践研究中，我们注意到一些企业有多个"类情报部门"。有些企业有一个集中的 CI 部门，专注于洞察竞争对手，同时在营销和研发等技术侦察方面拥有一定的客户洞察力。有个企业同时在 5 个不同的部门设有情报类型的工作目标。在 2016 年的 SCIP 欧洲峰会上，有几位演讲者谈到，在他们的企业里，一个部门负责客户洞察，另一个部门则负责 CI 工作。会议上很多人都谈到了让

第三章 现场情报的变迁

这些部门展开合作的必要性。

其实综合情报就意味着所有部门的通力合作。对现场情报从业者来说，这等同于利用活动提供的机会将所有群体聚集在一起。如果情报人员单打独斗，或者说，如果企业中只有 1 名情报人员参加活动（从过去的许多调查来看，这种情况更普遍），这意味着参加活动的这个人需要具备更广泛的技能和知识，例如与来自各个竞争领域形形色色的人进行面谈的能力，这些人包括技术、市场、政治、竞争对手和客户等。

他们还必须能够提出合适的问题，能说出和听懂相关领域的"行话"。另外还要熟知适用于相关领域的分析技术，包括经典的市场评估技术（如波特五力模型、生命周期分析、政治风险分析）、业务分析技术（如词云图和情绪分析），以及其他类型的分析技术等。

活动非常适合这种新的综合情报视角，因为与这个定义更宽泛，与之相关的所有人员（如技术、营销、政治等）都在活动中；信息都呈现在这里。但要想在综合情报的背景下利用好这个机会，就要重新考虑带到贸易展中的资源。下面有两种方法：

1. **为现场情报从业人员提供更多领域的培训**。从业者需要接受不同领域的培训。他们将需要一个更大的工具包，才能轻松地收集和开发与综合情报概念相关的情报。如上文所述，这些领域包括政治环境、技术环境、市场环境等。网站上也有一些宣传课程，可以帮助读者了解不同的分析技术。

2. **加强企业其他人的参与**。多年来我一直在说，现场情报从业者要与企业内其他参会者合作。这对于综合情报的概念来说，比以往任何时候都更加重要。如果你需要了解技术环境，同时在活动中你的采访对象又是技术方向的（比如研发人员、科学家等），为什么不向你所在组织参加活动的技术人员寻求帮助呢？如果你需要了解政治或法律环境，为什么不让组织法律部门的人参与呢？

就企业中其他人员的参与度来说，这些参与者既可能是企业中已经参加活动的人（包括展位工作人员、普通出席者），也可能是那些在总部的人。对于后者，比如我在一次活动期间和总部的同事进行了电话会议，结果很成功，我跟他们讲

了一些我在活动中的收获,这些收获也适用于他们的工作领域,他们也给我提出了意见、解释和帮助等。我甚至还举办过一次活动,让企业相关部门给参加贸易展的人发邮件介绍了自己。如果你的企业具有客户洞察工作者,可以邀请他们加入你的现场情报项目。类似的邀请还可以发送给企业其他负责环境检查的部门。

如果企业中所有具有情报职责和技能的人都参与其中,那么活动中的综合情报工作效果将得到增强。

贸易展提供了使用广泛技能和知识来更全面地了解整个竞争领域的机会,而综合情报则意味着对这一点的具体认识。这样你就可以开发出使客户更具竞争力、让企业更成功的情报。

我对所有阅读这篇文章的人发出挑战:请与其他情报从业人士一起讨论综合情报的概念,包括它对我们工作的总体意义,特别是对你的现场情报项目的影响。请阅读以下对楠·巴尔杰的完整采访,更全面地了解综合情报是什么。这与我们以往对情报的概念化理解相比有很深刻的变化;现状的确不再适用,并且伴随着每一个重要的发展环节,都可能产生重大的后果。请与你的 CI 同事以及企业里的其他人讨论这些问题。

2015 年 2 月对 SCIP 首席执行官楠·巴尔杰的采访内容

(视频来源:https://www.YouTube 视频网站.com/watch?v=5HN0QvHF9i0&t=5s)

问:谢谢。我们可不可以先对竞争情报(CI)下一个定义,或者你能不能先解释一下什么是竞争情报?

答:竞争情报(CI)在实际中可以帮助企业真正了解市场及市场动态、了解竞争环境,提供决策支持,让企业保持竞争优势。竞争情报不仅仅是收集数据。或许在二三十年前,CI 只是关于收集数据的专门知识,但现在它的确已经演变成复杂的决策支持和分析工作。它涉及查看竞争环境、洞察市场环境和市场规模等,目的是帮助人们理解如何在市场上最大化地参与竞争。

问:CI 是如何演变的?

答:CI 是由几个世纪以来一直被用于在军事环境和政治等领域制定战略

Chapter 03 第三章 现场情报的变迁

的情报演变而来的。总的来说,在约30年前,CI主要专注于竞争对手,通过了解竞争格局、竞争对手在竞争中所做的事情,以及用人力资源、二手资料或印刷资料等形式,收集有关竞争对手的数据,将竞争对手置于决策的中心。

如今,CI已经真正演变为不仅要了解竞争对手,还要将客户置于情报收集的中心的工作,这样你才能确定如何最大化地帮助客户参与市场竞争、获取利润,并考察来自竞争对手的竞争效应、政治环境会如何影响客户做出决策、市场动态又是如何影响客户等。CI的确已经演变成一门更复杂的学科,不再只是收集数据,还要进行复杂的分析,这样你才能帮助你的企业做出市场相关的决策,然后支持他们的客户。

问:构成现如今CI的基本要素是什么?

答:我其实已经提到了一点点。当今的商业环境比30年前要复杂得多,这仅仅是因为如今我们处在一个全球化的环境中。只了解地球上的某一个特定区域和那里的情形是不够的,因为不同地区的具体情况也不同。

总而言之,你必须建立一个环境来了解全球各个区域的情况。换句话说,如果你把CI看作一个车轮状的(概念),里面确实会有经济情报。这的确可以帮助你了解不同政府的监管环境,以及不同地理区域的政治局势。根据你所在地区(包括人口统计数据等)的不同,市场动态也会有所差异。在商业情报方面,情况则有所不同,商业情报实际上是收集有关各个领域市场规模的信息。你的竞争环境因你所在的地区而异。

这些就是情报的各个方面,包括竞争对手情报、市场情报,你收集的经济情报、商业信息,商业情报,还有客户洞察力,要真正了解客户情报和客户洞察力。从美国、南非,到中东、欧洲,不同地域的这些情况也是迥异的。因此,围绕你的客户,以及基于客户所在区域商业环境的购买模式,去了解以上的各个方面是非常重要的。这也是为什么CI已经真正成为一门更复杂的学科了。

问:CI可以如何帮助你在市场中竞争?

答:大体上来说,如果你能理解你的客户,即今日的客户——我是指当下和

隐身在会展活动里的市场情报

未来的客户及他们的动机,帮助他们以公司或组织的形式在他们的业务中盈利,或者获得他们真正想要的产品或服务,这将有助于你参与竞争。

这些客户会因为几个不同的因素而发生变化。他们会因为你所在的环境而变化,因为不同地域的文化也大不相同,经济情况也有很大差异,因此需要理解这一点。它还能真正地帮助你参与竞争,因为它让你理解市场变化的方式,你就可以真正确定谁是你未来的客户。今天的客户未必就是明天的客户。

它的确会给你带来两个好处。它帮助你作为一个组织去了解你的工作环境,了解你今天的客户是谁,是什么促使这些客户与你开展业务及合作,然后帮你确定哪些技术、产品或服务是他们未来想要的,是什么激励了这些未来的客户。你可以从中看到,很多技术得以发展,有些技术的发展会彻底改变游戏规则,等等。

另一件真正影响你的事情则是,随着时间的推移,数据来源和可用信息变得越来越复杂。这也确实会改变我们作为 CI 专业人员的工作方式,因为我们拥有大量数据,且必须综合这些数据,以便在全球范围内因地制宜地做出复杂的决策。

问:今天演讲的题目是"综合情报"。我们还没有过多谈论到这一话题。综合情报是什么意思?你能提供一个快速的概述吗?

答:当然可以。综合情报的确是……我们稍微接触了一下这个概念。我已经提到过我们起初是如何看待竞争对手的。现在我们所做的实际上是将所有技能整合到情报学科中。当我审视经济形势时,我需要具备一定的技能,以便了解监管环境中的经济和政治形势。当我查看竞争对手情报和市场情报时,我需要一套能够真正让我了解如何营销、如何细分市场、如何构建竞争格局以及如何了解竞争对手的技能。

再来看客户洞察,我们过去经常将市场研究、客户洞察与情报分开。现在我们希望将这些结合在一起,好让我们不仅能了解竞争对手,正如我之前所说的那样,还能了解市场,并且将其与我们已有的客户相关信息真正结合起来。然后,在引入技术 CI 等其他方面,我可以理解该行业空白领域的连接之处,以及未来的产品趋势。

第三章 现场情报的变迁

所有这些不同类型的情报都要求你拥有将特定技能组合在一起的能力，也就是情报的综合与技能的综合。如今的综合情报专业人员应该也是一位非常成熟的战略家和分析师，他们拥有一些技能，并且善于将这些技能综合在一起。

这是综合情报的一个方面。至于它的第二个方面，我们可以在单独的采访中讨论，是将你作为综合情报专业人员所做的工作与企业其他门类相结合。比如，我想拥有作为情报专家的技能，这样我就可以与财务人员或供应链人员交流，让他们和我一起帮助开发公司真正需要的决策支持。我们之后还会介绍这一点。这确实需要与其他门类相结合。

综合情报的第三个方面是指真正将了解这些不同方面后获得的决策支持整合到公司内部的计划周期之中。我们之后会在另一个访谈中讨论如何真正将我们拥有的技能和建立情报决策支持的交汇点融入企业规划周期的每个环节中去。这些的确是综合情报的重要组成部分，关系到你如何将它们整合在一起，并真正构建预警系统，帮助企业做出在市场上具有竞争力的决策。

问：谢谢。这是个非常有趣的话题，我想进行进一步的采访，让我们更深入地了解你提到的关于综合情报的观点。

答：是的，这是个非常复杂的过程。正如我所说，在过去的30年里，综合情报已经发展起来，变得较以往更加复杂和成熟。它已经发生了变化，事实上，随着全球化和可用信息带来的挑战进一步加深，以及真正将最重要的信息和决策支持整合到一起的需求越来越多，综合情报正变得非常复杂。我非常期待分解其中的每一个部分并帮助大家理解这一点。因为综合情报是个令人兴奋的领域，是培养技能的好机会，而且世界各地的公司都非常需要建立综合情报。

（译者：金旸）

 隐身在会展活动里的市场情报

第二节 通过开放情报™获得洞察力

原文刊载于 Competitive Intelligence Magazine，2017年秋季刊，共同作者保罗·桑蒂利（Paul Santilli），格雷格·理查兹（Gregory Richards）。

在2016年9月的专栏（2016年9—11月号）中，我写了有关竞争情报（CI）如何帮助企业进行开放式创新计划的文章。开放式创新是业界最热门的话题之一，正在推动许多全球大型企业进行研发和创新。自该专栏发布以来，我围绕开放式创新的主题又写了一些文章、发表了一些演讲，还参加了很多有关开放式创新和CI这两个主题的有趣的讲座。

在我参加的那些比较有趣的情报主题讲座中，有保罗·桑蒂利（Paul Santilli）在SCIP欧洲峰会（马德里）和SCIP国际会议（奥兰多）就惠普企业（HPE）的OEM情报计划所发表的演讲。我突然意识到，在保罗对惠普OEM情报的领导下，情报工作实际上已经得到拓展，包含了一些开放式创新的概念。保罗和我已经就此讨论了近一年，最终我们都意识到，有必要改变CI模型的元素，将开放式创新的概念引入CI。

与此同时，我一直在与来自特尔弗管理学院的同事格雷格·理查兹（Greg Richards）探讨类似的概念，讨论将分析方法集成到CI中的挑战。我们将这个新的概念称为开放情报（OI）。OI极大地扩展了参与开发CI的传统界限，提高了CI项目的更新频率，拓宽了情报工作中使用信息门类的范围。在本专栏中，我们基于实践的角度概述了OI的基本概念，并提供了其中的一些元素示例。

我们首先要解决与当今组织陡然变化的速度和无处不在的数据相关的挑战，以及这些因素对CI产生的影响。然后，我们从总体上解释了OI的概念，再然后是关于OI的讨论和案例研究示例。我们得出的结论是，从OI中产生的各种见解可能会为CI带来激动人心的结果。

第三章 现场情报的变迁

挑战

保罗和我从事 CI 工作已有 20 多年,而我们在这项工作中的另一位合作伙伴格雷格·理查兹也已经在大数据和分析领域工作了 10 年。这些年间,我们都观察到商业环境的一些重大变化。其中,CI 必须解决的 3 个最大的变化(这些变化在未来只会增加)是变化的速度、国际活动的增长(不仅包括国际销售,还包括采购)和不断增加的数据复杂性——我们称之为大数据挑战。

我们一致认为,这些变化一直在加快。2011 年,哈佛商学院教授、著名管理思想家约翰·科特(John Kotter)写道:

> 商业世界中的任何人——哪怕是非正式的观察者——都知道它目前正在经历快速的变化。新企业几乎在一夜之间涌现。如果不能极快速地适应市场变化,两年前还具有革命性意义的产品和服务如今就会过时。当今世界的变化速度正在加快。这一速度还在快速增长,并极其剧烈地影响着企业。这方面的证据几乎随处可见——产品的生命周期、在美国专利局提交的专利数量、跨国手机活动的数量……不胜枚举。尤其重要的是,这种变化不仅是在加速这么简单。它不仅呈现出单维度的倾斜,而且还几乎在以指数级增长。

这对 CI 意味着什么?许多情报项目,如客户需求/变化的跟踪、技术发展的追踪等,实际上都需要每天进行,以适应经常变化的情况。管理人员需要留意任何威胁和机会的出现,以便能够做出反应,以防出现这样的情况:即变化的速度极大地压缩了收集、分析、理解信息并采取行动的时间,以致来不及做出反应。

至于"大数据"的复杂问题,在亚特兰大举办的 SCIP 会议(2017 年 5 月)上,许多主题演讲中的主要话题之一就是大数据。史蒂文·休斯(Steven Hughes)以主题为"大数据是我们的未来"的演讲拉开了会议的序幕,而在第二天,尼拉杰·巴厘(Neeraj Bali)少将介绍了印度军队的一个案例研究,其中大数据占据了显著的地位。演讲中引用了这样一些数字:全球每分钟有 3 125 万条消息被发送;"脸书"(现更名为 Meta)每月有 300 亿条共享内容被看到;全球每分钟有 277 万个视频被观看;谷歌用户每秒执行 40 000 次搜索;美国政府每年发布超过

隐身在会展活动里的市场情报

196 000 个数据库；到 2019 年，全球每秒将有 100 万分钟的视频被上传；人们观看全球每个月发布的所有视频需要五百万年的时间。

此外，我们都听说过物联网（IoT）增加了机器对机器通信、数据收集传感器的应用——还有一些应用能够生成可用于 CI 的数据。社交媒体、推特、博客等也会产生可用于情报计划的数据。这并不是说诸如采访等传统信息来源对情报不再重要了，而是说，线上视频、讨论、材料等的增长和可用性的提升为情报收集提供了巨大的机会。然而，问题在于要想出一种方法来处理所有的数据。IBM 在其大数据和分析中心提到大数据的四重挑战（IBM，2017）：

1. **数据量/规模**。例如，美国大多数企业的数据存储量达 100 TB 以上；全球手机用户达 60 亿人。

2. **流动数据的速度/分析**。例如，纽约证券交易所每天能捕获 1 TB 的交易信息。共有 189 亿个网络连接——也就是说，全球人均拥有 2.5 个网络连接。

3. **各种及不同形式的数据**。例如，全球每天有 4 亿条推文被发送，YouTube 视频网站每个月有 40 亿小时的视频被观看，"脸书"每月有 300 亿条内容得到分享。

4. **数据的真实性/不确定性**。值得注意的是，有 1/3 的商业领袖不信任其用于决策的数据，据估计，令人担忧的数据质量每年仅给美国经济造成的损失就高达 3.1 万亿美元。

还有一项要添加到这个列表中的内容——即处理国际信息来源的需要。这里我们结合考虑到两个变化因素：数据的复杂性和全球化的趋势。明天（甚至今天）的竞争对手可能来自你的国家以外。你的许多客户也可能位于其他国家，而技术和其他创新则可能来自世界上的任何地方。在这种环境下进行管理时，你需要访问这些国家的信息源，了解在国外环境下的最佳信息渠道是什么，并在某些时候应对情报计划的最佳信息是非英语的情况。

CI 面临的挑战是如何将大量的数据提供的机会与我们的传统信息源相结合，同时解决与数据量、多样性、速度、准确性和国际化因素有关的问题。

变化率、国际因素和大数据挑战相结合，意味着 CI 团队需要想办法提高其情报项目的更新频率，同时还要整合更广泛的数据。这对于1~2个人的情报团队来说会很难。以下是依据我们的提议列出的一些可以增加到CI概念中的新想法，它们可以应对上述挑战——这包括情报工作流程的概念重塑，以及从开放式创新到情报的概念新增。

情报之轮中的新想法

传统的CI方法围绕着某种既定版本的情报之轮转动，正如我们已经观察到的一些领先企业，他们就会用到诸如"问题识别""计划生成""数据采集""数据分析"和"推荐"等术语。

根据企业管理结构、决策权、企业规模和要解决的问题类型的不同，上述方法有很多个版本。但这5个步骤确实是企业内一切"通用"CI工作的核心。这种传统方法的问题在于，进行这一切工作，耗时往往长达几周或几个月，才能开发出"可操作的洞察力"。再加上企业实际执行洞察力的时间（如果他们果真这样做的话），整个CI生命周期还要再额外增加几个月。

由于这样的时间框架，加之与大数据相关的四重挑战（以及第五点，国际化）的影响，可能会使这种传统方法显得严重不足，进而失去作用。我们所生活的数字世界的全球化，让业务中断和行业变化发生在顷刻之间，用比10年前更短的时间影响着全球或地区经济。滞后于现实数月的数据和见解无法为任何企业提供竞争优势，这最终会提高你的竞争对手抢先一步发现和利用市场及业务数据场景的机会。

相反地，我们需要这样一种方法，它可以将信息量、信息来源、内容管理能力和组织的灵活性纳入考虑范围，让企业不仅能够适应物联网（IoT）、大数据、数据的国际化维度等需要，而且能规律地、完美地执行任务。在重要的数据收集和分析阶段，可以采用多种策略来帮助应对来自这种环境的挑战。

数据生成

首先，在数据生成方面，整体的数据来源和数据量呈爆发式增长。预计这种

增长将继续以指数级的速度持续下去，到 2020 年将有约 500 亿台连接设备，这还仅仅是物联网领域！基本没有环境适合"批量处理"，任何环节如果不尽可能接近于实时完成都将变得没有意义。因此，最重要的是必须知道，从数据生成到数据分析的时间间隔越长，数据就越有误导性，同时，时效性也会大打折扣，分析、处理、洞察和执行等所有下游环节最终会如同滚雪球般地，使上述的误导性和时效性等偏差进入一个极高的水平，这涉及风险经营策略。

这并不是说你就能以众所周知的 CI 一言以蔽之，把这个环境归结为一个无效的场景。正相反，有些技术更适用于"高时效性"环境，它们将为你的企业提供有价值的见解，最终使企业获得竞争优势。

有很多技术（尽管其中一些比其他技术更先进）在获取更好的数据、快速获取数据、扩展数据收集范围以及涵盖更多有价值的内容方面显示出了巨大的潜力。这些技术包括：

1. 并行分析方法：在重复的并行过程中与利益相关者同时收集、分析和共享数据，而不是与利益相关者逐次收集和审查数据，这可能需要消耗更长的时间或更多的资源。

2. 组织效率：组织内部合理的层级体系可以提高数据共享和通信的速度，这样就不会在决策和执行过程中出现长时间的滞后。

3. 实时数据收集方法：能够从数千个来源中收集内容，从而有效地从海量数据中提取有价值的"金块"。

数据生成和数据分析工具

其次，在这个数据丰富的环境中，使用特定的数据管理工具成为必要。公共领域搜索引擎非常不擅长以用户友好的方式提供内容，并且，在问题上投入低成本的物理资源只会导致更多的混乱和协调失误，降低洞察的速度。知识管理工具或相关的自动化机制对于浏览来自网络的大量数据来说至关重要。这不仅包括公共领域的信息来源内容，还包括社交媒体、客户反馈、付费来源等。检索结果合适的决定性因素是内容输入的稳健性。识别和管理为自动化工具提供数据的资源是技术开发的关键领域。这种工具可以对内容进行"繁重"的分析，这些内容来源里通常有数千或数万个（物联网和 SoMe 网站上则有更多），随着时间的推移，这种工具最终将提供更优质的结果。

站在从业者的角度，怎么强调这种工具的价值都不为过。相比不使用该工具的情况，它可以帮助组织在改进分析时效率更高，效果更好，以更快地获得可操作的见解。该工具的一个示例是，综合数据存储库可以使用这种工具捕获数据并将其分为以下几个区域。

1. 内容存储库：将成百上千的数据源汇集到一个中心位置。
2. 内容检索：使用布尔逻辑、短语、截断或其他检索机制。
3. 沟通/共享：跨职能轻松共享此信息的能力。
4. 知识可视化：将数据分析转换为可用、易于理解的可视化形式，实现快速的解释和应用。
5. 可行的见解/决策：在尽可能短的时间内得出可行的见解，以便做出组织层面的决策。

分析和分类法

首先，重要的是了解"分类法"的含义。它是对最适合实现情报计划的内容进行分类的能力。想一下你要达成什么目标。如果是关于产品发布或竞争对手表现的，那么就需要建立一套相应的标准，作为实现目标的催化剂。该行业的初始细分市场有哪些？覆盖哪些地域？主攻特定产品还是一般用途产品？对于你试图确定的细节，你想要深入了解到什么程度？

因此，使用所需的分类法分析数据的能力很重要，仅列一张满足业务需求相关来源的简表是不够的。相反地，关键输出元素是对重点内容加以识别、导出和适当分析，这些内容可以当即进行调整，构成最终建议中的观点。许多工具具有可以根据用户偏好进行定制的仪表板，同时还可以调整用户需要的参数，被许多成功的企业广泛采用，这也是能以正确格式获取数据的关键，如此，数据就可以轻松地转变成建议输出结果。

此外，加强人员参与是其中的关键——要确保自动化驱动的内容是相关联、及时和可操作的。不过，你仍须用个人观点来确保仪表板的输出符合企业的目标和调查的要求。

组织结构与文化

除了 CI 流程要根据新环境而进行调整以外，组织本身也要自我审视。其中有两个要素：一是组织结构本身，如果要及时对信息采取行动，则需要建立高效的情报传递机制，迅速地将情报交到决策者手中。例如，每周或每月的定期 CI 管理层会议要让位于实时的替代性方案，比如每日情报更新。二是组织的文化因素。很多时候，高级管理人员能够意识到情报的内容，但他们要么选择不采取行动，要么干脆将其作为一个"很高兴得知"的事实而忽略掉。显然，这两种行为都会酿成灾难，特别是在上文提及的快速变化的环境中，只会增加竞争对手在市场上获得优势的机会。

因此，应该建立一种浅层的企业结构，有助于更快速地上传下达。必须不计代价避免分析的瘫痪。但是，只有当你在组织的执行层中得到支持，有人重视 CI 的贡献，优先考虑并将 CI 结果纳入公司决策的一环，才能实现这一点。

开放情报工作——开放情报（OI）

通过在组织中实施上述想法，可以更好地应对大数据的四重挑战，处理国际化和快速反应上的困难。不过，考虑到大多数情报部门仅由 1～2 个人组成，这些人员很难同时做好这些工作：处理繁重的情报项目、进行大量数据的整合、跟踪瞬息万变的环境、兼顾国际化的需求。这样的要求不仅难以达成（正如本文下一部分所述），甚至可以说是不切实际的。因此，更好的方法可能是开放情报工作。

在下一节中，我们将讨论一个非常流行的话题——开放式创新，即组织的创新活动，包括研发，向组织外的人，甚至是竞争对手开放。

第三章 现场情报的变迁

开放式创新

这里的开放式创新基于亨利·切斯布鲁（Henry Chesbrough）提出的概念，他在 2003 年发表的文章中写道："开放式创新实际上说的是一种在知识爆炸的世界中进行创新的方法，要知道，不是所有聪明人都为你工作，所以最好的办法是找到他们，与他们建立联系，并在他们工作的基础上继续创新"，接着，他解释说，开放式创新是一种范式，它认为出于自身技术进步的考虑，公司应该给予内部和外部的解决方案以及市场资源同等的重视。

在这个观点发布之前，技术创新都被视为组织内部部门的专属职能：组织内部的研发部门提出方案，再在内部挑选出其中一些方案进入开发和商业化阶段。而开放式创新则意味着向组织外部人员开放技术创新的过程。2012 年，伊莱恩·沃森（Elaine Watson）撰文介绍了可口可乐的开放式创新计划，可口可乐的首席采购官罗恩·路易斯（Ron Lewis）对开放式创新进行了总结并阐述了其对公司的重要性：

……我们的目标是成为业内创新的佼佼者，而我们选择通过开放网络达成这一目标。因为这种创新很可能来自可口可乐研发部门以外的部门。我们希望在外部创新和内部业务建立关联的工作方面做到最好。

在企业之外寻找创新方案并关联内部业务正是开放式创新的目标，也是 CI 可以发挥作用的领域。2008 年，赫斯顿（Huston）和萨卡布（Sakkab）在《哈佛商业评论》上发表了一篇关于宝洁（P&G）开放式创新计划的文章。该文章指出，截至 2006 年，宝洁 35% 的新产品都包含开放式创新元素，其中 45% 的产品在开发阶段就采用外部的创新方案，而宝洁的目标是将这个数字提升到 50%。为此，宝洁甚至制定了一项政策推进这个目标：如果在 3 年内未将外部创新方案成功商业化，宝洁将向竞争对手开放相应的产品/技术许可。

研究人员指出，开放式创新的概念也包括将过去组织内部没有参与创新过程的部门纳入流程中。大众汽车在研究汽车发动机设计时，允许来自发动机组之外的个人提出设计方案，并参与到设计方案的决策中。汉森（Hansen）和伯金肖（Birkinshaw）在题为《创新价值链》（刊载于《哈佛商业评论》）的文章中将开放

隐身在会展活动里的市场情报

式创新与创新价值链中的所有元素联系起来。在这篇文章中,他们根据一些关键问题和重要绩效指标来衡量创新流程的开放度(表3-1)。

通常,企业的创新方案几乎都在内部产生。为了向外界开放研发过程,企业不仅要进行跨部门交流,共同为研发部门提供方案,还要向组织外部征求创新方案。我们已经在许多行业中看到了这样的例子。上文提到了大众汽车是如何向研发部门以外的人开放发动机研发过程的。3B家居(Bed Bath and Beyond)与Edison Nation两家公司也进行了开放式创新的合作,它们号召来自全球的发明者提供创意,应用到Bed Bath and Beyond的新产品中。这不仅仅是创意生成上的开放,更是创意转换方面的开放,而Bed Bath and Beyond仅负责扩散工作。

在经过14年关于开放式创新的研究和写作后(切斯布鲁引入开放式创新概念的14年后),许多案例研究和论文应运而生。可以肯定的是,在创新价值链中的每个要素——创意的产生、转化和传播中,都可以看到开放式创新的身影。

表3-1 汉森和伯金肖的创新价值链(2007年)

	创意生成			转换		扩散
	内部 部门内创新	**交叉互助** 跨部门合作	**外部** 企业外协作与聚会	**选择** 筛选初始资金	**发展** 从想法到初始成果	**传播** 跨越组织传播成果
关键问题	本部门员工是否能独立创新?	是否通过全公司合作取得创新?	是否从公司外获得了足够的资源?	是否选择了较好的创意进行投资?	想法能否转变为产品或最佳实践?	是否在公司充分传播各阶段成果?

从开放式创新到开放情报(OI)

尽管存在知识产权方面的风险,组织仍然选择对外开放其创新过程,因为允许研发部门外部人员(公司内部和外部)协助创新过程的各个阶段可以带来巨大的好处。随着快速变化的环境,以及对更快更好的创新的需求,让更多人参与创新方案产生、评估甚至商业化等工作,可以大幅提升创新水平。

鉴于数据和情报的复杂性和巨大体量,很明显,与开放式创新类似,CI也

第三章 现场情报的变迁

要考虑开放情报工作的所有阶段以应对类似的挑战：建立更快的情报流程来应对频繁的环境变化和大数据带来的复杂性的需要。在随后的讨论中，我们将考察传统情报工作流程的主要元素来思考如何应对。

在研究 OI 时，汉森和伯金肖在开放创新研究中总结的术语也适用于 CI。

- 内部式：在传统的情报工作模型中，情报各个阶段工作都在 CI 部门内完成。
- 交叉互助式：在内部补充组织其他部门的投入，协助情报开发工作。
- 外部式：企业内外部人员（重要客户、供应商、专家和其他利益相关者）的交叉互助，协助情报开发。

情报规划

OI 的工作方式有助于情报规划的许多方面，现阶段我们主要从基本概念入手，着眼于研究情报主题的产生过程。情报主题传统上由负责情报的人根据他们对管理需求的理解或通过与管理层的直接协商来确定，这就是内部式情报主题的产生过程。我们确定情报主题时，往往会选择"CEO 又为什么事情失眠了"或"公司发生了什么大事"这类主题。

交叉互助式，即向情报部门以外的部门进行开放的过程，让企业其他部门参与构想情报主题。例如，研发人员非常了解技术环境，对研究主题可能有一些有趣的想法；而运维/服务人员可以根据客户投诉等问题提出想法，等等。

外部式，即情报主题的产生完全对外部开放，客户、供应商、其他利益相关者甚至是竞争对手，都会参与情报主题决策。2015 年，SCIP 首席执行官楠·巴尔杰在一篇关于综合情报的文章中写道，情报的目的是"帮助客户在市场上竞争和盈利"，如果客户的需求是更具竞争力（即企业对企业的目标，B2B）或者是更好地满足他们的消费者（B2B 和更传统的消费市场），直接询问客户哪些情报主题是最相关的不是更符合逻辑吗？或者向客户提出你正在考虑涵盖的主题，并向他们询问哪些方向的情报可以让他们更好地了解他们在消费者群体中的定位。

OI 方法不仅可以用于情报主题的产生，情报主题的选择也可以通过 OI 方式

完成：可以采用德尔菲法，让来自 CI 以外的部门对备选情报主题进行排名，从而确定哪些主题与这些部门或者利益相关者联系更为密切。

信息收集

从表面上看，CI 很善于在信息收集过程中采用 OI 的工作方式。专业的情报人员都了解从组织内外的广泛来源收集信息的重要性。他们深刻领会了信息来源多样性的需求。但是我们还是想从 OI 的角度上提出情报收集的一些注意点。

首先，需要提醒 CI 从业者的是，从 OI 的角度来看，信息的收集者应该有一部分来自其他部门。如何确定哪些部门的哪些情报（交叉互助式）应该被采纳？而哪些组织外部的情报（外部式）可以被采纳？问题的关键不是情报的来源，而是提供情报的人员。在 OI 的工作模式下，应当采纳由利益相关者和组织其他部门人员提供的情报。

其次，OI 也要求 CI 工作人员扩展情报收集源，从而达成数据的多样性。那么，哪些形式的数据，如在线视频、社交媒体、物联网上的数据，可以整合到你的情报中呢？物联网在情报收集计划中起什么作用？想象一下你该怎样处理数据的多样性、多变性和大体量的难题。很明显，考虑到这些问题，我们就必须使用新兴技术。另外，在大数据环境中，80% 的可用信息是非结构化或半结构化的（文本、图像和声音），因而非结构化数据处理技术将变得越来越重要。

分析

传统的分析观点要求负责情报的人员将数十种形式的分析技术中的任何一种应用于已收集到的信息。这是个直截了当、合乎逻辑的过程，符合业界对情报的看法。我们在前面的部分内容里提及了一些在线/技术分析工具作为对这个过程的补充，但从概念上讲，在该过程中，仍然是 CI 部门参与分析，然后将结果和建议发送给决策者。过去几年内，我们观察到一些现象，让我们质疑是否应该改变这种情报工作流程，以及是否应该将 OI 的方法纳入分析。

第一个观察来自丰田欧洲股份有限公司南非首席执行官约翰·范·兹尔

（Johan van Zyl）就丰田南非情报系统进行的一次演讲。在演讲中，他谈到了如何让情报客户在分析阶段参与到情报团队中。这为情报团队提供了客户对数据的观点和洞察。我们还看到了各种前瞻性举措，邀请来自世界各地的专家组成全球专家小组，用德尔菲法帮助组织理解复杂的环境。在这方面，大众汽车也提供了一个非常有趣的开放式创新的例子。他们建立了一个虚拟交易所，将虚拟货币发放给来自全公司的参与者，这些货币可以用来"投资"他们认为好的想法。最后，在交易所吸引了最多"虚拟货币"的想法将被选中。

在用 OI 的方法进行分析时，需要考虑两个方面。第一，向谁开放分析过程（邀请谁）？第二，用哪些分析技术来整合更广泛的参与群体？内部（或称为封闭式）方法仅涉及情报部门的分析。交叉互助涉及组织内部其他人参与分析过程，而外部方法则涉及所邀请的外部专家、利益相关者和其他群体进入组织。对于后两者，可以将传统的分析技术与德尔菲法、专家组法等相结合。在前瞻性领域，有很多技术可以将更广泛的群体整合到分析职能中。

有关分析的最后一个方面则与快速变化的概念相关，即分析的频率。如"信息收集"部分所描述的那样，组织将需要经常更新并二次分析收集到的数据。由于数据的更新率越来越频繁、数据类型越来越广泛、分析频率也越来越高，利用自动化方法（软件或其他在线工具）对数据进行更新和再分析将变得越来越重要。

沟通

过去，情报经由情报部门开发之后被直接提供给客户。现在这种方法产生了一些变化。其中一个变化是，如今情报部门向组织内的其他经理提供分析，而不是建议（最终的情报）。另一个变化是，情报收集过程中产生的非敏感信息需要在整个组织中得到更广泛地应用。然而，一般来说，这里的敏感信息是指正在开发的、有针对性的情报，并且（由于其自身的敏感性）只能在须知的层面提供给有权限和有特定需求的人。

开放式创新小组已经详细讨论了围绕共享知识产权的敏感问题和他们的担忧

隐身在会展活动里的市场情报

之处，这不单单是企业内部（如研发部门）的事，不过，他们普遍得出结论，尽管开放式创新有知识产权的风险，但还是不能忽略它的巨大优势。同样地，情报的传播范围必须得到谨慎的界定和讨论。

交叉互助的方法可以将情报结果分享给组织中的其他群体（除了客户），但可能仅限于符合适当安全许可级别的人。外部方法（完全的OI）可以将情报分享给组织外部可信的利益相关者。在政府情报环境中自然就是这样做的[例如五眼联盟（澳大利亚、加拿大、新西兰、英国和美国）]，与关键客户或供应商共享情报结果对于了解他们对情报的看法很有意义。这仍符合综合情报的概念，不过更重要的是，这种方法可以对情报结果进行外部验证，也有助于让对方提出独特的观点。

示例

以下是本文中提到的几个方法的示例。为保密起见，这里对具体企业、行业和技术不作详细阐述。

某个组织要调查特定地理区域内的市场规模和竞争信息。为了达到最佳效果，采取了下列步骤。

1. 确定目标

这是分析中非常重要的一部分——根据公司需要获取的内容仔细确定关键目标。可是，不少组织常常对此不够明确，最终，获取的数据太泛化，缺乏针对性，无法得出明确的结果，以至无法采取行动。因此，确保管理层提出正确合宜的目标，并能够根据这些关键目标审视结果的可操作性，是至关重要的。请注意，这和我们今天定义项目研究的方式有些类似。

2. 收集数据

这里需要用到多种数据收集技术。当然，传统意义上的初级和次级研究通常是给定的，但社交媒体可以提供更丰富的数据内容。过去的CI建模中很少使用社交媒体，因为情报人员要么对环境不够了解，要么不确定应当如何挖掘可能存在于嘈杂信息中的有价值内容。情报人员可以采用多种方法，如监听/钓鱼法、有针对性的发帖、特定行

第三章 现场情报的变迁

业/区域的活动等，挖掘其中那些有用的数据。关键在于要对社交媒体计划建立良好的管理和架构。

此外，行业联盟（如渠道合作伙伴、技术合作伙伴、供应商和承包商关系）也提供了大量信息，有助于数据的收集和分析。可以通过与使用者的私人交谈，将公司的产品/服务与竞争对手进行比较。

最后，通过技术论坛、行业信息和相关活动，与竞争对手直接接触，可以了解更多信息。

所有这些技术都真正体现了开放情报的主题——超越传统数据收集方法的能力，整合公司内外部几乎一切可利用的资源，提取信息内容。这方面的相关案例利用多种来源（参见上文提到的"大数据的四重挑战"）的数据，通过各种行业论坛解决国际化的问题。请注意，完全开源的利益相关者可以将信息输入到情报流程中。

3. 分析信息

由于这些信息的丰富性，还需要随时使用特定的知识管理工具来提供与目标相关联的内容仪表板。这是 CI 建模的另一个关键组成部分，使用工具可以完成数据分类和分析的全部繁重工作，大幅缩短项目中的分析时间。

需要注意的是另一个关键要素，即利益相关者和高级管理层在整个过程中应该时不时地进行审查，确保数据结果与既定的目标保持一致。有时，目标应该根据调查结果的方向进行调整。可惜许多组织常常等到最终结果产生后才进行审查。在这种情况下，为了避免出现这样的问题，企业应该反复循环执行查找—分析—审查—调整格式的工作流程，以确保任何调整和更改都在过程中完成。这使得整个"从时间转变为见解"的过程大大加快。在分析过程中允许管理层（内部）和利益相关者（外部）审查发现与交流反馈也是一种 OI 实践。

4. 推荐

由于在工作流程中进行审查的方法可以提高工作效率，情报人员在短短几周内就可以获取大量信息，产生可行的见解（尽管结论不是实时产生的，但肯定比原来通常需要的 2 个月时间要短）。事实上，洞察分析的时间可以缩减约 60%，同时，OI 实践还提升了数据的价值。

总结

速度的变化、业务的全球化趋势、信息复杂性的增加,以及数据(数量、种类、速度和准确性)的日益复杂化,都可能需要我们重新思考和定义开发情报的方法。我们的 OI 概念受到了正在兴起且不断发展的开放式创新领域的启发,后者提供了应对以上挑战的方法。然而,这对 CI 功能的开放提出了要求,既涉及来自组织内部其他人的参与和帮助(交叉互助式),又涉及来自组织外部其他人士的最大化的参与(外部式)。

表 3-2 提供了在情报的主题策划、信息分析和沟通等环节中的示例。也许有些情报从业人员会担心信息隐私的问题,他们害怕情报会被一些人不经意间看到(至少对情报从业人员来说,这一点是值得担心的),但是不进行开放式创新时的情报工作也同样有知识产权的问题,情况也没有好多少。

表 3-2 开放情报(OI)——情报轮中的示例

项 目	传统模型 (内部/CI 部门)	交叉互助(整个企业)	企业外部
主题策划: 如何确定 主题?	高层管理驱动:是什么让他们夜不能寐? CI 从业者驱动:我们知道需要什么	其他部门提出并帮助进行情报主题的选择——他们从所在部门的角度洞察关键问题	主要利益相关者对环境有独特的看法。对他们来说什么是最重要的?他们需要哪些因素方能具有竞争力?
信息分析: 技术和 方法	我们的部门知道如何理解这些信息。克雷格·弗莱舍(Craig Fleisher)和巴贝特·本苏桑(Babette Bensoussan)向我们展示了这些分析技巧	我们仍然需要克雷格和巴贝特,不过也可以让组织中的其他人帮助我们理解这些信息。我们或将用到群组分析法,例如交换法、德尔菲法	谁是我们的"五眼"?可以借助关键客户、供应商、其他盟友、专家等群体的力量和洞察能力。我们需要采用群体分析法,例如交换法、德尔菲法
沟 通	情报是在"须知"的基础上提供给客户的	与组织中能提出观点且有权限的人员共享情报	与组织外部的关键人士共享情报,这些人可以提出我们所信赖的观点

第三章 现场情报的变迁

许多大型国际企业都在积极采用开放式创新战略，建立了他们的开放式创新计划。只有利用更广泛网络上的信息（OI），邀请更多领域的专家参与分析（OI），并将最后的结论与利益相关者共享（OI），组织才能应对前所未有的环境变化速度和本文所讨论的日益复杂的数据的变化。甚至于计划（包括情报主题的选择）本身也可以从 OI 的方法中受益。

用亨利·切斯布鲁（Henry Chesbrough）的话来说，你的 CI 部门虽然不能聘请到全世界最聪明的人，但你难道不希望如此吗？换句话说，你真觉得过去那种封闭环境（内部）中的情报工作模式比如今结合了更广泛专家组的信息、分析能力和洞察力的 OI 更好吗？OI 的理念正是让最优秀的人才为你工作，让他们为你提供更大的价值。

如果开放式创新对你毫无吸引力，那么你认为应该如何应对本文提到的那些挑战？

参考文献

[1] Neeraj B. Case study from the Indian army[R]. Atlanta: SCIP Annual Conference, 2017.

[2] Bulger N. Webinar on the future of supply chains[EB/OL]. [2015-03-16]. https://community.kinaxis.com/people/dustinmattison1974/blog/2015/02/16/basics-of-integrated-integrity-putting-the-pieces-together.

[3] Chesbrough H. Open innovation: the new imperative for creating and profiting from technology[M]. Boston, MA: Harvard Business School Press, 2003.

[4] Hughes S. Big data is our future[R]. Atlanta: SCIP Annual Conference, 2017.

[5] Huston L, Nabil S. Connect and develop: inside procter & gamble's new model for innovation[J]. Harvard Business Review, 2008(3).

[6] IBM. IBM Blog[EB/OL]. [2017-12-01]. http://www.ibmbigdatahub.com/infographic/four-vs-big-data.

[7] INPEX. News[EB/OL]. [2017-12-01]. http://www.prweb.com/releases/

INPEX/InventHelp/prweb905814.htm.

［8］Keeley L, Walters H, Pikkel R, et al. Ten types of innovation: the discipline of building breakthroughs. New Jersey: Wiley, 2013.

［9］Kotter J. Can you handle an exponential rate of change?[EB/OL]. [2011-12-01]. https://www.forbes.com/sites/johnkotter/2011/07/19/can-you-handle-an-exponential-rate-of-change/#6b2e23dd4eb0.

［10］Morten H, Birkinshaw J. The innovation value chain[J]. Harvard Business Review, 2007(6).

［11］Watson E. Global brands[EB/OL]. [2012-12-01]. http://www.foodnavigator-usa.com/Manufacturers/Coca-Cola-on-thinking-like-a-start-up-open-innovation-and-avoiding-Kodak-moments.

（译者：金旸）

第三章 现场情报的变迁

第三节 客户情报、贸易展情报和现场情报的交汇

原文刊载于 Competitive Intelligence Magazine，2015 年 7—9 月。

彼得·德鲁克（Peter Drucker）曾经说过："企业的目的是创造并留住客户"（斯特恩，2011）。1954 年，德鲁克在他的开山之作《管理实践》中就提倡这一点。然而，我目睹了很多事情、阅读了很多文章和书籍，发现许多企业至今没有完全理解这一点。例如，福布斯曾这样解释迈克尔·波特（Michael Porter）创办的 Monitor Corporation 公司破产的原因："Monitor 被当今市场上唯一的主导力量——客户——压垮了"（邓宁，2012）。

在分析全球最大的电信企业之一——北电网络（Nortel Networks）破产的原因时，有人认为，缺乏"真正"的客户认知对其破产有重要的影响，最终是客户决定企业的存亡（卡洛夫等，2014 年）。相比之下，苹果当然更明白德鲁克理论的重要性。1997 年，史蒂夫·乔布斯（Steve Jobs）谈到他的"客户至上"战略，指出"你必须从客户体验开始，然后倒推到技术"（珀塞尔，2011 年）。这些都说明了客户情报计划的重要性，也就是本期专栏的主题。正如读者将了解到的那样，对于了解客户情报来说，没有比贸易展更好的地方了。

什么是客户情报？凯利（2006 年）在他的著作《客户情报》（对该主题感兴趣的人来说，这是一本好书）中将该领域描述为"企业对潜在客户可能的未来意图的了解"。维基百科对客户情报的定义更侧重于过程（这更类似于 SCIP 对情报的定义）："客户情报（CI）指的是收集和分析有关客户的详细信息和活动信息的过程，以便建立更深入、有效的客户关系，改进战略决策"（维基百科）。

为什么说贸易展是进行客户情报工作的绝佳场所？一个简单的回答是，贸易展上有现有的和潜在的客户。除此以外，其他可以帮助你更好地了解这些客户的人也会在场，他们包括协会人员、政府官员、顾问、供应商，甚至你的

 隐身在会展活动里的市场情报

竞争对手。下文包含了一些有关如何利用每个群体帮助你开发客户情报的深入观点。

客户：如果你想知道客户的需求，无论是在你的展位上还是在他们自己的展位上，他们都会直接或间接地告诉你。每当他们向你展位的工作人员询问产品或服务的属性（如，你的产品/服务是否……），他们都在向这些工作人员传达出哪些因素对他们可能很重要的信号。应该重视这些与产品/服务有关的问题，并使用文字分析软件（或其他工具）对这些问题进行分析，帮助了解他们的需求。展位工作人员和贸易展上的其他工作人员也可以如实地对客户说到的需求做简单记录，或者主动询问客户正在寻找什么样的产品/服务属性。此外，正如我从对领先企业的最佳实践所做的研究中了解到的那样，询问客户（包括现有和潜在的客户）为什么关注产品/服务的这些属性/功能，可以帮你进一步挖掘驱动客户需求的因素。请注意，我的意思并非直接给客户他们想要的东西，而是深入了解他们的需求。

想测试你公司品牌的实力或客户对你们公司/产品/服务的态度吗？你可以考虑利用软件对你和你组织的展位工作人员在活动中收集的评论进行情感态度分析。我在之前的一篇专栏文章中谈到过贸易展情报的分析。这篇文章可以为你提供有效的方法，帮你更好地分析在活动中收集的大量客户信息，将其转化成有价值的客户情报（卡洛夫和理查德，2015）。关于客户分析，达文波特（Davenport）等人还写了一篇题为《先了解客户想要什么》的精彩文章，对此领域感兴趣的人应该读一读。

如果你打算在贸易展尝试做这些（即收集上述类型的客户信息），一个重要的建议是，你要确保所有展位人员收集和"记录"信息的体例保持一致，必须使用统一的编码程序、表格，有时或许还要使用统一的展位工作平板电脑或手机App等，这样才能一致、准确地收集相关信息。

不过，我们还是要更加积极主动地关注客户情报工作，而不是简单地注意到客户的评论和疑虑。何不尝试更多地了解他们未来的计划：他们正在开发什么？为什么开发这些业务？这样你就可以探索如何为客户的未来计划提供支持。根据

第三章 现场情报的变迁

你所在行业的特点，有时可能还需要进行长时间的研发、测试等，这些都需要时间。

以下是在活动中帮助了解的客户信息的一些关注点示例。

- 他们在产品／服务中寻找什么？
- 他们的需求是什么？
- 他们计划对产品／服务／策略进行哪些改变？
- 他们如何看待这个行业的未来，他们有哪些应对之策？
- 他们的困惑有哪些？他们的痛点是什么？
- 他们在行业中看到了哪些机会？他们需要什么帮助？
- 我在活动中观察到了什么？我可以怎样对其进行利用和开发，让我的客户更具竞争力？

竞争对手：根据研究，与竞争对手相关的工具在 SCIP 成员的活动中很受欢迎，自然地，贸易展是使用这些工具的好处所。但是，在客户情报的概念下，我请你也从竞争对手的角度看待他们的客户。竞争对手对于这些客户有哪些你所不知道的地方？每个竞争对手的战略都反映了某种假设，即如何最大化地参与竞争是基于他们对客户的了解程度。

至于哪些人适合哪一类客户情报类型或情报主题，请在你的展位和贸易展周围仔细聆听竞争对手客户和其他人谈论中最积极的内容。运用这种工具时，你不仅要注意他们提到了哪些竞争对手，还要注意他们提得最多的特定属性是什么，因为这样你就能更深入地了解客户的需求，以及哪些竞争对手最擅长识别这些需求。可以使用文字映射和情感分析类软件辅助完成这项情报任务。

顾问、协会人员、政府官员、学者和其他人：在贸易展上，你还可以与许多其他人交谈，这些人也会和你的客户互动，研究并了解他们。例如，代表你客户（包括现有的和潜在的）的协会负责了解客户及其需求。参加贸易展的政府机构／部门的计划／政策制定者也可能协助过客户，因此他们应该能为你的客户情报计划提供有价值的信息。这些团体（政府和协会）定期地和你的客户互动，当然会对他们进行研究。事实上，面对贸易展指南、参展单位、演讲／

隐身在会展活动里的市场情报

研讨会主讲者以及举办方等信息时,你应该自问,这些人对客户有哪些了解?如何用他们来辅助我的客户情报计划?从这个角度来看,贸易展上有大量的客户信息。

作为我即将写的有关客户情报的几篇文章中的第一篇,我希望包括SCIP成员在内的其他人都能够接受德鲁克的挑战。正如本文开头所说,多年前德鲁克就说过"企业的目的是创造并留住客户"。从这个意义上来说,德鲁克认为企业所做的一切——营销、研发、产品开发,甚至CI,归根到底都是为了支持企业的发展。

只有那些最了解客户、有能力满足客户真正需求并开发使其更具竞争力的产品和服务的企业,才能在市场上获胜。发扬这样的认知显然是许多成功企业的共同特征,正如本文所强调的那样,贸易展可能是开发客户情报的最佳场所之一。是时候开始开发你的全球客户情报计划了!

参考文献

[1] Calof J, Richards G, Mirabeau L, et al. An overview of the demise of Nortel networks and key lessons learned[EB/OL]. [2014-03-01]. http://sites.telfer.uottawa.ca/nortelstudy/files/2014/02/nortel-summary-report-andexecutive-summary.pdf.

[2] Calof J, Richards G. Business analytics and trade shows[J]. Competitive Intelligence Magazine, 2015,18(1):41-45.

[3] Davenport T, Mule L D, Lucker J. Know what your customers want before they do[J]. Harvard Business Review, 2011(12).

[4] Denning S. What killed Michael Porter's group? The one force that really matters[EB/OL]. [2012-12-20]. http://www.forbes.com/sites/stevedenning/2012/11/20/what-killed-michael-porters-monitor-group-the-one-force-that-really-matters/.

[5] Kelly S. Customer intelligence[M]. UK: John Wiley, 2006.

[6] Purcell K. Steve Jobs explains Apple's customer first strategy in 1997[EB/OL]. [2011-09-31]. http://www.gottabemobile.com/2011/08/31/steve-jobs-explains-

apples-customer-first-strategy-in-1997-video/.

［7］Stern S.The importance of creating and keeping a customer[EB/OL].[2011-09-31]. http://www.ft.com/cms/s/2/88803a36-f108-11e0-b56f-00144feab49a.html#axzz3l6Oas01X.

（译者：金旸）

隐身在会展活动里的市场情报

第四节　情报和销售：贸易展的作用

原文刊载于 Competitive Intelligence Magazine，2019 年冬季刊。

在我所写的关于贸易展的文章中，主要关注的是如何利用贸易展（场地/地点）来实现机构的情报目标。正如我常说的，贸易展与其他活动提供的不仅仅是销售机会，它们对销售很重要。

因此，本期专栏重点关注会展上销售方面的情报：如何利用情报最大程度地发挥潜力，在贸易展期间和贸易展之后达成销售。它涉及如何使用情报流程来开发所需的客户洞察力，以实现销售。这篇文章是从机构的贸易展展位上的工作人员的角度写的，即那些负责销售的人——我曾有机会在很多场合这样做过！

为了介绍销售和贸易展的背景，我将引用两份关于贸易展的综合报告，同时也鼓励读者下载这些报告，以便更深入地了解贸易展。第一份报告是展览业研究中心（CEIR）最近发布的《2018 年参会者投资回报率手册》，第二份是《美国贸易展览周刊》(Tradeshow Week) 撰写的 2009 年度报告，该报告着眼于"当今会展的价值"，这两份报告都从参展商和参会者的角度全面审视贸易展。

需要明确的是，参会者确实会带着购买的想法去参加活动。最新的 CEIR 报告充分印证了这一点：97% 的参会者带着与购物相关的目的参加这些活动（见表 3-3），36% 打算在贸易展上购物的人可能已经做了很多购买前的功课，而其他 61% 的人则是将参加贸易展作为他们客户旅程中寻找解决方案阶段的一部分（稍后将详细介绍客户旅程）。在 CEIR 报告发布的十年前，《美国贸易展览周刊》也有类似的结果，23% 的参会者表示他们计划在活动现场进行购买。

根据参加调查的受访者反馈，49% 的参会者或他们的公司花了不到三个月的时间向他们在贸易展上遇到的参展商下订单——企业主、首席执行官和总裁做出的购买决定更快；61% 的参会者表示他们在贸易展后三个月内至少会从一家参展商那里购买商品；88% 的参会者表示他们认为会展是他们的产品采购和购买过程的重要组成部分。

在参展商方面，近 40% 的参展商在接受《美国贸易展览周刊》的调查时表示，至少需要一年时间才能从贸易展活动线索中完成销售（见表 3-4）。

表 3-3 参会者参会的动机（给受访者的 25 个理由）

类别	具体动机	占比
购物 （97%）	购买	36%
	观看，体验新技术	84%
	观看，体验新品推介	82%
	观看、触摸、互动、体验新产品	81%
	能够与专家交流	79%
	构思/策划	75%
	建立/维护与供应商/参展商的关系	71%
	品牌比较	66%
	为将要进行的购买收集信息	65%
	问题得到解答	64%
	其他： 寻找供应商；找到现有问题的解决方案；与实际产品用户会面；影响产品设计师做出购买决定	
学习 （96%）	紧跟行业/趋势	87%
	专业网络	76%
	个人发展	75%
	更好的工作表现	68%
	其他： 研讨会；获得继续教育学分的演讲者；CMEs 等	
其他类别： 经验、价值、声望、组织工作	获得灵感/被激励/充电	66%
	活动口碑	68%
	其他： 参加会员活动，如分会会议；便捷的地点	

资料来源：《参会者 ROI 手册》，展览业研究中心，2018 年。

隐身在会展活动里的市场情报

表 3-4　参展商在多长时间内完成销售

时　　间	参展商百分比
不到 3 个月	14%
3 至 6 个月	17%
7 至 11 个月	19%
12 至 18 个月	29%
19 个月至 2 年	10%
2 年以上	2%
不知道	9%

资料来源：《美国贸易展览周刊》。

有趣的是，参会者的双重动机（购物和学习）多年来几乎没有变化。

自 2000 年以来，CEIR 一直在监测参加展览会的动机。排名靠前的动机仍然非常相似，大多数专业人士都带着两个目标：购物和学习。长期以来的趋势是：参观和体验新技术和新产品，以及跟踪最新的行业趋势是参展的首要动机。与专家和同行的面对面（F2F）互动也非常重要。（CEIR 2018 年报告）

贸易展行业：展位建议

鉴于贸易展对参会者购买过程的重要性，行业专家专注于为参展商提供建议也就不足为奇了，从某种意义上说，他们可以让潜在客户（参会者）更容易从他们那里购买商品。世界展览专家巴里·西斯金德（Barry Siskind）长期撰写有关如何设计展位以获得最佳效果、如何管理展位以增加销售机会，甚至如何培训展位工作人员提出正确问题的文章。我鼓励有兴趣最大化贸易展投资回报率的读者阅读巴里的书籍或文章，巴里的建议非常适合情报领域，以至于巴里和我举办了几次"贸易展：展位内外"主题的研讨会。

巴里写到需要对那些走进展位的人进行分析，并对他们做出适当的回应。一些参观展位的人并不是真的有兴趣购买，有的可能是想了解你的信息的竞争对手，有的可能只是对你的赠品感兴趣，还有的实际上是潜在客户。如果是这样，

第三章 现场情报的变迁

需要快速识别这些潜在线索，并有效地推动购买进程。巴里在如何快速确定参观展位的人的目的、并与他们适当地打交道方面有很好的建议，他甚至还提供了如何最佳地根据参会者的年龄接触他们的建议：

参展商需要知道，接近 X 世代的方式与接近婴儿潮一代的方式不同。X 世代喜欢上网，他们去贸易展前已经了解过会展上的参展商，阅读过评论，并在推特、脸书等平台上询问过是否有人知道他们。我看到很多公司不再谈论产品和服务，而是更多地将贸易展作为一种工具，让客户一起讨论对双方都有益的问题和解决方案，而不仅仅是推销。

巴里还就如何在展位上向参会者提出正确问题，以增加销售的可能性提供了合理的建议。在参展商在线（Exhibitor Online）上，巴里回答了一个参展商提出的问题：

我们公司的展位工作人员非常了解产品和公司，但当他们在展位上与陌生人开启对话时，他们完全说不出话来。

他们应该问什么问题才能开启对话？

巴里回答说：

不要问会引出推销行话的问题；不要问你不想要或不在乎答案的问题；不要问你自己也不知道如何回答的问题；从共同点开始；为参会者提供轻松的对话方式；以他们为中心。

我建议读者下载这篇文章，并研究这些建议中的每一个的细节。

从情报的角度来看，巴里的建议和贸易展行业的其他建议是：

1. 在贸易展之前，对将要来参观展位的人构建客户画像。

2. 在贸易展之前，根据确定的客户画像资料，为你的展位工作人员制定应对策略，这需要持续地进行。

3. 在贸易展之前，对所有将在展位上工作的人员进行面谈技巧培训（如何提出正确的问题）。

隐身在会展活动里的市场情报

竞争情报行业：展位建议

在2015年10—12月的《竞争情报杂志》上，我和简娜·塞迪维（Jana Sedivy）写了关于客户旅程和旅程地图的文章，产品/服务的实际购买只是客户旅程中的一个步骤。销售专家谈论销售周期，客户旅程专家也同样谈论周期，但这个周期在实际购买后仍持续很长时间。

客户旅程分为四个阶段：（1）遇到问题/寻找机会；（2）寻找解决问题/机会的方案；（3）熟悉产品（在他们购买之后、开始使用之前）；（4）持续使用。糟糕的熟悉产品体验和持续使用体验将影响后续购买。表3-5图形化地展示了旅程地图。请从销售的角度思考这个问题。根据展览业研究中心的报告，去贸易展购物的参会者中有36%已经经历了第一阶段（遇到问题/寻找机会）。他们很可能已经进入第二阶段（寻找解决问题/机会的方案），并且根据与你或你的竞争对手打交道的体验，在第三和第四阶段（熟悉产品和持续使用）有了倾向性，这将决定他们在整体关系方面对潜在供应商的期望。

去贸易展购物的参会者中有64%可能会在贸易展结束后购买，对于他们来说，他们正在客户旅程中的某个阶段；你与他们接触的方式以及你在展位上告诉他们的内容将影响他们与你在客户旅程中走多远。显然，这证实了之前的建议，即需要对进入展位的人进行用户画像。这也是获取参观你展位的参会者的正确信息对于展后跟进至关重要的一点，它可能会带来高潜力的销售机会，或者相反，导致客户流失。

通常，客户旅程中有许多现场情报机会，以下内容摘自我与简娜的文章。

- 遇到问题/寻找机会。当客户或潜在客户在你的展位或你在他们的展位时，从他们那里获取有关他们未来计划的信息。
- 寻找解决问题/机会的方案。贸易展是个好地方，既可以识别客户和潜在客户、寻找问题/机会的解决方案、了解更多关于他们正在经历的阶段，又可以与他们交谈过的专家/朋友（在社交媒体上写的人）谈论他们对你和你的竞争对手的看法。

表 3-5 客户旅程地图示例

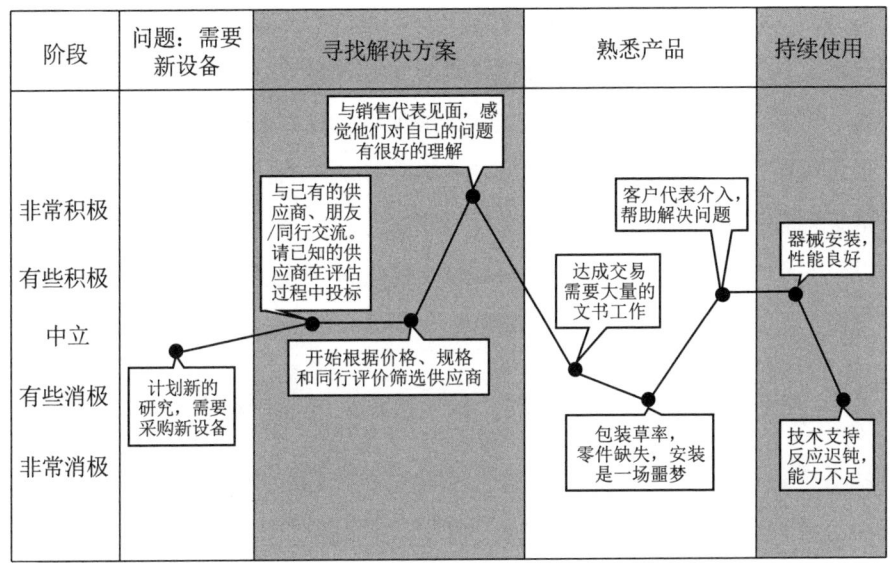

- **熟悉产品**。在贸易展上，你的客户可以告诉你他们对你的机构以及竞争对手的购买流程的体验。这可以帮助你改进流程，或者至少你会发现你需要再做些什么来满足客户/潜在客户。
- **持续使用**。在贸易展上与现有客户交谈，询问他们在持续使用时的最佳体验和最糟糕的体验。这也是情感分析和词云图软件的重要性所在，因为这些分析工具可以帮助你理解客户在说什么。

竞争情报：展位建议——与客户交谈

以上建议指出，展位人员有很大的责任在展位上与顾客交谈，以确定他们是谁以及他们处于购买过程的哪个阶段。但竞争情报给展位人员如何增加销售提供了更多的建议。

2018年7月13日的一篇题为《参加贸易展的七大理由》的贸易展文章中列出：原因1：识别销售和潜在机会；原因7：倾听客户反馈。到目前为止，所提供的建议都对原因1（识别销售和潜在机会）有所帮助。对于原因7（倾听客户

隐身在会展活动里的市场情报

反馈）的建议能够帮助理解并有希望改善客户旅程。

与客户交谈还有另一个原因。即为了帮助你的机构销售额更高，该技术称为输赢分析。贸易展，尤其是你的展位，是一个与已经购买的客户（赢）和拒绝购买的客户（输）交谈的好地方。这是你了解他们为什么那样做的机会，是一个倾听（强调倾听而不是争论、解释等）现有客户和流失客户的好机会，因为他们会解释他们对你的机构、你的产品/服务、他们的体验等看法。寻找对话中的高频词，以及它们与什么相关。这也使对展位上所说的话进行词云图和情感分析变得至关重要。记住，你在那里是为了倾听和学习。

竞争情报：展位建议——展前、展中和展后的客户概况

我希望以上所有关于分析客户（现有客户、潜在客户、去你展位的客户）的销售相关建议都能告诉你这个步骤多么重要。但是这样的资料有哪些内容？你需要收集什么资料才能提高销售的可能性？

幸运的是，竞争情报给了你一些建议。本文已经提到需要知道客户在旅程中的位置，他们过去与你、与竞争对手、与其他人的经验等，以及他们的痛点。我喜欢 SCIP 前任首席执行官楠·巴尔杰对竞争情报的定义，她将客户置于情报工作的中心。这是为了让其更有竞争力、更满意，你围绕他们的资料提出的问题会帮助你做到这一点。

然而，要进行销售，不仅需要知道他们在旅程中的位置和痛点，还需要了解机构的购买过程、驱动过程以及如何做出购买决策。我有很多关于对的产品/服务没有被潜在客户购买的故事，仅仅是因为销售话术没有触及机构的购买流程。例如，潜在供应商是否需要获得 ISO 认证？他们是否需要有互补系统来集成客户订购？贸易展为展位人员提供了一个独特的机会，以了解特定客户的机构如何购买产品和服务。

此外，你可能需要考虑另一部分分析——"合格的贸易线索"，我一直对这个说法很感兴趣。这个想法涉及：它是不是合适的客户类型、合适的潜在销售规模等。作为分析的一部分，展位人员需要知道公司在寻找什么样的"好客户"。

Chapter 03

第三章 现场情报的变迁

在我的竞争情报指导计划中提出的比较常见的情报项目之一是找到合适的客户及优先考虑客户和市场。

所有这些都表明,展位人员需要用一个模板来填写那些来他们展位上的人的信息,以帮助确定参会者的资格,找出如何最好地回应他们并帮助确定展后跟进的最合适的方式(包括信息)。如果可能的话,最好已经为那些你已经知道将参加贸易展的参会者、你打算见面的参会者或已经与你一起进入客户旅程的参会者填好了个人资料的要点。

让我给你讲一个关于如何更好地采集和传递个人资料的故事。几年前,我在一个贸易展上想帮助我的客户确定将来要购买的产品。这位客户是行业内有影响力的人,未来要采购数百万美元的设备,我需要为他制定未来十年的采购路线图。我去了一个潜在供应商的展位,向一位非常友善、知识渊博的销售人员问了很多问题。我解释了我去那里的原因——这位客户将在未来十年内购买数百万美元的设备,但需要了解产品的未来发展。她知道的信息很多,我们的沟通非常愉快。我很满意地离开了展位,也很期待她给我的后续信息。

一个月后,我收到了该公司销售人员的电子邮件,但不是我在会展上接触的那个销售人员。电子邮件以友好的介绍开头,指出我参观过他们的展位,并与另一位销售人员交谈过(到目前为止,一切顺利)。销售人员问我现在要买什么,以及他们能如何帮助我。我的回答是,我现在不买,但我在向我的客户建议将来买什么(我已经告诉销售人员了)。我提到这是前瞻性采购计划的一部分。我不得不重复我在展位上所说的一切(这让我不是很高兴)。公司的销售人员回复了另一封电子邮件(坦率地说,这是一封粗鲁的电子邮件),内容表明他对客户、客户需求和购买流程完全不了解。我只想说,这位销售发的邮件的潜台词是我在浪费他的时间。

这次经历并不愉快,我没有得到承诺给我的信息。有了这次经验,我的客户可能永远不会从该参展商那里采购。当然,令人担忧的是,如果他们在销售中都如此糟糕,想象一下他们的售后会有多糟糕。如果展位人员正确地描述了我和我的客户,确定了我(客户)在客户旅程中(在开始时)的位置,就购买流程标准

隐身在会展活动里的市场情报

和参与人员提出了正确的问题,然后将个人资料传递给公司中相应的人员来帮助我们,这一切的不愉快都可以避免。

竞争情报：给展位设计者的建议

这就是我在贸易展管理方面的经验和经历,以及我在会展情报方面的经验。吸引合适的人到你的展位取决于本文中列出的许多因素,但这也需要正确的信息（包括在展位上和展会前、展会期间的社交媒体上）、正确的展位设计,甚至是正确的营销材料。贸易展专家在这一话题上写了很多文章。所以,下次你去看展时,环顾四周,看看哪些是有效的（哪些是无效的）,趋势是什么？与那些展位上你感兴趣的人交谈,与参观你展位的人交谈,询问是什么吸引他们进来的。开发必要的洞察力,以提高将正确客户带到你的展位的可能性。

一个小故事：我曾经带一些公司去日本参加一个贸易展。他们摊位的人流量稀少,他们不知道为什么（我知道为什么）。一天半后,我问他们是否去日本馆看过日本展位,了解当地专家如何在当地市场定位自己和展位的。然后,我让一位当地人员（日本专家）带他们去日本馆,在那里他们了解到,日本在这个行业的品牌和信息传递与他们在北美所习惯的非常不同,展位设计也不一样。这些公司明年将更具竞争力。

结论

根据美国展览业研究中心（2018年）的数据,参加贸易展览的人中有97%是来购物的。虽然只有36%的人会在贸易展上下单,但几乎所有参会者都表示,会展对他们的购买决定至关重要,很多人会在贸易展后从参展商那里购买东西。88%的参会者告诉《美国贸易展览周刊》(*Tradeshow Week*),会展是他们在产品采购和购买过程的重要组成部分。这一切都意味着,会展前的情报是有必要的,这样你就可以在活动中找到最佳的潜在客户。你需要弄清楚参观你的展位的人在他们的客户旅程中的位置,以及如何最好地接近他们。此外,还需要弄清楚如何最好地向参会者及其机构销售。

有些信息可以在贸易展前收集，以便更好地定位贸易展上的潜在客户，有些信息需要在贸易展上收集，以帮助会展后潜在客户的跟进。然而，所有这些都要求在贸易展前进行大量的准备，制定适当的介绍方法、形式，并就如何提出正确的问题对展位人员进行培训。开发合适的系统，以便在贸易展上最大化销售线索，这样你就可以成为 36% 的人之一，在贸易展上实现销售，并生成巨大的线索，从而在贸易展后获得成功的销售。

参考文献

［1］CEIR. Center for Exhibition Industry Research. 2018 Attendee ROI playbook[R]. Dallas: CEIR, 2019.

［2］BEV. Barry Siskind interview[EB/OL]. [2011-12-31］exhibitedge.com/barry-siskind-trade-show.

［3］Calof J, Sedivy J.Customer journeys and journey maps: An exciting concept for intelligence teams and trade show intelligence[J]. Competitive Intelligence Magazine, 2015(4):43-49.

［4］Weiss E.Top 7 reasons to exhibit at trade shows[EB/OL]. [2018-12-31]. http://nimloktradeshowmarketing.com/top-7-reasons-to-exhibit-at-trade-shows.

［5］Hughes M. The Value of conventions and tradeshows today[EB/OL]. [2018-12-31]. https://www.csgcreative.com/host/sets/toolkit/files/The_Value_of_Conventions_and_Tradeshows_Today_TSW.pdf.

（译者：顾洁）

隐身在会展活动里的市场情报

第五节 客户旅程和旅程地图：情报团队和会展情报的令人兴奋的新概念

原文刊载于 Competitive Intelligence Magazine，2015年10—12月，共同作者 Jana Sedivy。

客户旅程是一个令人兴奋的新概念，吸引了很多关注。简娜·塞迪维（Jana Sedivy，本文作者之一）在2015年12月举办了关于这个概念的网络研讨会，有500多人参加。IBM最近发表了两篇关于它的论文（IBM Silverpop 2015；IBM 2015）。在他们的研究中，IBM报告称他们关注的公司计划未来两年内，将旅程的每个阶段的支出平均增加50%（IBM 2015）。咨询公司麦肯锡花了六年多的时间研究消费者的决策过程，连《哈佛商业评论》也已经开始关注客户旅程的概念了（埃德尔曼和桑热，2015）。

什么是客户旅程？IBM Silverpop 做了最好的总结："客户旅程（或买方旅程）包含了用户、潜在客户或客户在考虑产品或服务并成为这些产品和服务的用户时，与公司接触所经历的所有步骤。"所有这些交互构成了客户旅程，其可视化表现形式称为客户旅程地图。客户旅程地图的适当开发和客户旅程（整个体验）的管理与"提高客户和员工满意度、减少客户流失、增加收入、降低成本、改善组织协作和竞争优势"有关（罗森等人，2013）。难怪前面提到的IBM发现他们关注的公司在客户旅程的各个方面都明显地增加了投资。

客户旅程中内在的情报机会非常重要。根据定义，客户旅程是关于了解你的外部环境（客户）的一个重要方面以及他们在成为客户的过程中和作为客户后所做的一切。它是关于向机构提出如何做才能加强这一过程的建议，包括机构内部的变化（所有接触点），以及对可能影响公司外部品牌的信息和意见的管理（这将在后文进行更详细的描述）。这些绝对是与情报相关的挑战。此外，贸易展和其他活动为收集开发、加强和验证地图所需的信息提供了很好的机会，因为这些

第三章　现场情报的变迁

场所是现有客户和潜在客户大量出现的地方,正如前文中提到的,这是他们渴望谈论他们的需求、经验和关注点的地方。

有关客户旅程的详细信息

本文先概述客户旅程。为了帮助情报专业人员围绕理解和绘制客户旅程来规划情报需求,此处提供了更详细的旅程描述。首先要理解的是,在旅程中有几个不同的阶段需要被理解和绘制。

遇到问题 / 寻找机会

人们购买产品或服务是因为他们遇到了问题,他们相信投资于产品或服务就能解决问题。他们在寻找机会或扩大业务时也会寻找新产品或服务。理解是什么触发了寻找解决方案,对于理解驱动购买决策的是什么是至关重要的。在第一个阶段,客户旅程地图绘制者寻找表明客户(当前的或潜在的)正在寻找解决方案的迹象,它与客户明确需求之前知道他们想要什么有关。情报专业人员希望在客户提出需求之前,即在需求被表达出来之前了解他们的需求。因此,理解和绘制客户旅程的第一阶段可能是在竞争中领先的关键。

在贸易展上,涉及从客户或潜在客户那里获得他们未来的计划。去年,本文的作者之一在贸易展上观察了未来设备的发展,以确定未来 5～10 年的潜在购置。

寻找问题 / 机会的解决方案

尽管具体情况因行业和产品而异,但每个购买决定都是从"让我们看看那里有什么"这一步开始的。在这一步,客户经常会遇到他们与你的机构的第一个接触点。他们会访问你的网站,下载一些白皮书,在贸易展上进行询问,与销售代表交谈,并在社交媒体上关注你的机构。在许多 B2B 的生态系统中,这一步骤的关键部分包括客户在他们的专业同事网络中进行询问,这意味着创建客户事务部将在找到潜在客户方面发挥重要作用。在 B2C 行业,广告和社交媒体可能会发挥更突出的作用。

客户或潜在客户正在寻找新产品 / 服务的迹象是什么?他们正在访问通常不

隐身在会展活动里的市场情报

会访问的网站的不同部分，他们问你的问题表明他们正在寻找解决方案（在这两种情况下，分析都是最有用的）。但他们也与机构外部的其他人交谈，并审查或参与有关购置的社交媒体讨论。例如，一家领先的移动电话公司的首席技术官（CTO）在考虑采购新设备（在一亿美元范围内）时，与本文的作者之一说到他们与世界各地其他移动电话公司的CTO的对话，谈论了他们与特定电信设备供应商的经验。

贸易展是一个很好的地方，可以识别客户和潜在客户，寻找问题/机会的解决方案，更多地了解他们正在经历的阶段，也可以与他们交谈过的专家/朋友（在社交媒体上写作的人）谈论他们对你和你的竞争对手的评价。

熟悉产品

一旦客户决定购买你的产品，他们就会通过另一系列的接触点进行购买、收货，然后在他们的机构内集成/使用它。这些接触点涉及销售人员、在线购物车和/或应付账款等，可能涉及收货时的运输和质量控制（以及收到错误的物品和/或物品质量不佳时的挫败感）。客户还要经历一个熟悉产品流程，其中（对于复杂的技术产品）可能涉及安装、测试、培训等。对于消费品，熟悉产品流程通常很简短，但同样重要，因为这是可以产生关键印象的地方。

熟悉产品的接触点涉及客户与机构各个部分的交互，这意味着对于情报专业人员来说，公司内部有许多来源可以为你提供有关客户对熟悉产品流程的反映的信息和见解。在贸易展上，你的客户可以告诉你他们对你的机构及其竞争对手购买流程的体验。

持续使用

一旦客户购买了产品（或服务）并熟悉产品，持续的使用就开始了。产品是否实现了承诺的价值？如果客户遇到困难，是否可以直接与公司一起解决这些问题？与公司的持续互动以及公司的销售人员、高级管理人员和技术人员的定期更新是持续使用的一部分。客户在这个阶段的体验可以决定他们是否会成为客户拥护者或批评者，这将深刻影响刚刚开始购买旅程的其他潜在客户，并可能影响现有客户是否会再次向你购买。

Chapter 03 第三章 现场情报的变迁

回到移动电话公司的例子：该机构的 CTO 和首席采购官谈到了与一家电信供应商的持续关系中存在的问题，并且表示将来不会向该供应商采购。另一位客户谈到与该供应商 CEO 之间使人不安的会面，导致客户质疑该供应商的长期生存能力。在另一个项目中，一位客户告诉本文的作者之一，由于他们过去的关系存在问题，他们拒绝了现有供应商对 5 000 万美元服务请求的投标。

对于会展情报团队来说，从现有客户中识别正在进行中的使用体验应该是相对容易完成的，因为他们会很乐意谈论它，无论是在你的展位上还是在贸易展的其他地方。此外，找出持续使用中的最佳实践应该也是很容易的，只需向客户询问他们在持续使用中的最佳体验。这也是情感分析和词云图软件的重要性所在，因为这些分析工具可以帮助你理解客户在说什么。

绘制和管理旅程

在收集信息并开发与旅程每个阶段相关的情报后，下一步是绘制旅程和每个阶段的客户体验/情绪。他们在每个阶段都经历了哪些步骤？他们的经历是什么？他们遇到了什么问题？他们关注什么？这是绘制旅程所需的情报。图 3-1 显示了 B2B 产品的客户旅程地图，图 3-2 是"客户"与美国医院相关的旅程。这两张地图都是由本文的作者之一绘制的。

这些旅程地图是了解客户的强大工具，因为它突出显示了客户如何在不同阶段发生转变。旅程地图可用于确定可以改进体验的地方。请注意，并非所有客户都经历完全相同的旅程，因此了解旅程中的变化非常重要。从某种意义上说，该地图还可用于帮助"重新规划"客户的旅程。例如，如果旅程的某个外部因素（可能是社交媒体网站）对你的公司不利，那么你可以努力说服客户访问其他社交媒体网站或与其他专家交谈。如果无法做到这一点，则应采取措施提高公司在这些网站上的声誉。

情报从业人员应认识到，客户旅程地图和流程涉及机构的许多方面，因此将它们集成到正在进行的情报工作中至关重要，此外，还有助于扩展情报工作的范围。

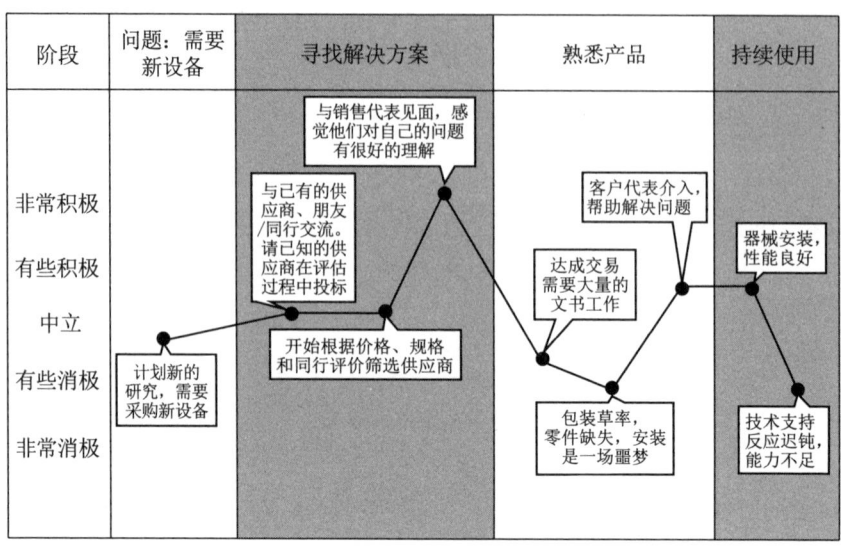

图 3-1　B2B 产品的客户旅程地图

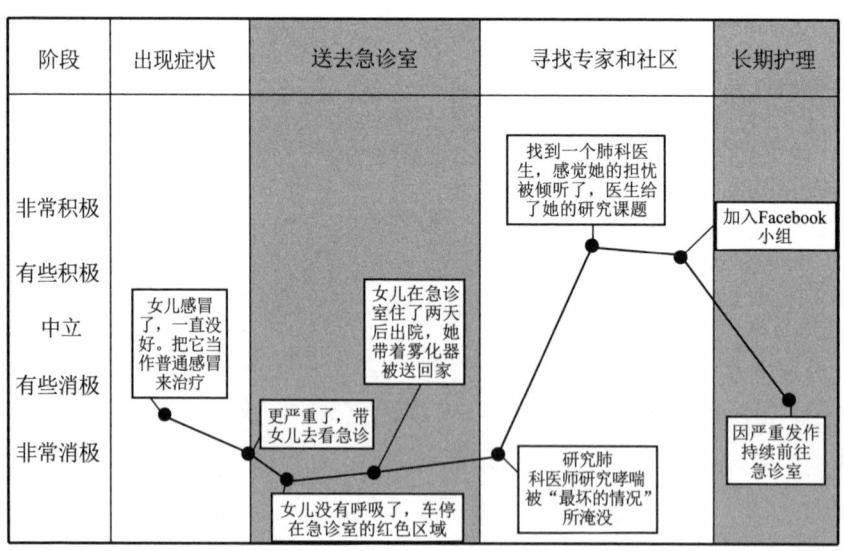

图 3-2　"客户"与美国医院相关的旅程

客户旅程地图实际上是关于情报的，其日益普及为情报从业人员提供了巨大的机会来增强他们在机构中的角色和责任。罗森、邓肯和琼斯（2013）发表

第三章 现场情报的变迁

在《哈佛商业评论》的文章中提到了开发客户地图的挑战，并在没有意识到这一点的情况下，将客户地图明确置于情报从业人员的领域，他们写到这是关于"获取新型信息并以新的方式组合起来"。对于许多公司来说，结合运营、营销、客户和竞争对手的研究数据来了解客户旅程是首次尝试，而且可能是一个漫长的过程。

除了情报专业人员，还有谁知道如何从整个公司获取新型信息？公司里还有谁比情报从业者更注重了解外部环境？那是他们的全职工作。了解有关客户地图的更多信息（下面提供了参考资料），并开始考虑如何使用它们来提高机构的竞争力。以下是给情报从业人员的一些建议：

- 评估客户旅程地图并提出改进建议。
- 如果有外部因素（来自现有客户、过去客户、行业参与者的负面影响）的干扰，想办法改进他们的言论或抵消其影响。
- 使用客户旅程地图来完善你的客户资料，并记住并非每个客户都会经历完全相同的旅程。
- 利用客户旅程公司接触点（即客户与你的公司交互的地方）作为收集信息的机会，以优化客户旅程地图，也可利用这些接触点来收集情报计划所需的其他信息。客户可以在这些接触点上告诉你很多关于竞争对手的信息。
- 确定公司中谁是客户旅程的一部分，以及你的客户和潜在客户在旅程的每个阶段与谁互动（通过本文中你现在可以知道这不仅仅是销售和市场），并确保他们接受过适当的培训，以收集开发客户旅程地图所需的信息，并知道要寻找什么。
- 确定每个阶段要收集的指标、标志和信息——在其他阶段，为客户旅程地图的开发制定机构范围内的情报计划。
- 确保你的机构拥有正确的分析模型，如果需要的话，还可以使用软件来评估客户感到压力、焦虑、烦恼或满意的地方。

隐身在会展活动里的市场情报

参考文献

[1] Edelman D, Singer M. Competing on customer journeys[EB/OL]. [2015-12-31]. https://hbr.org/2015/11/competing-on-customer-journeys.

[2] IBM. Marketing is a buyer experience, not a journey[EB/OL]. [2015-12-31]. http://www.slideshare.net/IBMExpOne/marketing-is-a-buyer-journey-not-a-destinate-cmo-insights-infographic.

[3] IBM Silverpop. Customer journey maps and buyer personas: the modern tool kit for marketing[EB/OL]. [2015-12-31]. http://www.silverpop.com/Documents/Whitepapers/2015/Customer-Journey-Maps- WP-2015-Silverpop.pdf.

[4] Rawson A, Ewan D, Jones C. The truth about customer experience[EB/OL]. [2013-12-31]. https://hbr.org/2013/11/managing-the-complete- customer-journey/.

（译者：顾洁）

第三章 现场情报的变迁

第六节 使情报与机构的创新战略保持一致

原文刊载于 *Competitive Intelligence Magazine*，2016 年 9—11 月。

最近最热门的话题是创新，自 2016 年 4 月以来，我参加了 5 次关于这个话题的活动——一场三友峰会（美国总统、墨西哥总统和加拿大总理的聚会）的活动，三场有小组讨论和主题演讲的小型会议，还有一场是专注于创新的会议。创新不仅是活动中的热门话题，而且创新，尤其是开放式创新（来自公司外部的合作伙伴/来源）也主导着企业的讨论。很多世界上的大型公司，如通用磨坊、宝洁、通用电气、乐高、三星、思科、西班牙电信、可口可乐、微软、壳牌、谷歌、法国 Orange 电信、卡夫、辉瑞和西门子，都积极参与开放式创新计划。例如，宝洁公司设定了一个目标，即 50% 的创新来自开放式创新（来自公司外部）。

创新、开放式创新和会展情报之间的关系——正如我在过去的许多专栏中所写的那样，贸易展是寻找创新的好地方，是公司展示他们认为创新的东西（例如新产品和服务）的地方，是客户谈论他们想要或会重视的创新的地方，是专家谈论未来创新的地方，是关于举办该主题的学术研讨会/小型研讨会的地方，以及举办其他大量创新活动的地方。在本文中，我将探讨如何借助贸易展和活动来帮助机构的创新计划并推动开放式创新。我提供了五个技巧来帮助你的机构利用会展和活动来推动创新。

我不是唯一一个撰写和谈论贸易展览作为创新之地的人。几年前，《福布斯》有一个由加里·夏皮罗（Gary Shapiro）撰写的专题。加里在《想要创新？去参加贸易展》一文中写道："在我们这个快速互联的世界中，每年贸易展的力量和意义都在不断增加。今天的贸易展远不是过去时代的遗物，它仍然是与美国下一代创新者学习、互动甚至达成协议的首要活动。所以乘坐飞机去参加贸易展，跳出思维定式，接受新思想，并在这一过程中获得一些乐趣。"

隐身在会展活动里的市场情报

通用磨坊（General Mills）也认识到创新与贸易展之间的联系。公司在创建全球创新网络时，要求员工参加世界各地的发明家展览会和贸易展，希望他们能带回新的、创新的想法，甚至贸易展本身也认识到它们在帮助促进开放式创新方面的作用。INPEX贸易展发布了一份题为《贸易展扩大企业获得开放式创新的机会——INPEX发明展上的数千项发明》的新闻稿，新闻稿中提到："对开放式创新感兴趣的公司可以在InventHelp的INPEX会展上获得数以千计的新产品创意，用于制造、营销、分销或授权。"会展本身、公司和媒体正在将贸易展作为开放式创新的来源，贸易展团队也应该考虑这样做。

创新与情报——贸易展链接

柯蒂斯·卡尔森（Curtis Carlson）和威廉·威尔莫特（William Wilmot，2006）在他们的畅销书《创新》中将创新定义为"在市场上创造和传递新客户价值的过程"。对我来说，这意味着只有当外部环境或客户贴上创新标签时，创新才存在。情报可以用来了解市场上的客户需要什么样的创新，可以用于确定机构正在进行的创新是否会被客户视为创新，情报也可用于发现竞争对手正在进行哪些创新。

情报部门是机构中唯一负责理解和预测外部环境中正在发生的事情的部门，这意味着它最适合帮助机构制定创新战略。综合情报部门的任务应当是评估所有被视为创新的想法在多大程度上是真正的创新。我认为贸易展是情报团队/个人判断一个想法是否真正具有创新性的绝佳场所。贸易展将可以认定产品/服务是否具有创新性的客户、可以告诉你他们正在进行哪些创新的竞争对手，以及拥有广泛行业知识的、可以帮助评估一个想法的创新程度的行业专家聚集在一起，这是一个所有来自外部环境的人都关心创新目的的地方，他们都想谈论创新。

贸易展创新情报提示1

将你的机构的所有创新想法带到贸易展/活动中，以确定哪些是真正的创新。

开放创新与情报——贸易展链接

2003年，亨利·切萨布鲁夫（Henry Chesbrough）以"并非所有聪明人都为

第三章 现场情报的变迁

你工作"这句常被引用的话开启了开放式创新运动。这句话的完整版本是:"开放式创新从根本上是在一个知识丰富的世界里进行的,不是所有聪明的人都为你工作,所以你最好找到他们,与他们建立联系,并在他们能做的基础上发展。"在此之前,创新被视为机构内部独有的职能,由研发部门和其他内部人员提出创意,然后由机构内部决定,哪些创意可以发展,哪些创意可以商业化。

开放式创新意味着向机构外部的"聪明人"开放整个创新过程。可口可乐的首席采购官罗恩·路易斯(Ron Lewis)总结了开放式创新及其重要性:"我们的目标是成为业内创新的佼佼者,我们将通过开放式网络达成这一目标。因为这种创新很可能来自可口可乐研发部门以外的部门,我们希望在外部创新和内部业务建立关联的工作上面做到最好。"(沃森,2012)。在机构外部寻找创意并建立联系,无疑是开放式创新的目标,也是竞争情报可以发挥作用的领域。

至于贸易展和开放式创新,贸易展提供了空间和时机,将行业中所有聪明人聚集在一起,因此贸易展将成为开放式创新计划的主要场所是有道理的。难怪在通用磨坊(General Mills)的开放式创新战略下,员工被要求参加贸易展寻找可以帮助通用磨坊变得更加创新的人和想法。

贸易展创新情报提示 2

利用贸易展发现"聪明人"(你希望与你的机构合作进行创新的人)和"聪明的想法"。

需要什么样的创新情报?

第 1 部分:创新类型

阅读本文的许多人会将创新的概念与开发新产品或新服务的想法联系起来。可以肯定的是,这是一个非常重要的创新的焦点,因此贸易展是寻找新产品或新服务创意的好地方。在贸易展上,你可以与客户讨论他们认为的创新之处,也可以看到竞争对手展示的创新产品和服务,你甚至可以询问参加活动的人他们期望或希望在未来看到哪些创新产品和服务。

隐身在会展活动里的市场情报

多年来，专家们已经扩大了创新的概念，使其不仅限于新产品和新服务；他们确定了创新的几个不同方面。经济合作与发展组织认为："创新远远不止于研发。"他们提出了四种创新："产品创新，一种全新的或显著改进的产品或服务；流程创新，一种新的或显著改进的生产或交付方法；营销创新，涉及对产品设计或包装、产品植入、产品促销或定价等方面进行重大改变的新营销方法；组织创新，一种新的商业实践、工作场所组织或外部关系的组织方法。"

基利（Keeley）等人（2013）在《创新十型》一书中进一步扩大了这一概念，他们确定了10类创新，并将其进一步细分为三大类：

- **配置创新**。盈利模式：如何赚钱。网络：你如何与他人联系以创造价值。结构：你如何组织和调整你的人员和资源以创造价值。流程：你如何使用更好的方法来完成你的工作。
- **产品创新**。产品性能：区分产品、服务、功能和特性（称之为旧的创新观）。产品体系：创造互补的产品或服务。
- **体验创新**。服务：支持你的产品/服务的价值。渠道：你如何向客户和用户交付产品/服务（包括交付它们的地理区域）。品牌：你如何展示你的产品/服务/业务。客户参与：你如何与客户建立更好的互动（请参阅我关于"客户旅程"的专栏以了解更多信息）。

基利等人的这本书是情报专业人士的好读物，因为它可以让他们掌握创新的广度，图3-3是很有用的总结。

贸易展可用于在每个领域寻找创新想法。如果组织得当，活动情报团队可以将贸易展作为与客户、竞争对手和行业专家交谈的机会，以找出每个领域的想法。但首先，情报团队需要确定他们的机构想要开发创意的创新领域。

贸易展创新情报提示3

创新有许多种类型。确定对你的机构最重要的类别或类型，并围绕每个主题制定出在贸易展上执行的情报主题。请记住，这不仅仅是关于研发和新产品/服务。

第三章　现场情报的变迁　03

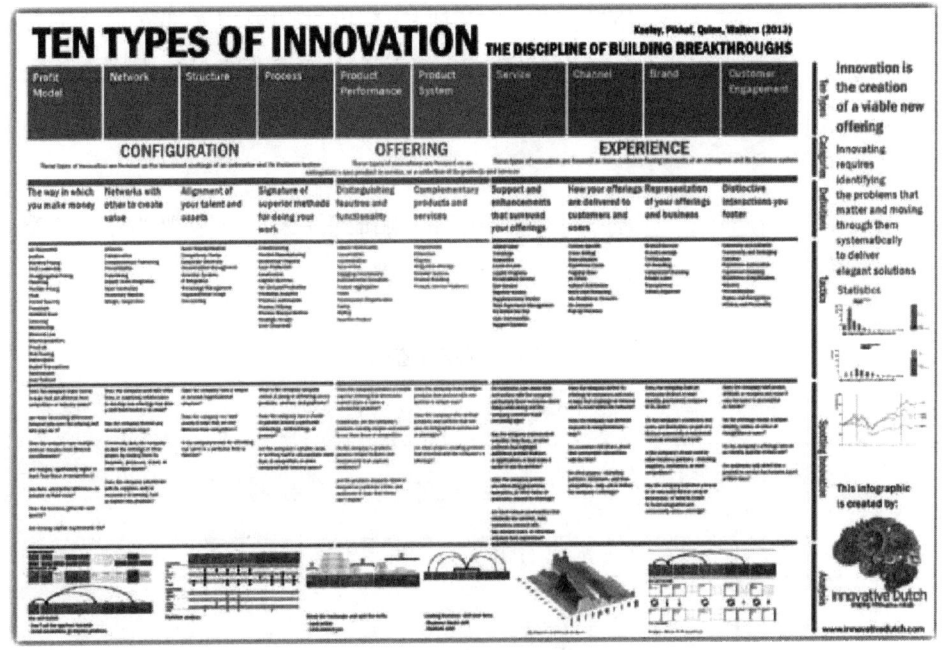

图 3-3　十种创新

需要什么样的创新情报？

第 2 部分：创新价值链

创新价值链（Innovation Value Chain，IVC）（参见表 3-6）描述了开发创新理念并将其转化为实践所需采取的不同步骤。虽然大多数人将创新的概念与产生的想法联系在一起，但 IVC 指出，还需要采取几个额外的步骤。

创意的产生是非常重要的，但是在所有的创新创意产生之后，机构还需要决定哪些在 IVC 的创意产生阶段确定的创意应该被选择，以做进一步考虑。选择过程包括筛选，在某些情况下还包括初始资金。选择之后，可以对那些被认为有价值的想法进行开发活动。这两个活动——选择和开发，一起被称为 IVC 的转换阶段。IVC 的最后一个阶段是传播，即识别那些将从开发转向生产的创新想法，并最终将这些想法转移到整个机构或市场（商业化活动）所涉及的过程。

表 3-6 从开放式创新和旧的、封闭的内部模型的角度展示了 IVC。通过开放

隐身在会展活动里的市场情报

式创新方法,机构可以在 IVC 的每个阶段向组织内部和组织外部人员寻求想法和帮助。例如,宝洁公司制定了一项政策,"如果内部企业在三年内没有使用该创意,则将向外部公司甚至直接竞争对手提供源自其实验室的任何创意"(切萨布鲁夫,2003)。

因此,如前所述,宝洁公司希望 50% 的创新想法来自其组织外部(创意生成),同时它也对外部开放资源以进行转换和传播:

表 3-6　创新价值链

	创意产生			转换		传播
	内部	跨部门	外部	筛选	开发	传播
	部门内部的创意	跨部门的交叉合作	公司外部各方合作	筛选和初始资金	从想法到初步成果的发展运动	在组织中传播
关键问题	我们部门的人能自己创造好的创意吗?	我们是否通过跨部门工作来创造好的创意?	我们是否从公司外部获得了足够多的好创意?	我们擅长筛选和资助新创意吗?	我们是否擅长将创意转化为可行的产品、业务和最佳实践?	我们是否善于在整个公司传播成熟的创意?
关键绩效指标	一个部门内产生的高质量创意的数量	跨部门产生的高质量创意数量	从公司外部产生的高质量创意的数量	产生的所有创意最终被选中并资助的百分比	获得资助的创意最终带来收入的比例;首次销售开始累计的月数	在目标市场、渠道、客户群中的传播比例;完全传播的月数

资料来源:汉森和伯肯肖,2007,《哈佛商业评论》。

现在有许多公司转向外部人员和机构来获取 IVC 的每个要素的例子,甚至筛选和初始资金也成功地交给了机构外部的人。自切萨布鲁夫 2003 年的开创性著作《开放式创新》出版以来,我们已了解到 IVC 的每个阶段都可以以开放的方式成功执行。然而,考虑到这一过程的外部导向,情报是完成这一工作的关键，难怪许多采用开放式创新战略的机构具有必要的预见或情报能力。

IVC 对情报的影响是双重的。首先，从总体上看情报和 IVC，意味着开发所需的情报以帮助你的机构在 IVC 的每个阶段做出正确的决策。对于开放式创新，需要情报来帮助确定合适的合作伙伴或外部组织，以便你的机构在 IVC 的每个阶段（或 IVC 中将使用开放式创新的部分）与之合作。对于贸易展，要考虑情报团队如何通过适当的访谈和启发技巧，有效地与客户和活动中的其他人合作，帮助创意的产生、转化和传播。然后，还要考虑情报团队如何利用贸易展来确定潜在的机构和人员，以便与他们合作，共同推进创意的产生、转化和传播。

前面提到的宝洁公司的例子中，来自宝洁部门的情报团队已经对创新产品想法进行了三年的研究，他们将寻求合适的推广 / 开发合作伙伴。贸易展上有很多成功地将产品和服务推向市场的机构，可以为此目的与它们接洽。

贸易展创新情报提示 4

利用 IVC 来确定机构的每个创新想法所处的阶段。对于每个创新理念，确定决策所需的情报需求，即创新理念是否应该进入价值链的下一阶段，然后看看贸易展如何提供帮助做出该决定所需的信息。

贸易展创新情报提示 5

对于机构打算通过开放式创新发展的每一个创新想法，可利用贸易展来识别 / 找到合适的合作伙伴 / 人员。

参考文献

[1] Basulto D. General Mills embraces open innovation[EB/OL]. [2015-12-31]. http://bigthink.com/endless-innovation/general-mills-embraces-open-innovation.

[2] Carlson C, William W.Innovation: the five disciplines for creating what customers want[M]. New York: Random House, 2006.

[3] Chesbrough H. Open innovation: the new imperative for creating and profiting from technology[M]. Boston: Harvard Business School Press, 2003.

[4] Hansen M, Birknshaw J. The innovation value chain[EB/OL]. [2007-12-31].

http://www.prweb.com/releases/INPEX/InventHelp/prweb905814.htm.

［5］PRWeb. INPEX[EB/OL]. [2010-12-31]. http://www.prweb.com/releases/INPEX/InventHelp/prweb905814.htm.

［6］Keeley L, Walters H, Pikkel R, et al. Ten types of innovation: the discipline of building breakthroughs[M]. New Jersey: Wiley, 2013.

［7］OECD. Organisation for economic cooperation and development[EB/OL]. [2015-12-31]. https://www.oecd.org/site/innovationstrategy/defininginnovation.htm.

［8］Shapiro G. Want innovation? go to a trade show[EB/OL]. [2012-12-31]. http://www.forbes.com/sites/garyshapiro/2012/01/04/want-innovation-go-to-a-tradeshow/#915b3cd4a084.

［9］Watson E. Coca-Cola: open innovation & avoiding 'Kodak Moments' [EB/OL]. [2012-12-31]. http://www.foodnavigator-usa.com/Manufacturers/Coca-Cola-on-thinking-like-a-start-up-open-innovation-and-avoiding-Kodak-moments.

（译者：顾洁）

第三章　现场情报的变迁

第七节　商业分析、大数据与贸易展

原文刊载于 *Competitive Intelligence Magazine*，2015 年 1—3 月，共同作者 Greg Richards。

在本期的"现场情报"专栏中，我与格雷格·理查兹一起探讨了贸易展中商业分析的潜力。格雷格和我是渥太华大学特尔弗管理学院的商业分析和绩效管理小组的组长，我们一直在探索商业分析在各个领域的作用，最近出于各种原因，我一直在思考商业分析、大数据和贸易展之间的关系。

1. 贸易展已成为大数据

我看到贸易展和活动中提供的信息种类呈爆炸式增长。20 世纪 70 年代，我参加贸易展时，主要收集二手信息（在展位上捡到的小册子之类）、名片和交谈时做的笔记。近年来，我开始意识到现场的图片和视频（在允许或提供的情况下）、研讨会和主题演讲的录音、会议海报副本等的好处。

五年前，我认识到活动的另一个信息来源——在展位进行录音，经过连夜转录和分析后，在第二天早上提供分析结果，供当天行动使用。从那时起，其他信息来源也被添加进来，包括推特和其他社交媒体，来自条形码扫描、电子标签的出席情况追踪等信息。所以，现在有很多信息，有些信息是结构化的，有些则不是，但这些信息的数量在过去几年急剧增长，因此有更多机会了解客户需求、竞争对手计划、技术趋势，等等。

2. 大数据和分析是现在贸易展的主流

现在有越来越多关于大数据和商业分析的贸易展文章（不是现场情报，而是贸易展本身）。展览和活动营销商协会和首席营销官协会在 2013 年底对首席营销官进行的一项研究表明，73% 的受访者希望在参展商报告中增加对参会者的分析和洞察。该研究指出："很明显，营销人员正在为他们的活动投资寻找增值部分，以提供洞察力、衡量和分析，并与他们最有价值的潜在客户和现有客户进行更深入的互动"（CMO，2013）。但这不是第一篇（也不是最后一篇）关于商业分析、

大数据和贸易展的文章。罗杰·路易斯（Roger Lewis）在撰写有关2012年贸易展趋势的文章时，指出了两种分析趋势：

• "数据"和"分析"将成为2012年的关键词，平台开发人员会进一步细化情报活动的概念——通过全面的方法分析来自调查问卷、移动活动指南、社交媒体、参会者行为（通过电子标签）和注册的所有数据，以了解参与者的兴趣和偏好。

• 可视化报告和智能分析报告。在活动过程中从多个来源提取的数据将变得更加直观和实时可用，策划者可以在活动开展时对其进行更改。借助标准化的决策工具，会议结束后的规划在未来12个月内变得更加容易（路易斯，2012）。

随着贸易展上可获取的数据越来越多，使用这些数据、帮助公司最大程度地提高贸易展投资回报率的文章越来越多也就不足为奇了。

3. 大数据分析软件/工具和能力的增长

不仅仅是数据在增长，处理结构化和非结构化数据的工具的开发也是如此。人们认识到，大多数大数据实际上都是非结构化形式，例如推文、图像和声音。让我们讨论三组基本工具：数据处理、数据转换和数据分析。我们知道的是，非结构化数据需要强大的处理能力来获取、存储和分析。文件聚类方法（如Hadoop）的进步让机构处理数据的速度相比过去使用传统数据管理工具快了10倍。数据转换也已通过改变数据库结构得到解决。此处无须赘述，我们可以得出结论，非结构化数据的数据处理和存储在技术上不会成为贸易展信息分析的障碍。

4. 分析工具得到加强

对于分析，许多已经存在多年的工具都得到了升级，可以处理结构化数据（定量数据，如不同展位的参会者人数）和非结构化数据（如个人评论）。如今，标准的统计工具如IBM SPSS Modeller、SAS analytics能够对文本和数字进行分析。此外，也可以使用仅专注于文本的专用工具。然而，重要的是要理解，仅仅"看描述"（即描述人们在说什么或有多少人参观了一个展位）很有趣，但不足以为机构带来益处。分析的真正力量在于，管理人员可以更好地识别，例如哪些参会者更有可能购买，从而帮助公司节约时间和金钱，同时取得更好的结果。此

第三章 现场情报的变迁

外,如果对贸易展参与者的评论进行适当分析,可能推动产品/服务的改进或新产品的开发。最终,商业分析与贸易展数据相结合,应该能够为公司增加收入、控制成本或产生新的产品或服务创意。

分析和大数据在活动中发挥作用的案例

情绪分析和词云图帮助你了解展位上发生的事情

整个贸易展期间,公司员工和客户(以及其他人)之间在展位上进行了数千次对话。但是你如何理解这些对话呢?你如何有效地挖掘它们以获得客户洞察?一个典型的方法是在一天(或贸易展)结束时询问展位工作人员他们听到了什么,或者定期采访展位工作人员。今天,通过分析系统对所有信息进行收集、分析并开发客户洞察成为可能。以下是从最近的客户对话中摘录的示例。

经客户同意,对对话进行了录音。例如,客户对话包括产品需求、关于公司本身的讨论、体验等。第一步,所有收集到的信息都通过免费的在线情绪分析工具进行分析(见图3-4中的结果),对话产生的情绪得分为26.8,表明对该公司及其产品有一些积极的看法。

图3-4　乔纳森·卡洛夫使用 Daniel Soper 的免费在线情感分析器对客户访谈进行的情感分析

隐身在会展活动里的市场情报

使用词云图进行的更深入分析显示,人们对公司的技术和与客户一起工作的公司人员(注意字体较大的词,"技术"和"人")有强烈感受(词越大,被提及的次数越多)。但更大、更常被提及的是"客户"一词。对"客户"一词的词语和概念的研究显示,客户越来越担心他们被视为理所当然。

从情绪分析和词云图中获得的洞见是很清楚的:虽然客户对公司提供的技术和与他们打交道的人的素质印象深刻,但越来越关注公司对他们的态度,这可能是导致客户情绪变差的原因。通过这种方式分析所有对话,可以获得很多有价值的见解。

图 3-5　来自 Worldle 的词云图,取自客户访谈

追踪社交媒体——来自消费电子展的一个例子

从对话中挖掘信息是分析和贸易展应用的一个例子。另一个例子是在活动期

第三章 现场情报的变迁

间使用社交媒体分析。脸书、推特和其他社交媒体已成为活动策略的重要组成部分。无论是活动组织者自身、参与者、媒体，还是活动中的其他人，社交媒体的输出量都在增长，开发市场、客户、竞争对手等洞察的能力也在增强。凯文·夏夫利（Kevin Shively）在他的博客中写了很多关于 2013 年消费电子展（Consumer Electronics Show，CES）的内容，包括活动期间提到的关键趋势（图 3-6）和推特上的品牌（图 3-7）。博客上有更多的图表和分析，建议读者阅读凯文关于 CES 的文章和 Tdadmin 关于营销人员可以从 CES 中学到什么的博客文章。

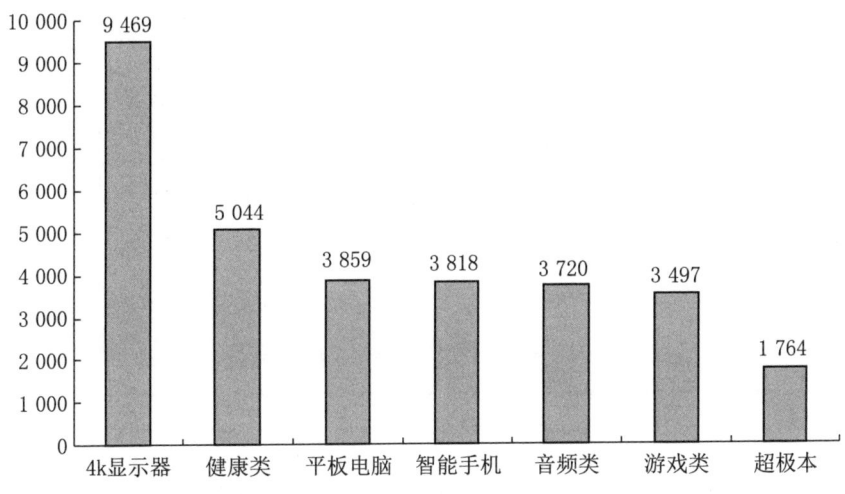

图 3-6　消费电子展（CES）上提及的主要趋势（夏夫利，2013）

以下是我们的一些观察：

1. 情报部门通过分析每天的主要趋势，可以重新关注活动的重点。此外，如果我们战略的一部分是与我们公司相关的趋势的"讨论"，那么这就提供了对这种类型的项目的影响的实时分析以及采取纠正措施的可能性（例如，如果我们想要谈论的是关键趋势推文中未提及的内容）。

2. 分析可以比简单的推文数量统计（我们的主题是否被提及？我们是否被提及？）更深入，包括对社交媒体讨论的来源和关注程度（影响指标）的分析。事实上，泰德曼（Tdadmin，2013）写过关于利用有影响力的人来"引起轰动"的文章。

科技品牌	CES推文总占比	第4天CES推文占比	第3天CES推文占比	第2天CES推文占比	第1天CES推文占比	当天CES推文占比
三星	7%	5%	6%	7%	5%	11%
惠普	4%	10%	6%	5%	1%	1%
索尼	4%	2%	2%	2%	5%	7%
英特尔	3%	2%	2%	2%	3%	4%
奥迪	2%	2%	3%	3%	2%	2%
松下	2%	1%	1%	2%	3%	2%
高通	2%	1%	1%	1%	2%	4%
LG	2%	1%	1%	1%	1%	3%
联想	1%	1%	1%	1%	1%	2%
英伟达	1%	1%	0%	1%	1%	4%
谷歌	1%	1%	1%	1%	1%	2%
夏普	1%	1%	1%	1%	1%	2%
ARM	1%	1%	1%	1%	1%	1%
苹果	1%	1%	1%	1%	1%	1%
华为	1%	0%	0%	1%	1%	1%
福特	1%	0%	0%	0%	1%	1%
威瑞森	1%	0%	0%	1%	1%	1%
雷蛇	1%	1%	1%	1%	1%	0%
思科	0%	0%	0%	0%	0%	1%
华硕	0%	0%	0%	0%	1%	1%
宝丽来	0%	0%	0%	0%	1%	0%
戴尔	0%	0%	0%	0%	0%	0%
瑞轩	0%	0%	0%	0%	0%	1%
斯普林特	0%	0%	0%	1%	0%	0%
阿尔卡特	0%	0%	0%	0%	0%	1%

图 3-7　消费电子展（CES）推特提及的品牌（夏夫利，2013）

3. 社交媒体也可用于发布活动分析，因为关于活动的讨论发生在活动发生很久之后。

给管理者的建议

本文描述了商业分析、大数据和会展情报如何自然而然地成为合作伙伴。未来，我们将开发更多工具，以帮助 SCIP 会员和其他人利用这种联系所创造的机会。基于读者的起点，我们提供了几个步骤来帮助你制定现场情报大数据分析计划。

1. 确定将收集的数据的商业价值（即增加收入、促进创新等）。考虑目标是获取客户还是留住客户，或者两者的某种组合，要尽可能地对其进行量化。好的客户可以真正帮助产品设计和开发；合理的用户获取和留存策略可以带来多种好处。

2. 确定可用数据的类型（定量的、定性的、两者的结合）。重点是，如果你想收集文本、图像、声音等，这就意味着需要某种类型的分析，因而需要特定的工具和技能集。

3. 确定有助于实现预期商业价值的分析类型。例如，情绪分析可以帮助识别总体趋势，但这是否足以支持对新产品开发的投资？

4. 进行适当的数据收集和分析。这通常是一个挑战：贸易展通常是繁忙的区域，大量信息快速流动。系统化的方法将有助于确保获取并妥善处理正确的数据。

5. 评估、调整和重复。对结果的评估很重要，因为它循环回到第一点：预期的商业成果是什么？基于此评估，可以调整和改进数据获取和分析策略。

参考文献

[1] CMO Council, E2MA. Customer attainment from event engagement[R]. San Jose, CA: CMO Council, 2013.

[2] Lewis R. Tech trends to watch in 2012[EB/OL]. [2012-12-31] http://eventmeasurement411.wordpress.com/2012/01/03/tech-trends-to-watch-in-2012/.

[3] Shively K. CES (Consumer Electronics Show) 2013 by the numbers. How tech trends rise through social media[EB/OL]. [2013-12-31]. http://simplymeasured.com/blog/2013/01/14/ces-2013-by-the-numbers-how-tech-trends-rise-through-social-media/.

[4] Tdadmin. What marketers can learn from CES[EB/OL]. [2013-12-31]. http://blogs.teradata.com/teradata-applications/what-marketers-can-learn-from-ces/.

（译者：顾洁）

隐身在会展活动里的市场情报

第八节　现场情报走向社交网络

原文刊载于 Competitive Intelligence Magazine，2010年7—9月。

我的上一篇专栏文章扩展了现场情报的概念，将其应用于派对和体育赛事。这些场所与会议有几个共同的特点：

人们都在那里。客户、竞争对手、监管机构——所有这些人都拥有开发情报所需的信息。这就是你的外部环境。

人们都想交谈。人们参加活动的目的是交换信息。贸易展是贸易"展示"，而不是贸易"保护"，这一点已经说了很多次了。

他们很放松。嘿，这是一个有趣的环境，人们通常很高兴能离开办公室到那里去。

现在，我还有另一个符合这些标准的地方，在那里你需要有一个现场情报计划和程序：社交网络。因此，本专栏将在线社交网络视为运行有组织活动计划的地方。

贸易展和社交网络类比

前几天，我在看雀巢（Nestle）和卡夫（Kraft）的脸书页面，意识到它们与贸易展的展位非常相似。公司都在向各种目标受众（尤其是脸书的年轻受众）展示他们想要展示的信息。这些观众甚至能够观察和聆听"展位上的对话"（帖子）并"听到"公司如何回应他们。

当我浏览推特，寻找我通常认为是研讨会主题的各种主题时，我意识到阅读"推文"类似于在活动中倾听和提问。每个人都在谈论有针对性的话题，我也可以加入。

关于领英，艾伦·奈勒（Ellen Naylor）写道：

在进行研究或竞争情报（CI）分析时，拥有一个庞大而广泛的网络来与更多

第三章 现场情报的变迁

的人建立联系是有利的。所以我将专注于领英，它是非常大的 B2B 社交网络之一……（邮件 #4，通过社交媒体联系）

这也是人们参加活动的另一个原因：他们都在一个地方时，就可以连接或扩展他们的网络像领英一样。

当我深入研究社交网络时，我也意识到在这些网络中，就像在贸易展上发生的一样，人们喜欢交谈并且非常开放地发表他们的评论。《把绵羊丢在董事会的桌子上》（*Throwing Sheep in the Boardroom*）一书的合著者苏米特拉·杜塔（Soumitra Dutta）表示，社交网络的兴起部分归因于人口结构的转变，即更倾向于开放，以及人们对社群的固有渴望。史蒂夫·邓肯指出：

参与社群活动是加入社交网络服务的极佳理由之一。通过与更多业内人士建立联系和互动，你将接触到各种机会。（《社交网络系统》，刊于《竞争情报杂志》，2006 年 7—8 月号，第 16～20 页）

人们参加会议是为了找到并成为社群的一部分，并接触到机会。与贸易展类似，在线网络的社交性和开放性鼓励在场的每个人交换信息。鉴于会展的所有共同点，社交网站显然属于现场活动类别，应该遵循管理现场情报的相同准则和理念，尤其包括竞争情报的道德准则，因为在社交网站上改变身份和歪曲自己太容易了。

通用的社交网络

作为现场情报的一部分，社交网络为构建网络和收集情报提供了巨大且不断增长的机会。几乎我认识的每个人都是一个或多个流行社交网站的成员——根据脸书截至 2010 年 5 月的数据，该网站拥有 5 亿用户。所以，就像去参加活动一样，每个人肯定都在那里。

不仅社交网络的会员数量在增长，而且越来越多的人将其用于获取竞争情报。全球情报联盟写道，"社交媒体应用程序将越来越多地用于收集和共享市场情报信息"（《市场情报趋势 2015——市场情报的未来》）。所有这些都告诉我们，与贸易展类似，构建网络和收集情报的机会是巨大的。

隐身在会展活动里的市场情报

信息验证

鉴于贸易展与社交网络的相似性，你可以用同样的理由来使用社交网络，就像参加现场情报项目一样。在我的许多文章中，我都强调创建现场情报的优势之一是能够当场轻松验证信息。许多人对社交网络担忧是，任何人都很容易发布错误信息，而且这些信息很难验证。然而，虽然前者是正确的，但后者不是——也就是说可以进行验证。

首先，其他人对发布信息的反应和评论无疑提供了对信息有效性的洞察。其次，你可以使用社交网站上的许多功能进行验证并获得发帖人的背景信息。例如，你可以查看此人过去在社交网站上发布了哪些类型的信息。一些正在开发的软件可以让你识别社交网站上有影响力的人，以及该网络的核心和强度。我在贸易展上遵循同样的流程，观察谁在与谁交谈。

社交网络主题焦点

与贸易展类似，每个社交网站都有自己的主要受众，因此请根据你的个人情报需求选择一个网站。例如，当你比较脸书和领英上的人口统计信息时，就会发现你可以在脸书上从更年轻、可能不太专业的人那里收集信息，而 LinkedIn 面向更年长的专业人士。Quantcast.com 列出了美国用户的以下统计数据：

• 2010 年脸书：13～17 岁（22%）；18～34 岁（42%）；50 岁以上（12%）。收入超过 10 万美元（32%）、研究生（13%）。

• 2010 年领英：50 岁以上（32%）；35～49 岁（38%）。收入超过 10 万美元（39%）、研究生（27%）。

有些专门的社交网站，就像一些专门的贸易展一样。例如，××网站是一个面向未来主义者的社交网站。该网站上，成员能够通过论坛、小组和直接消息传递，就面向未来的主题相互交流和分享信息。有一次，国际组织邀请他们就如何应对金融危机发表意见。该网站代表了社交网络的一个不断增长的领域——专业网站。

第三章 现场情报的变迁

使用此社交网站的人包括为阿斯利康、诺基亚、BP、博世、澳大利亚政府、新加坡政府等工作的人。这些小组使用社交网络信息进行地平线扫描、战略思考、行动计划、网络构建、项目管理、教育、工具、调查、线下活动、趋势警报简报、虚拟援助、侦察网络等。虽然在这个网站上交换信息的权限只限于那些通过严格筛选标准的个人，但任何人都可以在购买订阅后访问该网站并查看信息和讨论。

一些差异

活动和社交网站确实有一些区别。一个主要区别是，与活动不同，访问社交网络信息不限于特定时间，你可以在需要时重新访问网络站点并获取信息。另一个主要区别（一个明显有利于社交网络的区别）是，网站经常提供免费软件来帮助分析社交网站上的大量信息。

例如，巴贝特·本苏桑（Babette Bensoussan）在她 11 月的简讯中谈到了 Boardreader，这是一个专门的搜索引擎，除了涵盖个人讨论组和论坛中的帖子外，还涵盖了脸书讨论、推特消息、微博内容、论坛和视频文件等社交网站。Boardreader 提供了基于数据挖掘的趋势图，你可以查看某个主题在何时获得更多关注或失去关注。

Trendrr 是另一个软件工具，可以跟踪多个社交网络、微博等的社交趋势。它追踪这些网站上关于目标主题和趋势的言论，它还允许通过监视和评估跟踪信息来比较这些趋势。这就像在一个活动中同时倾听所有的对话，并实时分析它们。

除此以外，还有其他工具可用于跟踪特定站点上的信息。例如，推特有推搜索（Tweep Search），它允许你查看谁是发布者的粉丝、谁是朋友。

我的观点

由于社交网站具有许多与活动相同的特征，因此它们是收集信息和开发情报的绝佳场所。基于这些相似之处，你应该将社交网络集成到你的现场情报程序

隐身在会展活动里的市场情报

中,并遵守相同的严格标准。

将社交网络看作是收集和验证信息的地方,人们在想要共享信息时会访问这些网站。越来越多的社交网站提供软件来了解每个网站上发生的数百万个对话。机会是巨大的,你最好是有组织的,就像在其他活动中一样,是时候为社交网络制定现场情报计划了!

(译者:顾洁)

第三章 现场情报的变迁

第九节 社交网络和活动：生活走向数字化

原文刊载于 *Competitive Intelligence Magazine*，2011 年 1—3 月。

SCIP 越来越关注社交网络和情报。全球情报联盟指出，使用社交媒体获取情报将是 2015 年增长最快的趋势之一（全球情报联盟，2015 年）。所以，想象一下，当我看到一篇题为《人们如何在会议期间使用推特》（莱因哈德等人，2010）的学术论文时，我有多感兴趣。该论文基于对五次会议参与者的调查，考察他们是如何在会议上使用微博的。

不久之后，我读到了一篇关于杜塞尔多夫展览公司（德国较大的贸易展览机构之一）为客户提供各种社交网络应用程序作为区分自己的一种方式的博客报告（克莱米，2011）。只要在贸易展上使用推特搜索或在会议上使用社交网络搜索，你就会看到其有数百万次点击量。这是一个热门话题。那么，专家们在社交网络和社交活动方面有什么建议呢？

让我以一个简短的情报故事开始：去咨询专家，然后讨论这一切对情报的影响。

技术会议中推特的例子

不久前，一个技术领域的会议正在进行。其中一位参会者（我的一位客户正在跟踪他，因为他是潜在的关键客户）正在发推文。他每次参加会议，都会在推特上发表实时评论，谈论他觉得令人兴奋的事情，以及这些事情对他公司的影响。

他还请那些在推特上关注他的人就他的推文内容发表见解，包括他们希望他代表他们向专家提出的任何问题。此外，为了在活动中加强人际网络关系，他还对他自己进行了描述，比如他穿着什么、坐在哪里。他也邀请任何想与他进行现场对话的人加入，并且在整个活动中提供了有关其位置的最新信息。我希望我不

隐身在会展活动里的市场情报

必向专栏的读者解释所有这些对情报的影响，这些行动为情报获取提供的机会是非常多的。

会议与推特

我之所以对莱因哈德（Reinhard）的这篇文章感兴趣，是因为这篇文章是一项关于参与者如何在活动中使用推特的调查。它不是来自专家的最佳实践或建议指南，而是对于人们如何在活动中使用推特的洞察，是一个非常有用的集合，对我们这些情报人员来说很有价值。

请记住，推特是一个公共论坛，所有人都可以看到推文。我对参与者在活动期间在互联网上实时发布的公共信息类型很感兴趣。一般来说，参与者都会在活动期间使用推特：

- 接触有相似兴趣的人；
- 获得有价值的社交体验；
- 作为讨论当前主题和交换额外信息的一种方式。

想象一下，情报专业人员从网上提供的这些信息中获得分析机会。这种信息交流还提供了其他潜在的讨论主题。我认为在活动期间，推特的最常用用途是：

- 共享资源（从他人那里获得帮助）；
- 与他人沟通；
- 参与平行讨论（即使是在多个会议期间）；
- 提出机构的问题（从机构中为会议发言人收集问题和想法）。

虽然推特确实提供了分析的机会，但其用途也表明，情报团队可以将社交网络作为其与自己员工进行网络互动的方式，在活动中为情报从业者提供一个提问重要问题的渠道。

活动的网络社交

以上内容介绍了人们如何在活动中使用社交网络（尤其是推特）。其他人也写过关于社交网络在活动中的潜在用途的文章。2008年，一个自称约见播客达人（Meet Podcast Guys）的博客组织在博客上列出了在即将举行的活动中使用推特的六种方式。

- 在活动开始前，安排与志同道合的人会面；
- 提醒参会者有关变化或餐后聚会；
- 跟踪活动的进展。如果你正在参加一个糟糕的分组会议，你就可以浏览推文，看看是否有更好的会议正在进行（会议组织者也应该关注这一点）；
- 在你的演示文稿中，使用它来吸引观众（见上文）；
- 通过推特向观众展示你的会议有多酷，可以通过发布积极的推文吸引更多的人来参加明年的会议；
- 提供实时绩效评估和反馈。

布雷特·邓肯（Brett Duncan）于2011年更新了这份清单，指出了其他对情报从业者有巨大好处的事情：

- 在活动前建立网络；
- 查找注册名单；
- 线下：认识在活动上和你一起发推特的人；
- 促进话题讨论——加入其他人的推文讨论；
- 感谢你在贸易展上遇到的人，在贸易展结束后增加个人交流；
- 活动结束后保持联系。

显然，社交网络的发展已经进入了会展世界，其为情报从业者提供了从社交网络中受益与参与活动的机会——当然，前提是这些活动要以合乎道德的方式进行，没有虚假陈述，并能清楚地识别出对方是谁。换句话说，它必须符合 SCIP 的道德行为准则。

对于那些从事会展行业的人来说，社交网络的兴起及其提高会展体验的潜力并没有消失。例如，德国规模较大的贸易展览公司之一杜塞尔多夫展览公司（Messe Dusseldorf）的员工建立了自己的博客网站。他们还开发了一系列基于网络和社交网络的应用程序，旨在提高参会者的活动效率。瑞恩·克莱姆（Ryan Klemm）在杜塞尔多夫展览公司的博客网站上报道了这些举措（见表3-7）。

隐身在会展活动里的市场情报

表 3-7　杜塞尔多夫展览会网站和社交网络应用程序

> 增值工具能够让客户连接、学习、互动，并随时了解贸易展内发生的一切……可以将 MesseApp 下载到 Apple iPhone、iTouch 或 iPad 上。它具有离线搜索功能，集成了谷歌地图和交互式平面图，能够帮助使用者为贸易展的参观做准备。你可以将有关会展的所有最新信息保存在这个应用程序中，看展时还可以随身携带它。推特也被视为一种互动方式，不仅可以关注有关活动、行业和其他一切基本的、有趣的更新，而且还可以让你以一种有意义的方式与参加会展的其他人联系！
>
> 关注北美杜塞尔多夫展览的推特 http://twitter.com/mdnachicago，或德国杜塞尔多夫 @MD-GmbH in Germany，或我们的贸易展之一，如 #interpack2011，杜塞尔多夫国际线缆与线材展览会 @wiretradefair，国际管材展览会 @tubetradefair，医疗器械展览会 @medicatradefair 等。
>
> 未来，你参观会展的方式可以被追踪，这并不是不可想象的。如果追踪到你正在我们的活动中寻找特定的产品，那么你将会收到一条推文，提醒你在会展的某些地点还有其他类似的产品或其他有趣的公司你还没有参观过。

资料来源：克莱姆，2011。

我希望你们，作为情报专业人士，能够抓住杜塞尔多夫展览公司的这类工具带来的大量情报机会。拥有一个能够根据你的兴趣和你在贸易展上的位置提醒你抓住机会的系统是巨大的情报优势。

鉴于社交网络在活动中的发展和关注度，本专栏中预计会有更多关于社交网络的使用方式以及帮助在活动中更有效地使用社交网络工具方面的更新。

参考文献

[1] Duncan B. Six ways smart people use Twitter lists at events[EB/OL]. [2010-12-31]. http://rinf.com/alt-news/social-media-2/6-ways-smart-people-use-twitter-lists-at-events/9070/.

[2] Global Intelligence Alliance. MI trends for 2015——The future of market intelligence[EB/OL]. [2010-12-31]. www.globalintelligence.com/insights-analysis/white-papers/mi-trends-2015-the-future-of-market-Intelligence.

[3] Klemm R. Social media and the trade show[EB/OL]. [2011-12-31]. http://blog.mdna.com/bid/62033/Social-Media-and-the-Trade-Show.

第三章　现场情报的变迁

［4］Meeting Podcast Guys. Six ways to utilize Twitter at your next conference[EB/OL]. [2008-12-31]. http://grassshackroad.com/6-ways-to-utilize-twitter-at-your-next-conference.

［5］Reinhardt W, Ebner M, Beham G, et al. How people are using Twitter during conferences[J]. Creativity and Innovation Competencies on the Web, 2010(01):145-156.

（译者：顾洁）

隐身在会展活动里的市场情报

第十节　技术和会展情报：能有多数字化？

原文刊载于 *Competitive Intelligence Magazine*，2020 年 4 月。

招募团队成员，通过社交媒体收集和并进行交流

我在过去的几篇专栏文章中探讨了如何使用技术来协助现场情报工作。在 2011 年的"社交网络和活动：生活走向数字化"的专栏中，我写了一篇关于如何使用社交网络工具帮助你为活动做准备和挖掘活动信息的文章。这篇专栏文章举例说明了如何使用推特与参加活动的人联系，以及如何与贸易展团队中的其他成员交流。如果你发现有人在推特上发布活动的亮点和细节，这个专栏就是探讨如何吸引这些人帮助你在贸易展上收集数据——特别是如果他们在推特上发布的是你无法参加的会议。

该活动的 Facebook 页面和许多其他社交媒体资源提供了获取信息和可以在活动中帮助你的人的途径。社交媒体是组织情报团队、扩大团队人数和收集信息的好途径。

活动现场实时分析和软件解决方案

2015 年，我和我的同事兼朋友格雷格·理查兹（Greg Richards）写了一篇题为《商业分析、大数据与贸易展》的文章，并将其发表在《竞争情报杂志》上。在那篇专栏文章中，我们介绍了如何利用技术对活动现场进行实时分析。文章写道："展览和活动营销商协会和首席营销官协会在 2013 年底对首席营销官进行的一项研究表明，73% 的受访者希望在参展商报告中增加对参会者的分析和洞察。该研究指出：'很明显，营销人员正在为他们的活动投资寻找增值部分，这些增值部分可以提供洞察、衡量和分析，并与他们最有价值的潜在客户和现有客户进行更深入的互动'"（CMO，2013）。

第三章 现场情报的变迁

文章展示了如何利用展位上获得的信息，通过词云图和情感分析软件，深入了解客户的需求/愿望、竞争对手的活动和行业趋势。这些类型的软件有些可以免费获得，有些具有附加功能的软件包则需要付费。通过对博主评论的分析，以及对贸易展参与者发布的大量推文的整合和分析，也可以确定贸易展的主要趋势。该专栏展示了一系列软件，这些软件可以帮助现场情报团队从现场收集的信息中获得见解（见图 3-4、图 3-5 和图 3-7）。

通过 SLACK 管理、规划和沟通贸易展情报（TSI）活动

到目前为止，本专栏已经指出了电子工具如何在招聘、信息收集和分析活动中提供帮助。现在，让我们结合计划和交流来完成情报工作。在本专栏的这部分，我将转向我与艾莉丝·诺克尔（Alysse Nockels）的讨论，她是我们受尊敬的 CI 从业者之一，她获得 CI 荣誉会员这一称号就证明了这一点。

为了说明艾莉丝发表的一些评论，我将提到我创建的"虚构的"Slack 门户。以下内容并不意味着就是对 Slack 的认可。CI 专业人员使用的平台还有很多，

图 3-4　乔纳森·卡洛夫使用 Daniel Soper 的免费在线情感分析器
对客户访谈进行的情感分析

隐身在会展活动里的市场情报

图 3-5 来自 Wordle 的词云图，取自客户访谈

科技品牌	CES推文总占比	第4天CES推文占比	第3天CES推文占比	第2天CES推文占比	第1天CES推文占比	当天CES推文占比
三星	7%	5%	6%	7%	5%	11%
惠普	4%	10%	6%	5%	1%	1%
索尼	4%	2%	2%	2%	5%	7%
英特尔	3%	2%	2%	2%	3%	4%
奥迪	2%	2%	3%	3%	2%	2%
松下	2%	1%	1%	2%	3%	2%
高通	2%	1%	1%	1%	2%	4%
LG	2%	1%	1%	1%	1%	3%
联想	1%	1%	1%	1%	1%	2%
英伟达	1%	1%	0%	1%	1%	4%
谷歌	1%	1%	1%	1%	1%	2%
夏普	1%	1%	1%	1%	1%	2%
ARM	1%	1%	1%	1%	1%	1%
苹果	1%	1%	1%	1%	1%	1%
华为	1%	0%	0%	1%	1%	1%
福特	1%	0%	0%	0%	1%	1%
威瑞森	1%	1%	1%	1%	1%	1%
雷蛇	1%	1%	1%	1%	1%	0%
思科	0%	0%	0%	0%	0%	1%
华硕	0%	0%	0%	0%	1%	1%
宝丽来	0%	0%	0%	0%	1%	0%
戴尔	0%	0%	0%	0%	0%	0%
瑞轩	0%	0%	0%	0%	0%	0%
斯普林特	0%	0%	0%	1%	0%	0%
阿尔卡特	0%	0%	0%	0%	0%	1%

图 3-7 消费电子展（CES）推特提及的品牌（夏夫利，2013）

但因为艾莉丝告诉了我她是如何使用 Slack 进行 TSI 工作的，因此 Slack 是我专栏这一部分的重点。

对于那些不熟悉 Slack 的人，我提供了一些关于它的基本信息，包括从他们的网站上获取的信息（在本文末尾表 3-8）。Slack 基本上被设计成一个协作平台，受邀者可以在上面上传材料并相互交流。为了便于说明，我创建了一个 TSI Slack 工作区（图 3-8）。创建这个工作区花了我大约五分钟的时间，非常简单。TSI Slack 工作区有多个上传/阅读材料的频道，供有访问权限的用户使用。这些频道反映了我通常在贸易展上获取的关键情报类型：

- 竞争对手资料洞察（包括 5 个主要竞争对手的资料）；
- 客户资料洞察（点击频道，你会得到每个主要客户在贸易展上填写的表格）；
- 政府/监管洞察；
- 创新洞察；
- 计划和收集（针对现场情报计划的管理元素）；
- 热门话题。最后这个频道是我最喜欢的频道之一，因为无论团队多么专注，每个人都应当对热门话题保持开放。我曾在这个频道中上传过简讯，简讯是关于我参加的一个有很多主要客户和竞争对手的讨论会。事实上，那天晚上，许多参会者都在某个活动中谈论它。

我可以邀请任何我想邀请的人加入工作区。那些被邀请的人可以在所有频道上传/查看材料，或者我可以设置每个用户的频道访问权限。你可能还记得我的专栏"与朋友合作"，在贸易展上有很多人可以帮助你开展情报工作，所以这是一种简单的方法，可以为所有人创造一个空间，让他们输入他们收集的东西。该页面可以是一张简单的白纸，例如"热门话题"频道，人们只需在其中输入他们的评论，或者可以集成调查、个人资料表单等。我甚至可以链接调查猴（Survey Monkey）和其他分析平台。Slack 有很多应用程序。

对于艾莉丝的 TSI 工作区，她选择将每个频道作为一个单独的情报主题。在每个频道中，她都输入了她掌握的有关关键情报课题（KIT）的信息，以及需要什么（需要验证什么，需要什么新信息等）的说明。她公司的员工被要求成为团队的一员（无论他们是否正式成为 CI 的一部分），并为他们擅长的频道做贡献。

考虑到许多员工都会阅读频道中的内容（艾莉丝相信更开放的方式，而不是私人频道），出于安全考虑，并非艾莉丝掌握的所有信息都被放入了 Slack TSI 工作区中。

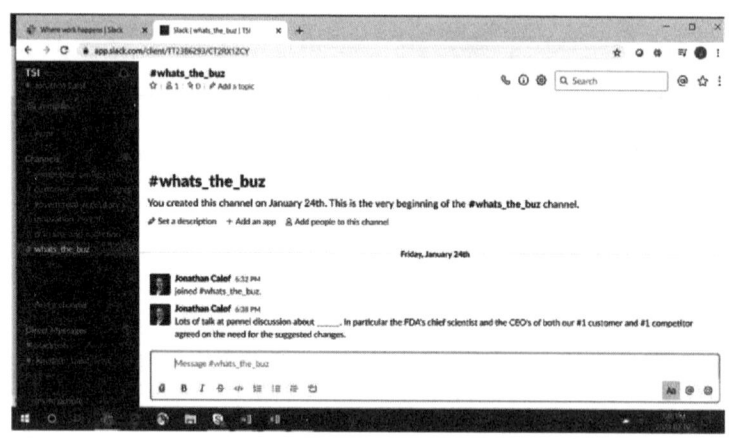

图 3-8　乔纳森·卡洛夫的 TSI Slack 空间

在贸易展上，当艾莉丝的 TSI Slack "团队" 的员工和其他人接触到关键情报课题频道中指定的信息时，他们就会上传这些信息。对于如何上传信息，工作区没有格式规则或要求——它可以是评论、图片、在展位上的文件、录音等。艾莉丝认为关键是要保持简单，这样，无论技术能力如何，任何人都可以做出贡献。这意味着获得信息的人不需要填写表格、也不需要在频道中输入任何结论或见解，只需要简单地输入所需的信息，无论什么格式。频道本身的设计也考虑到了简单性，类似于图 3-8 中 "whats_the_buz" 的内容。

从管理的角度来看，艾莉丝每天早上都会查看频道（每个关键情报课题）中的所有信息，并根据她的评估对信息要求进行更改，包括确定关键情报课题是完整的。通过 Slack 的自动消息传递功能，整个团队都会自动收到任何变动的通知，包括新的要求。当上传新信息时，小组也会得到通知。

第三章 现场情报的变迁

Slack 不仅是一个包含共享文件和信息的协作空间，它还允许发生更改时通知所有成员，并且可以在应用程序内发送消息。

为了让团队参与进来，艾莉丝加入了旨在刺激学习并让人们保持娱乐的有趣内容。我让艾莉丝举了一个例子，她回答说：

在网络安全会议上，竞争对手采取非常规甚至不专业的策略来吸引注意力的情况并不少见。我强调在 Slack 上捕捉这些瞬间，以保持团队的参与度和积极性，并提醒他们在收集过程中保持高道德水准和专业精神。通常，这包括我亲眼所见的照片或恶搞比赛中看到的不良行为的表情包。

对于艾莉丝来说，Slack 主要是一种在贸易展上组织活动的方式，使工作区的成员能够分享他们收集的信息，并与她的团队进行沟通。因为团队有很多非 CI 人员，所以这项工作必须保持简单，并且要对相关人员提供提示/指导。

表 3-8 你的 SLACK 工作区

什么是 Slack？ Slack 工作区由多个频道组成，团队成员可以在其中进行交流和工作。以下是 Slack 的四个关键功能。 **有组织的对话** 在 Slack 中，团队成员可以在频道中发送消息和共享文件，也可以为团队、项目、办公地点或任何其他与你的组织相关的信息创建频道。你可以将不应向所有成员开放的对话的频道设为私有，也可以使用共享频道与组织以外的组织协作。 **可搜索的历史记录** 当消息和文件在公共频道中共享时，信息会在整个 Slack 中流动。你可以在 Slack 中搜索团队的历史对话记录，以查找相关消息、文件、频道和人员。借助 Slack 的可搜索历史记录功能，对话可以成为共有的机构内知识。 **连接的应用** 将应用添加到工作区，将已经在使用的服务或工具连接到 Slack。只要安装了正确的应用程序，就能在 Slack 工作区完成工作。在 Slack 应用程序目录中可以找到数以千计的应用程序来帮助你保持高产出、高效率和有条理的工作状态。 **Slack 通话** 你可以直接在 Slack 上与工作区的任何其他成员进行语音或视频通话，共享你的屏幕，向你的队友展示你在电脑上看到的东西——你甚至可以在屏幕上画画。

资料来源：https://slack.com/intl/en-fr/help/articles/115004071768-What-is-Slack-。

结论

你从贸易展中获得的信息量在持续增长，获得有价值情报的机会也在不断增加。同时，软件也在不断发展，可以在贸易展上帮助我们。无论是分析软件（如情感分析/词云图），还是帮助你理解信息的新兴人工智能软件，还是组织平台（如Slack），CI周期的所有要素都有可以在活动中提供帮助的软件。本期专栏重点介绍了其中的一些，还有更多的TSI电子工具。我们鼓励读者继续学习支持CI的软件，这将帮助你最大程度地利用现场情报机会。也许这可以成为你将来在CI和CI相关贸易展上的关键情报课题，你可以从这些贸易展的CI同行和供应商那里了解CI软件的开发。

参考文献

[1] Calof J. Social networking and events: Life goes digital[J]. Competitive Intelligence Magazine, 2011, 14(1):73-75.

[2] Calof J. Working with friendlies[J]. Competitive Intelligence Magazine, 2019, 24(1).

[3] Calof J, Richards G. Business analytics and big data meets trade shows[J]. Competitive Intelligence Magazine, 2015, 18(1):41-45.

[4] Calof J, Santilli P, Richarsd G. Insight through open intelligence[J]. Competitive Intelligence Magazine, 2017, 20(3):6-19.

（译者：顾洁）

隐身在会展活动里的市场情报

Chapter
第四章
专 题 04

隐身在会展活动里的市场情报

第一节　恰逢一年 CI 好时节

原文刊载于 Competitive Intelligence Magazine，2013 年 10—12 月。

本期《竞争情报杂志》恰逢节日期间——圣诞节、新年和光明节，因此我将重点介绍这一季节提供的现场情报机会。

恰逢一年 CI 好时节，啦啦啦啦啦啦啦啦，抑或是光明节，光明节，烛台点亮，让派对开场，一起来收集数据吧。围拢桌旁，把美味品尝，一起来聊聊天吧，好的见解自会到访。

这是我一年中最喜欢的时光，相信对你们中的许多人来说也是这样。大多数的日子都是欢乐的，到处都是庆祝活动和聚会。我能见到许久未见的人；我们一边交流近况，一边叙旧。我喜欢学习，这也是我能学到很多东西的时候。员工在欢庆的氛围下聚集在一起，客户、供应商和其他人也受邀参加，大家共庆佳节。这也是你，一名情报从业者，受邀参加许多季节性活动的时候（我希望如此）。现在尽情地享受派对吧！不过，正如本专栏文章后面所阐明的那样，这也是竞争情报的黄金时间——以符合职业道德规范的方式进行！

机遇

假日季与贸易展非常相似。有很多人参与，大家都在交谈——毕竟，这是一场派对。但比贸易展更棒的是，你和公司对邀请谁这一问题有发言权。此外，与贸易展不同的是，你不需要考虑安排多少本企业员工参加该活动的问题。我在之前的专栏文章中提到过将具有关键情报课题（KIT）相关背景知识的人带到活动中的案例，因为他们能完全理解相关信息（例如，在从事技术情报工作时，这些人是工程师或科学家；在寻求人力情报来源时，这些人是人力资源专员）。SCIP 会员曾告诉我，预算限制了他们将这些专家带到活动现场的能力，但办公室聚会不同，因为他们本就应该在那里。

第四章 专题

你周围有很多想交谈、提问的人，你有能力邀请更多的人参加聚会。在活动中，友好的人比比皆是，你甚至有机会进一步发展你们公司的信息网络。因此，机会就在于信息的收集和情报项目的开发。

风险

有两个主要风险。
- （最明显的一个）你会因为组织不当而失去机会；
- 你没有以符合职业道德的方式行事。

关于后者，在收集情报过程中利用季节性活动时要非常小心。如果你被认为是在利用他人（尤其是在他们喝酒的情况下）或有意歪曲自己的身份，这实际上会不利于你的情报工作并损害你的信誉和声誉。

在了解了机会和风险的情况下，我提供一些季节性活动的建议。

寻找你在聚会中收集信息的目标。你已经建立了情报主题、情报和信息需求。现在是时候在即将举办的活动背景下审视它们了。

就办公室聚会而言，尽可能提前查看受邀名单并将其与情报需求相匹配。我们都收到过一堆节日聚会的邀请，也知道所有机构都有一张基础名单。查看名单，找到可以为你的情报工作提供帮助的人，并记下他们的名字。

如果可以的话，推荐一些其他你想邀请参加活动的人。这些人可能是关键客户、行业专家或是其他那些对你们机构的关键情报需求有深刻洞察的人。

在机构内部，也有一些人值得与之交谈，他们有与你情报工作相关的重要信息，也记下他们的名字。

这是关键部分：一旦你知道谁将被邀请参加活动（以及那些你能够邀请的人），向他们发送消息，让他们知道你将参加活动并且期待与他们相聚。这为你创造了与他们聚在一起的机会。

目标阶段的最后一步是适当了解那些你想要交谈的人，个人资料中有很多信息。了解一个人的名字和外表，以及他们的好恶，将有助于建立适当的联系。

发展你的现场情报团队和程序。大多数 SCIP 成员来自小型（一人或两人）

隐身在会展活动里的市场情报

竞争情报团队。有了上面确定的这些目标,现在你需要一些帮助。这里有一些小建议。

识别哪些人可能成为你该场活动的潜在盟友。顺便说一句,这是一个很好的机会,可以让其他人参与到你的工作中并发展你所在机构的情报能力。请开始考虑为他们分配特定的访谈目标。关于有效采访,SCIP提供了非常不错的资料,其中关于启发诱导的文献非常有价值。自从约翰·诺兰(John Nolan)将其引入CI社区以来,这种做法已经取得了长足的进步,但最好的访谈往往发生在有很多共同点的人之间,具有相似主题专业知识/观点的人之间,以及来自同一人际网络的人之间。

一旦有人承诺在聚会上做你的小帮手,你就可以和他们一起列出目标并开始分配流程。如果你有一个团队,建议在查找个人资料和联络交谈对象时就请他们来帮忙。

为你的团队成员制定指导方针和行动计划。这是一个节日派对,人们是来娱乐的。在贸易展中你不能浪费宝贵的信息收集时间,但派对不同,你也不希望将本应是一年中最有趣的活动变成一项大型工作任务。你要在行动计划、任务和活动本来的意义之间取得平衡。在贸易展期间,我对团队作出了不喝酒的规定,但在办公室假期聚会上,我们只能说,"恰逢一年欢乐好时节"——当然,要适度。关于指导方针和程序的最后一句话:职业道德是我首要考虑的,所以也要整合到这个阶段中去。

为活动约定"碰头"的时间。在我参加的一次派对中,我建议采访的人一晚上与四分卫指挥官见四次。他们要花时间检查信息收集的进展以及解决当下的问题,如分配给他们的人不肯合作。在后一种情况下,采访工作要被重新分配给团队的另一名成员。最后一次见面是在晚上结束时,旨在回顾团队成员获得的见解和他们收集到的信息。这也提供了汇报和相互学习的机会。我知道大家在活动结束后的晚上很累,但那是聚在一起的最佳时机。

管理其他季节性活动

通常来说,现场情报指的是你或你所在机构的其他人参加活动并利用活动中

的信息收集机会。季节性派对也是如此。看看你是否能找到其他人受邀参加的活动，请他们在那里帮你收集信息。同样，请记住，这些活动的重点是开心和庆祝。确保只要求他们收集几条信息，否则，你不仅会受到你所在机构的抵制，而且可能会因为提出太多问题导致在活动中拉响警报。我发现，对于我所说的"友情支持者"，最好先问他们打算在活动中与谁交谈，然后再问他们是否可以代表你问一两个问题。

"有条理"是竞争情报专业人士的口头禅。充分利用活动的机会。这类特别活动的目的是玩得尽兴，这让我想到了我的最后一条建议——利用这个活动来帮助人们了解CI并把他们纳入你的人际网络。与其利用活动来收集信息（一次性功能），不如考虑利用活动来建立网络。

埃里克·格利特曼（Erik Glitman）在竞争情报基金会的书《会展情报》中的一章中很好地总结了这一点：

一个关键因素是将你的贸易展工作重点放在建立可以在会展结束后长时间提供信息的关系上。通过将贸易展视为一个交流活动和一个收集活动，你可以更有效地收集数据，并减少数据收集的阻力。

回顾一下我在本专栏中给你提的所有建议，与其将它们视作你要为关键情报课题收集的信息，不如听取埃里克·格利特曼的建议并自问：我需要与哪些人建立关系，谁会在现在和将来帮助到我？我想让谁加入我的情报网络？和他们喝一杯。现在，这是一场真正的聚会，也是应用现场情报流程的好方法。它甚至可以对其他季节性活动的管理产生深远的影响，因为现在的目标是结识合适的人并培养你与公司在活动结束后可以利用的关系。这样做，你将唱出"友谊地久天长"（*Auld Lang Syne*）的CI版本：

不应该忘记旧相识，并始终牢记在心；

不应该忘记旧相识，为了CI和友谊天长地久！

度过一个快乐健康的假期，今年你可能会在情报项目上取得很大的成功。

（译者：陈煦）

隐身在会展活动里的市场情报

第二节　以情报的方式为科学会议做好准备

原文刊载于 *Competitive Intelligence Magazine*，2009 年 1—2 月。

我刚从西班牙塞维利亚的"科学"研讨会上回来，该会议为期两天，主题为"面向未来的技术分析（FTA）"。这场活动不是一个有着展位和参观者的贸易展，而是一场标准的两天会议，有 180 名注册代表。一天内有几场五选一的平行会议、所有人一起参加的全体会议、一些主题演讲、四次茶歇、两次研讨会、两次午餐和一次晚宴。活动由前瞻性技术研究所（Institute for Prospective Technical Studies）主办，由欧洲经济联盟（EEU）赞助，汇集了政府领导人、FTA 从业者、企业和实践型学者。

在活动的最后一天，有几位与会者感叹，虽然会议很有趣，但他们并没有从中获得他们需要的东西。我一遍又一遍地听到这个问题："等我回到办公室时，我要如何解释这个问题？"这些人尽职尽责地坐在表面看来似乎与他们兴趣相合的会场，却发现这些演讲实际上并不是他们所期望或需要的。他们也颇感失望：会议即将结束，但他们还没见到那些对他们的 FTA 计划的成功至关重要的人。FTA 会议的大部分参会者都没有浪费时间。尽管塞维利亚很有吸引力，但他们仍参与了整个会议流程。

因为我运用了贸易展情报模型，所以我在 FTA 活动中的体验与他们截然不同，而且效率很高。本专栏将向你展示如何将通用的现场情报模型应用于科学专题的讨论会和会议。

会前准备情况自测

当我在活动中与那些对会议体验有所不满的人交谈时，我自然而然地问到了他们对此次会议的准备情况。在你启动会议的现场情报项目时，请先考虑以下

第四章 专题 04

问题。

你看过会议大纲了吗？

所有参会者的回答都是肯定的。他们看了会议介绍并选择了他们认为能够满足其 FTA 需求的会议和活动。这对现场情报来说是一个很好的答案。

当你浏览大纲时，你是否有一份活动需求清单？

再次，我收到了肯定的答复。所有人都想过他们需要在活动中了解什么来帮他们做得更好。有几个人拿着活动介绍和他们的经理坐下讨论。他们还要求所在机构的其他人一起探讨该活动如何能够满足机构的情报和 FTA 需求。他们甚至确定了他们想在活动期间会见的演讲者。我对他们的准备工作感到满意。他们根据真实的情报需求和他们想见的人员名单制定了参会计划。

你是否在活动之前或活动期间浏览了所有活动前的材料？

他们的标准反应是："你是什么意思？"这就是他们的计划走向失败的转折点。大多数参会者认为他们需要做的就是阅读会议详情介绍。许多人还认为，会议介绍是唯一可用的信息。但在活动之前，所有会议报告和论文都已发布在会议网站上。

为什么这些材料很重要？一位参会人士表示，根据会议的说明，题为"FTA 对政策和决策的使用和影响"的分会题正是他想要了解的，因为他想了解企业和政府利用 FTA 和情报来做出决策和行动的优秀案例。但当他参加会议时，演讲者讲的是从失败中吸取的教训。

审阅在线材料（演示文稿和论文）有助于他提前搞清楚这一点。这位参会者还从中了解到，许多展示 FTA 成功案例的会议会出现在其他分会中。

你是否在活动开始前联系了你想见的人？

与我交谈的人都出现了相同的茫然的表情。"这我怎么做得到？"在会议网站上的论文和演示文稿中，参与者可以获得演讲人的电子邮件地址。此外，就像在 SCIP 会议上一样，所有参会者在研讨会的第一天都会收到一份注册该活动的人员名单以及他们的联络信息。

隐身在会展活动里的市场情报

联络那些你在活动中想打探消息的人非常重要。有时你可以直接从他们那里获得你需要的信息。如果你想与他们见面，请提前与他们联络并安排会面，因为他们在活动中可能没有太多的可自由支配的时间。

你是否和别人分享你的计划？

有几个人回答："我为什么要这样做？"我告诉他们，他们可以提前寻求朋友的帮助，尤其当两个有价值的会议同时进行，或者他们需要朋友引见他人时。幸运的是，会议开始时，一位参会者在交谈时与我分享了她的信息需求。这使我能够安排她与合适的人会面。

在活动中与其他人分享你的信息需求和采访目标可以让你的朋友——那些关心你成功的人——帮你执行计划。像所有热心的加拿大人一样，我渴望帮助他人，并安排了无数次会面。

那么，为什么会有人在活动的最后一天不高兴呢？这是因为，虽然他们认为会议主题符合他们的信息需求，但他们参加的会议几乎没有提供满足此类需求的材料。至于他们想见的人，要么找不到，要么没机会见面。在某些情况下，他们根本不知道谁是合适的人。虽然他们根据会议描述规划了时间，并在一定程度上审阅了材料，但他们做得还不够深入。他们没有看完所有的会前材料。

应用现场情报

现在把他们效果不佳的体验与我作为现场情报从业者的更富有成效的体验进行对比。

这是我第一次参加这个特别的活动。FTA 和情报虽然是相关的，但它们的社群却完全不同。因为我之前只与 180 名参会者中的少数人打过交道，所以这对我来说肯定是一种新的社交体验。

活动前：设定目标

我为这次活动设定了一些非常重要的目标。

- 展示论文。我需要来自社群的高质量反馈，以确保我的演讲朝着正确的方向发展。这是我第一次真正接触这个社群,第一印象很重要。

- **组织一次圆桌会议。** 我的 FTA 圆桌会议主要由业内重要的官员组成。我需要确定其他应该参与该流程的人员名单,评估他们的兴趣,并说服他们加入。还有一个重要客户参加了圆桌会议,我需要与他们一起协调时间。
- **收集基本信息。** 我想了解更多关于 FTA 的信息。我本可以简单地阅读材料,但我想从该领域的专家口中了解它的发展方向。
- **发展人际网络。** 为了更多地参与该领域,我需要建立一个合适的全球人际网络,该网络将包括企业从业者、政府代表和学者。
- **获得 FTA(远见)影响力的实证。** 我一直在寻找证据证明 FTA 和情报会带来良好的决策。

牢记这五项关键要求之后,我开始查阅所有的展前材料——论文和演示文稿。我和一名认识的活动组委会成员聊了聊。这些初步准备工作让我能够制定符合五项要求的会议和演讲者列表。因为 FTA 领域的人确实和我不熟,所以我决定为我想见的人找一些连接点。我查阅了他们的背景信息,以便我在活动中与他们交谈。我还与我认识的几位计划参加此次活动的人进行了交谈。他们同意将我引见给一些我的目标对象。

活动现场

在活动的第一天早上,我早早地到了,预留了充分的时间查看代表名单(有时你不能提前获得它)。我列出了符合目标要求的人,以便我可以找到他们。我还确认了哪些会议已被取消(大多数情况下是因为演讲嘉宾没有出现)。总之,我确定了 20 多个我要见的人。在那份名单上,我已经安排好会见其中的 5 人,并让朋友把我介绍给另外 8 人。其余的人,我计划在活动过程中联系。这是一个可行的清单。我还确定了几个我要参加的与我的情报目标相匹配的会议。在会议演讲嘉宾未能出席的少数情况下,我在事后向他们发送了一封电子邮件。

在活动的最后一天,我还剩下一个人要见。尽管在大多数研讨会中,这个

隐身在会展活动里的市场情报

人都在幕后,但他主持了最后一场会议。这让事情变得有些困难,但也并非不可能。我和他有一个共同好友,通过这个连接点,我在会议结束后走到会场前,向他进行自我介绍,提到了这位共同好友,并感谢他两年前给我发来的电子邮件。通过这种方式,我在我们之间建立了直接联系,然后我就可以在活动结束后给他发电子邮件,以获取我需要的信息。

活动期间,我抽出时间查看了我的需求清单并为活动确立了行动目标。我需要见谁?我需要做什么?并且我经常更新我的清单。我在活动中利用不断扩大的人际网络来发挥自己的优势,并且很乐意反过来帮助他人。

结果

在为活动创建并执行了一个周密的情报计划之后,我拿出了我的目标记分卡。

- 验证论文的成果并建立声誉。成功。在最后的小组会议中,近一半的会议主席和组织者都对我的论文给予了积极的评价。大家过来告诉我相关的实证信息。活动结束后,我还收到了几封电子邮件,其中包含能印证论文结论的证据。
- 组织FTA圆桌会议。成功。我们在活动前抽出时间举行了一次圆桌会议,根据大家的意见,我们稍稍调整了会议结构。
- 获得领域发展方向的基本信息。成功。通过倾听人们的问题,我能够拼凑出该领域的主要命题。我惊讶地发现,这些命题并没有我想象中的那么明确。FTA也存在着许多我们在情报领域设法解决的定义问题。
- 发展人际网络。成功。这是一个非常友好的团体。准备好适当的背景资料肯定会有所帮助。我期待与我的新朋友会面和工作。我已经收到好几个邀请了。
- 获得FTA(远见影响)的实证。成功。我收到了几张名片,名片的主人有FTA获得成功并产生影响力的故事。虽然他们没有在活动中展示这些案例,但他们准备与我分享。

我能在活动中取得更多成就吗?很可能。但话又说回来,我带着极大的成就感和一个成功案例离开了FTA活动,这个成功案例讲述了如何将现场情报模型

第四章 专题

整合到贸易展和会展以外的其他活动中。

表 4-1　某一个时间段的会议详细信息示例——提供论文和演示文稿下载链接

主题一
有助于 FTA 的方法和工具　主席：菲琳，报告员：安妮尔、法比亚娜
实时 Delphi 作为情景构建工具：一家航空公司的案例报告　巴拉格尔、贝泽拉、席尔瓦
荷兰可持续发展的回溯：十年后的影响、政策相关性和方法框架　奎斯特
探索行业层面的路线图　普莱斯、萨默斯

主题二
FTA 在政策和决策中的使用和影响　主席：海伦娜；报告员：阿提拉、杰克
政府主导的远见的关键成功因素　卡洛夫、杰克
"FinnSight 2015" 制定国家战略的前瞻性练习　萨罗、布鲁默、科诺拉
BMBF 前瞻流程　卡利斯、拜尔·库茨纳、博德、甘兹、沃恩克

主题三
研究和创新 FTA　主席：罗恩；报告员：詹妮弗、卢克
基于 "Polska 2020" 国家远见计划，在战略领域实施远见项目的方法　马祖尔凯维奇、波特拉尔斯卡
印尼技术路线图计划评估：地方创新系统发展的经验教训　潘加德玛

主题四
FTA 和公平：治理的新方法　主席：加里；报告员：克里斯蒂亚诺、厄兹坎
新兴技术中的需求表达：中间用户组织作为多利益相关者 FTA 的所在地？　布恩、摩尔斯
减少机构远见计划中的民主赤字：纳米技术中批判性系统思考的案例　洛夫里奇、萨里塔斯

（译者：陈煦）

隐身在会展活动里的市场情报

第三节　派对至"学"方休：现场情报的场合

原文刊载于 *Competitive Intelligence Magazine*，2010 年 1—3 月。

回归本源。竞争情报通过及时评估外部环境中影响机构效益且超出直接控制范围的因素（如客户、竞争对手、技术、政府等），为你所在机构的关键决策提供支持。贸易展让我有机会获得对环境的独家洞察，这些洞察产生了支持新产品开发、新客户识别、合作伙伴识别等所需的情报。

为什么会议对情报收集如此有用？

1. 所有人都在场。客户、竞争对手、监管机构——所有这些人都拥有你挖掘情报所需的信息。这是集所有外部环境要素于一身的地方。这是产业价值链、信息价值链。

2. 人人都想交谈。大家参加活动的目的是交换信息。这是贸易"展示"，而不是贸易"保护"。我已经强调多次。

3. 大家都很放松。嘿，这是一个有趣的环境，人们通常很高兴能远离办公室并待在这里。

在之前的一篇文章中，我展示了在有条理、有组织的情况下，三天的会展可以收集比在其他场合一年还要多的有用信息。贸易展是一种具有成本效益和时间效率的独特信息来源。简而言之，贸易展情报为那些正确运用它的人开辟了一个充满机遇的世界。

方法微调

在过去的几个月里，我对贸易展的看法略有改变。这里用两个简短的例子（场合）来说明原因。

在第一种场合下，我正在研究一个纳米技术项目，其中一项关键情报课题（KIT）是研究纳米技术的潜在应用领域。在这个特别的活动中，我无意中听

第四章 专题　04

到并加入了一场持续了较长时间的热烈讨论——关于纳米技术在建筑材料中的应用。

在第二种场合下，我正在处理一项复杂任务——明确进入某国外市场的要求。在这次活动中，六位"专家"就特定环境的变化进行了激烈的讨论。我学到了很多东西，并且能够在这个小组中问一些奇怪的问题。

不同之处在于：第一种场合是在曲棍球比赛中，而第二种场合是在特定外国市场的犹太教堂（犹太礼拜场所）。我在两个这样的非传统地点获得了大量情报。事实上，我在乘坐公共汽车参加"卡尔加里火焰"曲棍球比赛时积累了很多关于石油和天然气行业的基础知识——许多行业高级管理人员都是乘坐公共汽车去参加这些比赛的。

为什么我能够在这些活动中获得这么多有用的信息？我发现这些场合同样具备那些让贸易展成为信息收集的绝佳场合的基本条件：许多人聚集在一起，轻松的、鼓励人们交谈的环境。我意识到这不仅仅是狭义的会展情报，而是"社会情报"。基本上，在轻松的氛围下聚集的所有场合都提供了收集信息的独特机会。有了这个扩展定义，几乎所有社交聚会都可以变成情报机会。

社交活动

我尝试在聚会上与客户一起运用这种方法。客户所在机构正策划举办一场聚会，向当地商界介绍一名新上任的高级职员。我意识到这是一个很多人聚集在一起，并且大家都渴望在轻松气氛中交谈的社交环境。因此，我与该客户合作，将这场聚会变成了一个情报机会。邀请"合适的人"是本项目策划的一部分——与会议或贸易展不同，在举办派对时，你可以决定邀请谁，并在一定程度上限定谁来。

制定宾客名单包含两项情报工作。

1. **查看通常情况下谁会被邀请**（大多数机构都有活动的标准名单，而且随着时间推移，名单只会被微调），将来宾名单与机构的情报目标对应。现有邀请名单上的哪些人可能拥有你需要的信息？

隐身在会展活动里的市场情报

2. 确定不在名单上但应该被邀请的人，因为你有合理理由认为这些人拥有公司所需的信息。

有了修改后的宾客名单，下一阶段的重点是策划与后勤。这些活动与其他活动策划的要求类似（请参阅我以前在《竞争情报杂志》中的文章）。以下是三个最重要的活动。

1. 确定机构内部可以与目标对象进行相关讨论的人。你需要多少人取决于被采访的人数。与贸易展额外派人的高成本不同，邀请一些额外的本公司员工参加活动的成本并不高。你可以基于项目的关键情报课题对这些员工（研发、营销、人力资源等）的背景提出需求。

2. 确定碰头时间，以便在碰头期间向情报小组汇报情况。例如，我建议进行采访的人在活动期间与该项目的"四分卫"情报指挥官会面3次。大家用这段时间快速检查情报收集的进展情况，识别期间出现的问题，并确定是否有人或主题需要额外的支持。鉴于活动（派对）仅持续几个小时，所以进行这些简短的碰面对于确保活动保持在正轨上至关重要。例如，我们曾决定调整采访中某个关键目标的人选——我们交换了任务。

3. 制定情报收集计划。明确你想知道什么，以及谁最有可能拥有这些信息。此外，确保将采访任务分配给合适的人。

简而言之，我们在特定的公司活动中进行了现场情报计划。

因此，这是我给那些对现场情报感兴趣的人的要点：每当大家在一个鼓励交谈的轻松环境中聚集时，就可以应用现场情报。以下方法对行动有潜在作用。

1. 着手列一张"活动"列表，列出你和你所在机构其他人参加的、能够提供这种机会的所有活动。

2. 做好准备。现场情报的机会有时会出乎意料地出现，因此，机构的关键情报课题要保持最新且可用的状态，随时准备进入收集待命模式。我曾在毫无预兆的情况下被置于社交场合，机会确实出现了。例如，几个月前，我从欧洲起飞的航班延误了8个小时，这是一个很好的机会。一群我不认识的人围坐在一张桌子旁，在那里谈论他们的专业领域长达8个小时，因为他们无事可做。这是一个很好的机会,我学到了很多。

3. **培养意识**。在机构内部建立能够从社交场合中获得情报的意识。一定要强调 CI 职业道德的重要性。鉴于社交网络(在线和面对面形式)的发展,你应该会有自愿受教的听众。

扩展你对活动的定义,你会发现很多收集机构所需信息的机会。是时候在各种社会环境中收集了,是时候"派对至'学'方休"™(卡洛夫)了。

(译者:陈煦)

隐身在会展活动里的市场情报

第四节　你应该带谁参加活动？

原文刊载于 *Competitive Intelligence Magazine*，2009 年 9—12 月。

在我将贸易展和其他活动转化为情报投资而不是营销成本的不懈追求中，我又添加了一个元素：你会带谁参加活动？

当我在情报研讨会上谈到信息收集的话题时，我首先会问一个问题：如果你要对目标对象进行访谈，以下这些人中你会带上谁？

- **访谈专家**。此人接受过从对方那里获取信息的专业培训——例如，参加过约翰·诺兰启发式诱导研讨会的人。
- **主题专家**。此人具有与所收集信息相关的特定主题知识。例如，如果关键情报课题涉及技术，他们可能是科学家或工程师；如果是关于招聘或确立良好的人力资源招聘政策，它们可能来自公司的人力资源部门；等等。
- **了解访谈对象的人**。此人与将要接受采访的特定人员有一些私人联系。例如，他们可能是朋友，可能在之前的某个活动中认识，或者可能有组织关系。

当然，最常见的答案是"以上所有"，但我再次要求他们选择一个人。从竞争情报的角度来看，常见的答案是带一位访谈专家参加会议。CI 从业者学过如何进行访谈，如何了解访谈对象的背景信息，以及如何最大程度地提高访谈成功的概率。我们还了解信息的情报背景，因为这决定了我们收集的信息类型。然而，我将通过两个短篇故事提供另一种观点，说明为什么其他两个答案同样有效。

生物技术展

我担任这次现场情报的"四分卫"指挥官，作为整体计划的一部分，一名团队成员邀请了一位来自亚洲的公司高管聊一聊他们的需求。他们进行了高度技术性的讨论，他回来后，对客户寻找湿式实验室的需求感到非常兴奋，在讨论中，

第四章 专题

亚洲高管表示了对获得湿式实验室空间的关注。

我首先询问这位收集者如何应用这些信息——它会影响什么管理决策？他说，鉴于明确的需求，结论就是我们要获得在亚洲开发湿式实验室项目的授权。然后我问他："究竟什么是湿式实验室？"他的回答是："我不知道，但这是一个机会。"

这种回答在项目中应该警惕。因此，我与一位认识的科学家谈了谈，请她与亚洲高管进行第二次面谈，以确认这次机会的有效性。访谈回来后，她报告说没有机会，因为这位亚洲经理只是在抱怨公司没有授权资金让他使用现有的湿式实验室空间。事实上，她说在那块区域显然有多余的湿式实验室空间（她已经与另一位科学家证实了这一点）。

这是否与最初收集工作中获得的信息相矛盾？两人都在报告同一场谈话。但是，虽然第一位信息收集者拥有高超的访谈技巧，但他缺乏该领域的技术知识，这导致：

- 无法解释他在访谈中听到的信息；
- 没有搭建后续问题的参考知识框架，来确认是否存在真正的机会。

结果，他对信息的评估得出了一个非常错误的结论。

CI 主管的担忧

一家知名公司（我不能说出公司名）的竞争情报部门主管最近找到我，提出了一个有趣的问题：

公司的产品技术含量越来越高，坦率地说，我读到的信息有一半都看不懂。如果我不能真正了解我们的产品，我能成为一名高效能情报主管吗？

我的回答是，作为一名经理，你就是一名掌管者（在 CI 中非常重要的角色）。你运营 CI 流程——你不收集和评估信息；你激励和培训这样做的人。但是，你最好确保你的分析师具有解释技术数据所需的（行业）知识。

这两个例子都表明，如果你没有相关的技术背景，不仅很难收集正确的信息来支持情报工作，甚至很难理解其基本含义。

隐身在会展活动里的市场情报

再说最后一个贸易展上的故事,然后我会讲到重点。

政府贸易展收集

有一次,我在贸易展上代表政府客户收集信息。在另一家政府的展位上,我正在寻找其运营的一项创新项目的信息。我向他们提出了该项目的相关问题,以及为什么他们的项目结构与我在世界上其他国家看到的同类项目有如此大的不同,然后我得到了一些非常有趣的答案。

讨论到中途,被访者问我代表什么组织。我的职业道德规范要求我必须说出我为之工作的客户,以及我为之收集信息的机构。"啊,"那人说,"原来你为政府工作。这样的话,我就告诉你实情……"由于我是另一个政府部门的代表,所以他觉得他有义务充分地告诉我为什么他的政府机构以这种特定方式设计了这个项目。如果我是在为企业客户收集信息,他可能会告诉我另一个故事。

我从那次交流中学到的是,即使你在使用访谈技巧方面再有经验,也没有比共性更有力的对话开展方式了。这是我所使用的许多有效访谈技巧的核心。它也支撑了我给客户的许多建议。

这些故事有两个共同点。

- 隶属关系或拥有共同专业知识的优势能帮助你更有效地获得准确的信息;
- 拥有与主题相关的专业知识有助于更好地进行采访和对收集数据的解读。

选择那些了解访谈对象或本身是该主题专家的采访者的服务有显著的优势。当你将现场情报计划整合到一起时,请考虑科学家、人力资源专家、高管和会计师等专家对信息收集与评估做出的贡献。找一找你所在机构或你的个人网络中是否有人具有主题专业知识,他们可以帮助你收集和解读数据。

对 CI 的影响

这对 CI 专业人员的价值有何影响?这听起来好像在暗示我们,它会让我们失去工作,实际不然,这恰恰预示了我们可以(并且应该)利用它来加强我们的工作。

- **确定活动的正确人选**。想想那些通常不去看会展的人并带上他们。
- **培训参加展览的人员**。在一家日本公司，所有员工都接受了基本的情报培训。他们的一名研发人员（他曾是我的本科商科学生之一）接受了针对即将举办的贸易展的定向培训，并获得了一份需要关注的问题和目标清单。
- **纳入主题专家**。让这些专家随时待命，为你的收集工作提供背景信息并协助分析。在一些展览中，我们还组建了主场评估小组。在总部的这些人是我们可以就数据收集的最佳方式和结果解读进行咨询的专家。

（译者：陈煦）

隐身在会展活动里的市场情报

第五节　将研发纳入现场情报项目

原文刊载于 Competitive Intelligence Magazine，2013 年 4—6 月。

在我的上一篇专栏中，我让 SCIP 会员为年会做好准备，但是，许多人注意到我并未出现在奥兰多的会场。对于所有为现场情报做好充分准备的人来说，年会无疑是一次难得的机会。然而，我接下来马上就会写到，我当时正在英国伦敦跟进一个非常激动人心的项目。

在我的旅途中，我遇到了艾伦·拉奇爵士（Sir Alan Rudge），他是一位非常杰出和有见地的工程师。艾伦爵士是工程和物理科学研究委员会（Engineering and Physical Sciences Research Council）的前任主席、电气工程师学会（Institute of Electrical Engineers）的前任主席，以及工程委员会（Engineering Council）的主席。他曾在多个国家委员会任职，包括政府的科技咨询委员会，他还是多家电信公司的高级管理人员。如果有人是技术竞争情报专家的现实化身，那么他就是那个人（虽然他不是竞争情报界的一分子）。艾伦爵士告诉了我应该如何让研发（研发团队）作为某种意义上优秀的技术情报的来源：

一个优秀的研发团队不仅因其研发成果而有价值，而且可以成为了解在领域动向的触角。只要你及时意识到，每一个新威胁都能转变为一个机遇。在英国电信（British Telecom），我们在研发实验园区的中心地带为公司建立了一个营销中心。这给来访客户呈现的中心思想就是，我们不担心技术变化。你的未来有我们保驾护航。

持续的技术变革

艾伦爵士的话与我所做的工作在两个方面具有相关性。

• 与我合作的许多中小型企业无法负担大型、昂贵的研究项目，因此，在不断变化的技术环境中保持领先对他们来说是一项重大挑战。如果艾伦爵士是对

第四章 专题

的,那么研发人员可以"及时识别机会和威胁"。因此,将工程师和科学家整合到一个情报流程中是很有意义的;

- 我写过很多相关文章,关于让"合适的"人参加活动的重要性(请参阅我在 2009 年 9 月的专栏)。

概念上,艾伦爵士的言外之意可能是将这些人纳入到活动中,因为他们是"了解其所在领域动向的触角"。

所有对技术情报感兴趣的 SCIP 会员都会像我一样被这次讨论激起兴趣。他所说的"触角"应该像竞争情报界的战斗口号一样击中了每一个人。想象一下,如果你,贵机构情报倡议的领导者,可以接受艾伦爵士的建议,并将机构的研发人员和其他科学类员工变成研发的触角,那会是怎样的呢?这无疑是证明情报价值的好方法,尤其是在那些技术不断变化的行业(我认为是大多数行业)。

生物技术活动中的研发人员

让我们把"以研发为导向的情报"这一概念等同于在现场情报项目中利用研发人员。为了证明这一点,我将带你了解生物技术活动的情报循环圈。

规划

提供科技类情报服务支撑的问题在于,我们中很少有人真正了解技术领域的所有技术方面。一位在一家大型科技公司负责情报项目的 SCIP 会员问我:"当我并不完全了解这项技术时,还有可能领导这个情报部门吗?"我的回答是:"当然可以,但你需要将技术人员整合进你的流程。"

他们适合哪里?首先,他们知道要寻找什么。我可能不明白 3-羟基丙酸和 4-羟基丁酸之间的细微差别,或使用解糖纤维素菌制造生物柴油对竞争力的影响(感谢我的儿子安德鲁,普林斯顿化学工程专业的学生,帮助我完成了这个项目),但我的工程师知道。我现在确信,我需要在 BIO 2013 等其他会展的情报调查中纳入具有技术知识的团队成员。这些人可以准确地告诉我我应该寻找什么,为研发领域的重大变化提供指标。如果没有工程师指路,我只会问:"发生了什么变化?生物燃料研究的新兴领域是什么?"现在,我明白要寻找什么了。

隐身在会展活动里的市场情报

更重要的是,研发人员还知道在活动中可以与谁交谈,谁拥有与研发情报项目相关的信息。我了解营销类型,我了解公司,但他们更清楚谁是科技领域真正的意见领袖。他们知道和哪位政府科学家或大学教授交谈更合适,他们可以告诉我,谁是我供应商、客户或竞争对手中真正的研发人才。

"科学俱乐部"是一个联系非常紧密的团体,研发人员作为网络的一部分,只要他们稍加留意,就知道我应该和谁交谈。所以研发人员可以帮我了解要问什么问题,要寻找什么,问谁。他们还可以帮我了解应该参加哪些会展来收集此类信息。再强调一次,这本就是他们网络和知识库的一部分。

收集

哪种类型的人更适合与科学家或研究人员交谈——营销/战略类型的人还是科学家/工程师?诚然,如果你参加了 SCIP 信息收集认证课程,你将成为一名优秀的收集者,但让科学人士与另一科学人士交谈也是一种思路。他们有共同语言,而且非常重要的是,他们知道如何解读所谈的内容。再次强调,这将是(正如艾伦爵士所说)科学家触角的一部分。

我是好几家科学委员会的成员,包括俄罗斯远见委员会(Russian Foresight Committee)和成功关系生物燃料技术委员会(Success Nexus Biofuel Technical Committee)。虽然我很高兴被邀请参加此类活动且我也很欣赏其学术讨论,但我主要考虑的是对情报和预见流程的需求。尽管我可以与一位高管谈论基于三级纳米技术的商业应用,但我不可能在谈论三级纳米具体技术时坚持己见。

这种情况发生在俄罗斯 Russnano 的一次活动中,当时我正在看纳米技术科学海报。我之前写过,这些海报作为技术威胁和机遇的早期预警来源具有重要价值。海报通常包含 10 到 15 张幻灯片,解释一个新的研究方向,负责创新的科学家就站在海报前准备回答你的问题。我看了一些 Russnano 的海报,惊叹不已,但我的目光逐渐变得呆滞,因为我真的不了解上面的计算、符号和其他元素。

想象一下,如果我身边有我所在机构的纳米科学家。他们就能直接向负责该海报的科学家/研究人员提出重点问题,从而使我的机构能够了解该新兴研究项目所带来的威胁或机遇。正是出于这个原因,我一直在向公司提议将研发人员带

到这些会议上。

分析

我可以做出不亚于任何人的五力分析，我也熟悉专利分析和生命周期技术，但是若在分析团队中增加一名科学家会产生相当惊人的结果。他们对情况的看法与业务类人才完全不同，而且有自己的技巧方法。在一个涉及电信技术的项目中，五名工程师与我同行。当我们开始谈论竞争对手的研究方向（是否真正创新）时，我最初的答案是否定的（基于我的技巧方法），而他们的回答是肯定的（基于他们的技巧方法）。

事实证明，工程师依靠其技巧方法指出了电信技术中可能具有颠覆性的潜在新应用——工程师能够基于竞争对手的研究方向展开想象，但商人却不能。基于这项研究的潜在产品研发还需要数年时间研发出来，但工程师的参与让我在当下就能看到它们可能带来的威胁。

让你的分析团队拥有不同观点，这个想法确实很有意义——不仅因为其他人会应用不同的分析技巧，还因为他们会以不同的方式看待事物（这不就是不同的观点吗？）。对于那些无法带更多人参加活动的读者，在这个阶段和下一个阶段（沟通）中，技术人员可以远程参与。因为没有理由不让技术人员通过 Skype 参与分析环节。

传播 / 沟通

重点聚焦研发的技术情报项目，其目标是生产能够支撑未来产品 / 服务的情报。从活动中获得的信息，要能提示业务决策者潜在的机会和威胁，以及提供应对方法。而且，它还要为技术决策提供信息。

在与我合作的组织机构中，启动新一轮的研发计划前会与技术专家沟通。我团队中的工程师和科学家又一次发挥作用，我们一起以适当受众的语言编写情报简报。我擅长与管理层沟通（我了解 MBA 的流行语和高级管理层的说话方式），但科学家知道如何与技术人员沟通。不将他们纳入情报传播产品的制作将是一个重大错误。

隐身在会展活动里的市场情报

总结

我在此向你展示了如何将研发人员整合到围绕特定活动（event）的计划、收集、分析和传播流程中，这是非常有价值的，但它们的效用远不止于此。回顾艾伦爵士的评论，研发人员通常与客户、竞争对手和供应商组织、大学、政府研究实验室等同行建立了良好的人际网络关系。这个网络是通过积极参与协会［例如，电气与电子工程师协会（IEEE）］、参加专题讨论会、参与在线讨论组等来维护的。

另外，请回想一下，当我谈论大小型活动时，其定义不仅仅包括贸易展。既然研发人员本来就是这些论坛的一分子，为什么不在情报项目中利用他们呢？他们使用这类技术语言了解每个活动主办方的能力，并且可以为你翻译、解读。你不妨考虑与他们坐下来谈谈如何将他们对外的"触角"与机构的技术情报需求协调一致。

技术行业的机构需要集中的技术情报来完善研发计划。大多数公司无法承受指导不力的研究或开发。技术活动（会议、专题讨论会、研讨会、贸易展、讨论组等）为技术情报项目提供了丰富的信息，而研发人员是伸向科技界的触角。在我看来，这简直是天作之合。

（译者：陈煦）

第四章 专题

第六节 现场情报是时候邀请政府加入了

原文刊载于 *Competitive Intelligence Magazine*，2007 年 9—10 月。

乍一看，许多读者会认为本专栏仅对政府有用。对于公共部门的读者，它描述了政府官员如何制定更好的项目，开发自己的情报，并通过会展情报提供更好的服务。但在另一个层面上，它适用于所有参加贸易展的读者。它展示了政府是如何为你的会展情报计划提供竞争优势的。

政府贸易展的存在

在早年的高中生工作时期，我曾在加拿大政府部门负责加拿大企业的贸易参展工作，工作内容是为会展上的加拿大馆制作公司和政府标志。随着时间的推移，我开始从事项目管理和现场贸易展管理工作，我逐渐了解了政府（国家、州、省等）贸易展的预算到底有多大。

让我们快进几年，看看我最近的几场展览。无论是在食品展、生物技术展，还是其他类型的展览，你仍然会看到政府的身影。例如，在最近的生物技术展（BIO）上，就设有从阿根廷到英国的国家馆，以及从亚拉巴马州到西弗吉尼亚州的州级馆。

除了一些明显的例外，政府机构在会展上的主要作用是组织。政府人员预定场地，为政府馆招募公司，设计展位（有时负责筛选图片），安排政府馆所有展位的现场搭建和拆除，并为其提供大量支持。

做得更多

多年来，一些政府所做的不仅仅是实地组织。我听说日本和法国政府人员通过收集信息帮助其企业，一些政府还利用这些活动来发展自己的情报。从这些政府活动中，我了解了一般情况下的情报流程，特别是贸易展情报。然后，我与加

隐身在会展活动里的市场情报

拿大政府、各省政府和其他外国政府合作开展会展情报项目。

我见过许多政府在贸易展上使用四分卫技术来帮他们的企业挖掘情报。我还看到政府人员运用贸易展情报来达到自身工作的目的。因此，你要给政府人员传递的第一条信息如下：许多国家/地区的政府正在使用会展情报流程来帮助其自身和企业。

衡量成功的标准

如今，政府需要可靠的结果来证明所有项目支出的合理性，因此，他们的贸易展项目必须成功。当然，衡量成功的方法有很多。许多曾参与政府赞助的贸易展情报项目的企业，现在都在运行自己的现场情报项目——他们过去从未这样做过。此外，赞助该项目的政府机构因其所取得的成就而获得了各种奖章。在更传统的意义上来讲，企业报告了稳定持续的往来和销售，当然还有贸易展情报流程中产生的其他机会。

以下是政府人员和其他参与政府贸易展情报项目人员的一些荐语：

贸易展上的培训、指导和支持使我能够在休斯敦的四天内完成三个月的工作。（加拿大协会执行官）

我真的很享受。这个过程让我仔细思考我想寻找什么以及需要做出哪些决定。（南非贸易和工业部）

这对几乎每个人来说都是有价值的。那些参加大型贸易展的人应该这样做。它适用于政府和私营部门……培训让我在巴黎国际食品展上做的工作比平时正常情况下做的多得多。这个过程产生了更多、更好的信息。（南非执行官）

这个流程帮助我们的企业和协会在更短的时间内获取了更可靠的信息。我们将再次使用它并将其推荐给我们的会员。（艾伯塔省协会执行官）

独一无二的机会和泾渭分明的失败

为什么政府会参与会展情报工作？简单的答案是：独一无二的机会和泾渭分明的失败。

第四章 专题

机会

会议为最短时间内以最少资金收集情报提供了最大的潜力,关于这点,我已经反复提到,竞争情报基金会的《会展情报》一书中也在多处提到这点。如果组织得当,那你在一次贸易展中收集到的有用信息将比你在一整年收集到的有用信息还要多。

鉴于与我共事过的一些政府人员展示出的收集才能,以及他们因职位而公开且合乎道德地获取信息的能力,政府人员通常能够从贸易展提供的信息收集机会中受益。

失败

组织得当的展览意味着其背后有着精心设计的情报计划,包括情报主题、信息需求、认证过的来源、任务等。会展前几个月制定的会议情报计划有效地对接该机构的整体情报需求。在此计划中,会展上发生的每一项活动(研讨会、演讲、展览)都要经过仔细检查,以确定其对机构情报需求的潜在贡献。这种扩展的计划流程最大程度地利用了活动带来的机会。它确保你不会浪费时间收集错误的信息——那些能在其他地方收集到的信息,甚至是已经存在于你组织内部的信息。

不幸的是,正如过去的研究表明的那样,很少有机构,包括一些政府,对会展有详细的情报计划。当缺乏这样的计划时,你可能会出现参加了贸易展而无法获得机构真正需要的信息的情况。政府发展贸易展情报能力的最主要原因,就是想利用这些活动带来的巨大机会。

政府情报需求

以下是政府主导贸易展情报任务的几个原因。

- 开发更好的项目。在生物技术领域的一次活动中,一家政府机构利用这次会议了解了发展当地生物技术基础设施所需的程序设计类型。
- 为未来的情报开发信息网络。在另一场展览中,一名政府人员制定了一项复杂的情报计划,与来自世界各地参展的其他政府官员建立了一个信息网络,并利用该网络促进未来的情报收集。

隐身在会展活动里的市场情报

- 为了当前的任务。还有什么地方比贸易展更能让你深入了解你分派的新领域呢？但是如果没有适当的计划，这些活动很快就会让你应接不暇，并且会浪费时间。

- 协助客户。政府人员有各种各样的客户，包括其他政府人员或机构，或他们试图帮助的企业。政府人员已经制定了详细的计划，以确定他们的客户可以从这些活动中获得哪些信息，以及获取这些信息的最佳方式。在这些情况下，他们确定了特定的市场机会、发展了合资企业、发现了新技术等。

政府对其贸易展情报项目的评价非常积极。当被问及为何对现场情报项目的结果如此满意时，他们最常引用的原因如下：

我从来没有意识到我能从一场展览中获得这么多——这个流程真的很有效。

通过情报流程并开发可操作的、有用的情报比简单地收集一般的信息要令人满意得多。

唯一的缺点是，一旦政府人员发现有很多事情要去做，他们往往会加班加点，以免错过机会。有时，我不得不让项目参与者回到他们的酒店房间睡一觉。

让你的政府人员熟悉情报流程，并将其应用于他们参加的会议和贸易展中。其他政府在该流程中获得的成果为你的政府人员开发自己的情报项目提供了充分的理由。

政府主导的伙伴关系

我以政府贸易展情报中的一个最让我兴奋的元素结束本专栏：政府主导的会展合作伙伴关系。在学习了如何进行会展情报之后，政府通常希望将这种能力带给当地的企业、协会和其他人。他们为这些机构提供与政府会展情报相同的培训，然后在特定的贸易展中与这些机构合作。下面是这个基本思想的一些变体。

培训和意识

该领域公认的专家为企业提供了为期一天的会展情报培训计划。竞争情报基金会的《会展情报》一书是关于培训计划的核心讲义材料。这有助于企业了解贸易展情报的重要性以及如何实施贸易展情报这一问题。

培训、意识并协助策划

除了培训和意识，政府和培训师还协助企业制定自己的贸易展情报计划。协助策划至关重要，能确保课程知识被完全吸收。如果没有学以致用的培训，要进行的工作几乎很少能成功。

这种方法带来的一个积极的连带后果是，政府人员能发现同一会展中参展企业之间的共同情报目标。政府可以帮助企业获取信息（见上文）或促成他们的合作。

培训、意识、协助和实地帮助

除了之前列出的活动，培训师和政府人员还直接与参展企业合作，帮他们开展情报工作，加强从事会展情报所需的技能和概念。

上述方法可确保企业在会展情报方面发展自己的能力，同时也有助于在企业和政府之间建立情报合作伙伴关系。

鉴于全世界已有相当数量的企业已经具备世界一流的贸易展情报能力，许多政府也希望帮助他们自己的企业发展类似的能力，让他们同样也可以利用这些机会。

发挥积极作用

为什么世界各国政府都在贸易展情报中发挥着积极作用呢？简而言之，运作良好的会展情报工作带来的好处实在太大以至于无法忽视。此外，了解到其他政府正在向他们的企业提供此类帮助，因此政府确信他们也需要迎头赶上。

政府凭借其资源和外展服务的潜力，利用其独一无二的地位可以发展其所在地区企业的会展情报能力。正如许多国家的政府所发现的那样，结果一定会证明投资是合理的。此外，政府自己也发现，他们也可以从组织得当的会展情报项目中受益。

参考文献

[1] Calof J. Brouard F. Competitive intelligence in Canada[J]. Journal of

Competitive Intelligence and Management, 2004, 2(2):1-21.

[2] Calof J, Fox B. Trade show intelligence-intensive and exhaustive[J]. Competitive Intelligence Magazine, 2003, 6(5):6-10.

[3] Calof J, Fox B, Nguyen D. Making intelligence grow, a mentoring approach[J]. Competitive Intelligence Magazine, 2002, 5(3):9-11.

（译者：陈煦）

第四章 专题 Chapter 04

第七节 竞争情报从业者的机会警报：会展团队需要你的帮助

原文刊载于 Competitive Intelligence Magazine，2014 年 7—9 月。

在参加完一场贸易展后的几个月里，我总是会收到来自销售人员的电子邮件。这些电子邮件让我明白了为什么竞争情报专业人员需要在机构的活动管理流程中发挥核心作用。

来自销售人员的电子邮件：我给您发了几次电子邮件，但没有收到任何回复。可能中间出了某些差错，我错误地收到了您的电子邮件和电话号码，您对此（我的产品）并不感兴趣。

我的回复：在参加匹兹堡分析化学和光谱应用会议暨展览会时，我向贵公司（机构名称）的代表明确表示了这是技术观察（technology watch）项目的一部分，所以我不确定您为什么要就此与我联系。

销售人员的回应：我不知道什么科技手表（technology watch），也不知道您指的是什么项目。我从展台人员那里得到的信息是您对我们技术的某些方面感兴趣。其他我就不了解了，所以我试图搞清楚。

从上面的交流可以清楚地看出，销售人员不知道我是谁，我为什么会出现在贸易展台上，或者我的需求是什么。他们只有我的名字和电子邮件地址。这次互动并没有让我对公司产生良好的印象。

三月份我在芝加哥参加了匹兹堡分析化学和光谱应用会议暨展览会。匹兹堡分析化学和光谱应用会议暨展览会是一个关于实验室科学的会议，涉及许多与实验室设备相关的研讨会、会议和参展商。我代表我的一位客户参加了会展。他们的目标是发现食品实验室检测技术的未来技术趋势。鉴于我是一名大学教授和顾问，在严格遵守 SCIP 的职业道德准则的情况下，我在参观展位时采取的方法是

隐身在会展活动里的市场情报

清楚地表明我是谁以及我为什么在那里。

自我介绍一下：我叫乔纳森·卡洛夫，是渥太华大学的教授。不过我今天来这是代表我的一位客户，帮他们了解食品检测设备技术的趋势，这也是技术观察项目的一部分。我可以问你几个问题吗？以便我能对具体要找什么以及你们的技术方向有一个更好的理解。

这种方法非常成功，我对食品检测设备中的新兴技术进行了全面了解。

后来，当同一家公司，也就是前面提到的销售人员所在的公司联系我时，销售人员明显不知道我想要什么，也不知道我是谁。从上述的交流来看，我认为应该采用更好、更有针对性的方法。这对竞争情报专业人士有何启示？机会在哪里？

首先，与你所在机构活动策展的负责人分享这个故事。贸易展的投资回报率对机构来说很重要，而且其重要性还在不断增强。在当今竞争激烈的环境中，所有费用都会经过仔细审查，而且，正如许多 SCIP 会员告诉我的那样，如果没有实现某些价值，他们所在的机构就不会负担这些活动。告诉你的管理层，这种类型的"问题"并不罕见（我以前见过），并且情报有助于确保这类情况不会发生在你的机构中。以下是你可以提供帮助的地方。

1. **主动帮忙分析那些来到展位的人**。我在之前的专栏中提到过，最初的关注点应该是分析和建立客户画像（卡洛夫，2014）。竞争情报在这些地方大有用武之地。你应该主动帮展台人员对来到展台的人进行客户画像，以便在会展结束后制定适当的跟进策略。SCIP 文献中有很多关于如何建立用户画像的内容，我强烈建议读者阅读该主题。对来到展位的人进行用户画像并采取适当的跟进策略，可以提高活动的投资回报率。你需要考虑同时对客户及其所在机构进行"画像"，即背景资料的了解（我在下一个建议中提供了关于此方面的更多信息）。

2. **制定展位信息收集计划**。客户分析让我们能在展位上捕获适当的信息。正如我当时在贸易展位上发现的那样，那个展位代表对我的技术观察项目或是我和我所代表的机构的背景情况并不感兴趣。相反，她忙于（专业地）回答我的问题并获取我徽章上的信息。换句话说，那些建立适当的客户画像所需的问题并没有被问到。这就是 CI 可以大展身手的地方了。那么 CI 需要收集哪些信息来制定适当的客户画像和后续计划呢？考虑整理一份客户画像表格，可以将其作为在展台上询问信息的基础表格。以下是有助于了解访展人员及其机构的一些信息。

a. 辨别在访问展位的人当中，谁意味着真正的机会，而谁只是对其他东西感兴趣（例如寻找竞争对手信息的竞争对手）。关于如何评估接近展位的人，巴里·西斯金德（Barry Siskind）写过一本很好的书，为这一问题提供了一些想法。

b. 获取更多有关销售机会的详细信息。这是就在眼前的销售机会，还是像我在之前的案例中提到的那样，是为未来销售机会收集信息的人？

c. 弄清楚这个人在其所在机构中的角色，因为它会影响到上一点（b）。在我自己的案例中，我是该机构的顾问而不是员工。

d. 了解机构如何做出采购决策。

大部分情况下需要制定适当的计划和表格。我之前写的一个专栏（用表格"智"定现场情报工作计划）和竞争情报基金会的书《会展情报》中有几种表格，可能会对读者有帮助。

3. **促进数据采集和存储**。在匹兹堡分析化学和光谱应用会议暨展览会进行的交流中，很明显，我给展台人员的信息并没有被传达给销售人员，而且据我所知，这些信息甚至可能没有被完整记录。这可能是因为我提供的信息不在展台人员的信息收集要求中，希望 CI 专业人员在阅读本文后能够在此方面有所改进。

不过，销售人员的跟进让我开始思考信息被捕获后会发生什么。它是如何存储的？它是如何传播的？很明显，在这种情况下，销售人员得到的只是我的姓名和电子邮件地址，仅此而已。当我告诉展台人员我出现在那的原因时，提供的所有其他信息去哪儿了？根据我在展台上的观察，展台人员回答完问题，扫一眼我的徽章并把资料递给我之后，她就转向展台的下一位潜在客户。她确实在纸上做了一些笔记，但仅此而已。她如何处理那些笔记？为什么这些都没有传达给销售人员？为什么销售说他不知道我接近公司的目的？

在我看来，一种可能是信息没有被捕获，没有被存储，也没有提供给销售人员，另一种可能是销售人员不知道如何获取信息。竞争情报可以通过开发信息抓取的表格和步骤来提供帮助，展台人员在完成采访后可以使用这些表格和步骤。

隐身在会展活动里的市场情报

这些步骤还可以包括适当的传播策略。这家机构显然丢失了很多可能对他们有益的信息。难怪销售人员无法获得信息来支持他进行适当的外延服务。

4. 培训员工采访的技巧和方法。展位员的工作是推销产品/服务并回答参展人的问题，但也要收集有助于最终销售的信息。展位工作人员需要提出正确的问题，为适当的展后分析和与潜在客户的联络提供便利。

上述第二项建议有助于确保提出正确的问题，上述第三项建议能确保信息被适当地存储和传输。但展台人员还需要掌握提问方法和有效采访的技巧，包括如何解读访客的肢体语言。访谈是竞争情报文献中的一个主流话题。例如，前面提到的《会展情报》一书中就有几章是关于访谈的。CI工作人员应考虑为工作人员提供访谈培训，或至少为他们准备有关如何有效进行访谈的资料。

协助用户画像、协助确定要收集的正确信息、协助开发抓取与存储系统，以及培训展台人员在活动中进行有效访谈，这些都是情报专业人员可以为所在机构的贸易展人员提供直接价值的领域。

提供这种帮助可以减少我在匹兹堡分析化学和光谱应用会议暨展览会和其他贸易展活动中遇到的此类问题。不要让我在匹兹堡分析化学和光谱应用会议暨展览会看到的事情发生在你的机构中。同时，充分展示你和竞争情报对你所在机构的价值。

参考文献

［1］Calof J. Formulating your event intelligence plan[J]. Competitive Intelligence Magazine, 2010, 13(4):57-61.

［2］Calof J. Trends for Trade Shows in 2014-Implications for your event intelligence program[J]. Competitive Intelligence Magazine, 2014, 17(1):59-61.

［3］Calof J, Bonnie H. Conference and trade show intelligence[M]. Alexandria, VA: Competitive Intelligence Foundation, 2007.

［4］Siskind B. Powerful Exhibit Marketing[M]. Canada: John Wiley & Sons, 2005.

（译者：陈煦）

Chapter 04 第四章 专题

第八节　会展组委会成为一项情报资源

原文刊载于 Competitive Intelligence Magazine，2006 年 11—12 月。

上周是我的会议周，在贸易展情报专栏作家周游世界的日常生活中，这通常不是特别令人兴奋的事情。但上周不同：两组会议是针对会展主题展开的，而且我是会议的组委会成员。

担任组委会成员需要承担巨大的工作量和责任，需要确保活动策划朝着促进行业和成员最大利益的方向努力。当我参加这些会议时，我也意识到加入组委会能获得巨大的情报机会。本期专栏讨论了这些机会及其提供的优势，旨在说服你参与会展组委会的工作。

贸易展问题

在过去的几年里，我自己也曾在贸易展上吐槽各种元素。看看它们当中有多少也曾困扰过你。

1. 苦苦寻找只有 VIP 代表、演讲者（包括主要公司高管）和赞助商才能入内的活动区域。我希望能直接在那里找到行业内的顶尖人士，了解他们认为的行业未来发展方向。

2. 希望能有更多与我的情报需求直接相关的演讲、研讨会和主题。或者更糟糕的是——会程已经过半，我却在会场想着要是能在活动开始前就看到了这些材料就好了，尽管会议手册中有标题和摘要，但演讲内容并不是我想听的。

3. 参加全体演讲和 CEO 圆桌论坛时，我在心里默念为什么他们不能邀请更符合我公司利益和情报需求的其他演讲者。我想到这一点是因为我发现在一次问答环节中，有人向演讲者询问他所在公司的未来计划。演讲者直截了当地回答了问题，这是演讲者一贯的作风。事实证明，提问的人想成为演讲者所在公司的主要供应商，所以这些问题实际上是试图获取他所需的信息，以拼凑出能够中标的

方案。

4. 未能及早收到会展的活动列表，来不及制定适当的现场情报计划。在许多我要参加的许多活动中，我每天都会刷新和访问网页，却只看到"正在建设中"或"即将推出"。我想知道谁参展，他们在哪里参展，谁会演讲，这样我就可以尽早去找我的老板，为活动争取正确的资源，当然，还要制定一个合适的计划。

简而言之，活动的成功取决于是否及时制定计划，并参加正确的活动。不幸的是，这些往往是我们无法掌控的。

活动策划

现在请想象一下，如果你真的可以在我刚才提到的所有环节都有发言权，并且你可以自由地协助策划活动，并在活动开始前一年就获得有关活动的关键信息，另外，你不仅有机会选择演讲者和研讨会、小组讨论成员和主题，而且有机会与所有参与者一起设计他们的演讲，那会怎么样？参加活动的组委会就为你提供了这些机会。

积极参与

参与会展组委会并非易事。你必须了解组委会的成立方式和时间。在即将举行的会议上，成员可以自荐成为组委会成员。然后，会议主席与其他人协商后，将对其发出加入组委会的邀请。在另一家机构，大约在会议召开前六个月，董事会成员会被问及是否有意愿担任组委会成员，并由会议主席做出最终决定。有些机构有几年的规划周期，在这种情况下，在活动举办前一年多你就要参与进来。

初步规划——制定会议议程

在我任职的一个组委会中，初步规划的会议在年度会议之前就已经安排好了，会议中，大家对主题、圆桌会议和全体会议演讲人进行了一般性讨论。这使所有组委会成员都有机会就他们认为其成员最感兴趣的项目类型提出意见。

作为一名忠实的SCIP会员和商业情报信徒，我正推动一些环节，讨论商业情报及其与政府情报的关系（协会的主要关注点），并可能举办一次关于安全远见的圆桌会议（因为我也部分参与了远见相关工作）。这让我可以邀请一些我想在远见社群里认识的人，并组织一个符合我兴趣，我希望也符合组织会员兴趣的圆桌会议。后续会议的重点主要集中在演讲嘉宾的邀请和潜在选题这两方面。

在组委会任职提供了一个独一无二的机会去邀请你想见的专家来发表主题演讲或出席小组讨论。鉴于活动的重要性，这也是一个邀请通常情况下难以约见的演讲者（例如，情报机构负责人和政界要员）的机会。这些人通常也是机构会员和组委会特定成员感兴趣的对象。

与其他会议类似，活动策划还包括特别的实地考察。组委会成员可以提议参观他们想去参观的地方，而这些地方同时也是其他会员感兴趣的地方。这是一个非常开放的流程，组委会有很大的自由度。当然，最终决定由会议主席做出。

在我任职的另一个组委会中，大主题早在组委会开会之前就已经确定了。事实上，对组委会成员的选择是基于他们在指定领域中的经验和声誉进行的（我是学术分会的联合负责人）。因此，组委会成员影响大主题的能力是有限的，但他们可以参加主题选择的讨论。这家机构并不是唯一一家在组委会开会前就确定了会议主题的机构。

大多数机构都有一个建立分会和大主题的流程，你作为组委会成员可以对这些施加影响。因此，了解组委会的组建流程并找到影响该流程的方法是非常有必要的。

会议设计

许多会议（例如，休斯敦海上技术会议）要求潜在的演讲嘉宾向组委会提交提案，其他会议由组委会负责向潜在的研讨会负责人或演讲者征求提案。无论哪种情况，你都有机会设计会议内容。如果使用提案的方法，你可以通过选择这一步骤直接设计会议。你想要哪个演讲嘉宾进行演讲？你想涵盖哪些主题？你想让

隐身在会展活动里的市场情报

哪些公司来介绍？这些问题都在你作为组委会成员的影响范围内。

请记住，你的选择必须基于尽可能为参会代表举办最好的会议这一立场，而不仅仅是确保你可以在活动中进行情报工作。但是，在帮忙选择提案时，你能在早期就收集有关你所在机构可能感兴趣的演讲者、公司和主题的信息。

对于有些会议来说，哪怕你没有机会选择演讲者或评估提案，仍建议你与演讲者一同设计他们的演讲材料。这可以为你提供有关该主题的早期预警和资料。这种手把手和演讲嘉宾一起设计内容的方法并不罕见——事实上，为了确保达到重要研讨会和演讲的高水准，这么做是有必要的。

参展商和代表

谁在活动中参展？虽然组委会成员很少参与参展商流程，但他们通常会收到有关谁购买了展位以及谁注册为代表的最新信息。我参加的大多数会议都会对组委会成员开放这些信息。

在会展上

这是我最开心的时候。作为组委会的一员，我有一个用来表明身份的特殊徽章。这个徽章让我能进入所有VIP区域和所有典礼（甚至在它们开始之前），而且它可以帮助引出一个很好的开场白。作为组委会成员，你需要与代表们交谈，了解他们对会展的喜爱程度、他们希望在下一年看到的内容等。你还需要与VIP们会面并确保他们满意。

你可以利用此机会进一步实现你所在机构的情报目标。想在演讲之前或之后向演讲者提问？想在开展之前或之后在展厅提问？作为组织者，你不仅可以这样做，而且有责任这样做。同样，确保你的主要重点是保证该活动适合所有会员（而不仅仅是推进你的情报议程）。此外，请勿歪曲你的身份（例如，你所在的机构）。确保你不违反SCIP的职业道德行为准则或你所在机构的准则。

我希望你能看到加入会展组委会所带来的巨大机会。虽然耗时，但它们确实

第四章 专题

为推进你所在机构的情报工作提供了最佳机会。

在此发出一个警告：不要忘记你加入组委会就是为了让会展尽可能最好地满足所有会员。请务必平衡你的愿望——让活动聚焦于你的需求，和义务——照顾所有会员的需求。如果你无法在两者之间取得某种平衡，你可能就不会再有机会参与其中。

（译者：陈煦）

隐身在会展活动里的市场情报

第九节　贸易展的主场优势：在贸易展场地外挖掘客户洞察的可靠方法

原文刊载于 Competitive Intelligence Magazine，2018 年秋季刊。

在贸易展上与（当前的和潜在的）客户共度美好时光并不容易。他们很忙，你也很忙。过去的专栏已经提到过如何在展位内外收集客户信息和挖掘客户洞察，以及分析法对理解这些零碎信息的重要性。但是，活动提供了一个独一无二的机会，你可以与你的客户进行大量面对面的交流并获得有价值的客户洞察。这个机会就是：举办客户活动并将其作为活动情报项目的一部分运营。

本文重点介绍两种类型的客户活动。

1. 当贸易展恰好与你所在的机构在同一个城市时，在你的场地举办客户活动；

2. 当贸易展与你所在的机构不在同一个城市时，在展览场地附近找地方举办客户招待会。

在贸易展设施外（避开窥探的目光），即在自己公司的场地举办活动接待客户，为你提供了一个了解客户想法的独一无二的机会。这是进一步进行赢/输分析的好方法，不仅可以发现客户当前和未来的需求，还可以了解他们产生这些需求的原因。此类活动甚至可以用来挖掘关于竞争对手的洞察。请注意（严重警告）：无论你邀请谁来参加公司的活动，在贸易展上他都会很忙碌，并且可能在活动开始之前就已经将自己的会议日程安排好了。如果你的公司打算举办这类含有大量情报的活动，请确保邀请他们的时候给出一个有说服力且有价值的参会理由。此外，你要在贸易展之前尽早做好这些工作，这样你想邀请参加活动的客户就不会被其他人提前预订走了。

Chapter 04
第四章 专题

本文主要是从在公司场地举办活动的角度撰写的——真正的主场优势。但是，如果是外地贸易展，我会指出建议需要调整的地方。在本地举行贸易展的情况下，公司举办活动的地点应该是你自己的场地。如果在外地举行贸易展，公司举办的客户招待会应该要设在活动酒店的会客厅或其他一些有吸引力的地方。不过，请确保该场地有利于公司演讲、访谈和交流。你的公司可能会因为豪华的装修选择某个场地，这从市场营销的角度来看确实说得通（而且市场部可能会为此买单）。但是你需要一个适合现场情报的场地。

我在我支持的几家机构之一的主场城市举办过几场活动。下面我就来总结一下公司在其主场举办客户招待会时的步骤（完整的主场优势）。我也会指出在非主场的情况下步骤中略有不同的地方。

会展前几个月，公司邀请了几位客户（以及一些潜在客户）参观会展，并与公司人员（包括研发人员）会面。这是一个向客户展示公司在即将推出的产品方面做得有多好的机会。管理层、销售人员和其他人也可以邀请他们认为应该被邀请但却不在第一批邀请名单上的人。

1. 客户出现在公司的场地/活动地点，在那里与公司员工和其他人会面。

2. 公司高级管理层针对公司、产品/服务以及未来可能的计划进行演示文稿介绍。

3. 客户（通常）会参观场地，在那里他们可以与机构的其他成员互动，其中可能包括查看未来产品的原型。（外地举办的活动不会有此步骤。）

4. 活动以举办招待会（食物和饮料）结束，公司员工、客户和其他受邀客人在招待会上进行交流。

我希望阅读本文的人能从以上四个小型活动中看到巨大的CI潜力，以及挖掘客户洞察的重要机会。希望那些曾在没有CI参与的情况下举办过这类招待会的公司现在能够意识到，最好不要再浪费时间来策划这种（没有CI参与的）活动。

为了最大程度地利用这些机会，以下是你所在机构在邀请关键客户（有时是

隐身在会展活动里的市场情报

其他人）时可以使用的五个策划技巧。这不是一个完整的活动策划指南，但它能给你提供一个很好的开始。

1. 随时获取你所在机构的活动后勤信息，包括日程安排、受邀者和公司人员

CI 很少能影响活动的举办方式——这通常是市场营销 / 销售部门的工作。但是，如果你能受到营销 / 销售部门足够的尊重并且有一个深思熟虑的计划，你可能能够对谁被邀请（除了当前客户）以及日程安排产生影响。

前面提到的活动时间表很重要，因为它列出了收集信息的不同机会以及能被收集的信息类型。例如，在产品开发旅程中，你可能会听到客户谈论他们未来的需求 / 要求。在最近的一次活动中，一位评论者（在看到产品开发后）说："这肯定会帮助我们在北欧进行贸易扩张。"由于邀请对象的不同，你甚至可能会被问到技术问题。有了"客户"名单，你将知道谁会出现在那里，并且通过适当的背景分析，了解他们可能拥有哪些有助于你情报工作的信息，以及如何更好地接近他们以获取这些信息。

如果活动不在你的场地之一（外地公司活动），请考虑如何在某种意义上远程模拟参观，并展示新兴产品。让客户接触 / 感受 / 使用这些产品，这将为挖掘客户洞察创造良好的环境。

2. 查看当前的客户洞察需求（不限于这些需求），确定公司活动助力洞察项目的方法

从两个方面来看这件事。首先，查看你当前的情报计划，看看邀请名单上哪些人能满足你与众不同的信息需求。其次，再次查看客人名单（在第 1 步中）并看看该名单上还有谁可以做你的帮手（第 3 步有更多相关内容）。搞清楚你想知道什么以及谁最有可能拥有这些信息。

3. 确定公司内外能被分配活动任务的人

你在第 1 步中获得了来宾列表，希望你也能知道公司内部有谁会参加活动（你通常不会在来宾邀请列表中看到他们）。现场情报中有许多不同的角色。你需要人手，以便客户在四处走动或出席招待会时向他们提出问题。你还需要人手记录客户在参观和听演讲期间提出的问题（这能揭示他们的很多需求/关注点），以及客户对信息收集者所问问题的回答。最后，还要有人观察客户的肢体语言。例如，演讲的哪些部分让他们最兴奋（或最厌烦）？客户对哪些新产品最感兴趣？另外，如果你邀请客户的高级技术管理人员参加活动，你可能希望公司的技术人员来与他们交谈（他们有共同语言）。我称这些人为主题专家。

与派人参加贸易展的高成本不同，多邀请一些公司员工参加主场活动并不会产生太多额外的费用。至于被邀请的外部人员（你所在机构之外的人），你是否有任何（我称之为）"友情支持者"——可以代表你提问和观察的人？比如，在一次公司贸易展活动中，政府和协会人士均受邀参加，且两组人在提问方面都非常高效。你就可以请那些与你关系较近的客户帮你在接待处仔细观察并多多提问。

4. 确定是否应邀请其他人（机构内部或外部）

知道了在活动中想收集的内容（第2步）和可以寻求帮助的人（第1步和第3步），你可能会想要更多帮助，例如额外的主题专家或额外的援手。无论哪种方式，主场都有其优势，因为在活动中让更多的公司员工参加并没有什么成本（除了食物）。第4步还可能涉及要求管理层邀请更多的客户、供应商或其他人参加活动，前提是如果你认为他们有助于满足信息需求，或者他们可以成为有价值的帮手（第2步和第3步）的话。

当然，如果活动不在本地，尽早计划可能会让你有时间安排额外的公司人员到场，或者让你有时间接触那些会参加会展且你愿意请他帮忙的"友情支持者"。

5. 制定后勤计划

现在你已经明确了想从满满一房间的人那里获得什么信息来挖掘客户洞察，并且明确了在收集信息时要与谁合作。现在是分配信息收集角色并制定后勤计划的时候了。

后勤计划可以包括诸如谁在公司活动的哪个环节（交际、公司演示、工厂参观和招待会）收集什么，甚至你希望人们坐在哪里。在一场公司活动中，我是对方信息收集的目标对象，我感觉似乎总有来自该机构的人坐在我旁边提问。这方

隐身在会展活动里的市场情报

法非常有效,阻止了我花太多时间与我的朋友闲聊(他们也确实为此留出了一些时间!)。后勤服务还包括为那些在活动中帮忙的人约定一个会面时间——在活动期间与情报团队进行实时汇报。例如,我建议在一场公司活动中负责采访的人在活动期间集合3次。大家花时间快速审查信息收集的进展情况,识别在这期间出现的问题,并确定是否有人或主题需要额外的支持。

鉴于活动只持续几个小时,所以进行这些简短的会面对于确保活动保持正常进行至关重要。例如,在我负责协调的一次活动中,我们决定更换采访中某些关键目标的人员——进行任务交换。

总结

将客户聚集在一起的贸易展、会议和其他活动是挖掘有价值的客户洞察的绝佳场所。在你自己的场地举办活动(如果贸易展在你公司主场城市)或在活动所在城市举办活动(如果贸易展在外地),为挖掘客户洞察以及洞察项目中的其他元素提供了一个很好的机会,但前提是你要为它做好适当的计划。这篇文章是基于我在参与的几次公司贸易展招待会上获得的经验来写的,希望能给大家提供一些如何让此类活动利益最大化的思路。

我希望你不会像那家我曾协助其开发情报能力(不是专门针对贸易展情报)的公司那样,在活动结束后告诉我,他们在当地的贸易展期间让大量的客户到他们的主场参加公司活动。他们自豪地告诉我有多少客户参加了会议,以及客户对他们的产品和设施多么印象深刻。但当我问起他们是否记录并分析了客户的评论和问题,用以发现某种规律模式,是否将活动与他们的情报计划联系起来(他们有一套很棒的情报计划——我认为),有谁观察了肢体语言,以及其他类似的现场情报问题时,他们却鸦雀无声。请不要浪费这个宝贵的情报机会!

(译者:陈煦)

第十节　会展情报走向国际

原文刊载于 Competitive Intelligence Magazine，2008 年 5—6 月。

我参加过世界各地的会展。去年的里程记录大约有 250 000 英里[①]，我快要成为世纪俱乐部的会员了，世纪俱乐部是一个只有去过 100 个以上国家的人才能加入的俱乐部。我能证明贸易展顾问网站上的这句引言所言不虚：

在一个国家行得通的东西，在另一个国家未必一样。

无论你是从亚洲前往北美参加会展、从北美前往欧洲参加会展、从中东前往拉丁美洲参加会展，还是参加介于两者之间的任何地方的会展，你都可能需要重新考虑你的竞争情报计划。

贸易展的作用与目的

贸易展中心（全球极大的活动数据库之一）显示散布在世界各地的约 15 000 场活动中，有 5 525 场在美国举办。因此，登记在册的活动中约有 2/3 在美国境外举办。同样，活动眼（另一个会展信息数据库）显示欧洲有 4 667 场展览、亚太地区有 1 470 场、非洲/中东有 681 场、美国有 440 场。无论你使用哪种来源，贸易展和会议都是世界各地的大生意。

然而，贸易展在世界各地有不同的用途。关于其用途最好的解释可能来自桑迪·弗洛姆（Sandy Flom）在卓越展览制作网站上的一篇文章：

在美国，贸易展被视为一个迅速收集大量信息的地方，参观者通常不会在某个特定展览上花费太多时间。但在美国以外的地区，情况则恰恰相反。贸易展吸引了更高级别的与会者，并作为举办高层会议和磋商重要合同的场所。参观者在展台上会花费大量时间，这就产生了对私人会议和招待区的需求。

[①]　1 英里约等于 1.6 千米。

隐身在会展活动里的市场情报

从竞争情报的角度来看，这意味着与客户相关的情报主题在非美国环境中可能更为重要。此外，随着更高级别的个人出席美国以外的展览和会议，你可能需要重新考虑你的收集计划——不仅是你的关键情报课题（KIT），还包括你带来的帮忙从事信息收集工作的人员。例如，当一项活动吸引了高级别的代表时，你是否可以邀请公司的一些高级管理人员来参与收集流程？

最后，正如弗洛姆的引文中提到的那样，非美国环境的与会者在展台上花费的时间更多，因此你必须分配适当的时间在展台上收集信息。另外，你还要考虑物理布局，因为这些活动通常有许多私人会议区。这会对你目标对象的可及性产生什么影响？他们会出现在哪里？

后勤问题：空间和时间

从后勤的角度来看，亚洲和欧洲的贸易展通常比北美的贸易展持续的天数更长且每日开放的时间更久。此外，贸易展的物理面积更大。我参加过德国和日本的活动，这些活动跨越了五个以上的大型展览设施。从策划的角度来看，这种较大规模的活动既带来了好消息，也带来了坏消息。有了更多的时间，你就有可能收集更多的信息。但由于物理空间较大，你可能需要非常仔细地规划你的收集路线。

例如，一家机构在其规划中圈出了每个包含关键情报课题所需信息的展厅。然后，该机构按照一天一个特定展厅来规划其收集时间表。从第一个展厅的头部到最后一个展厅的尾部需要步行55千米。当然，也有很多地区性的贸易展远远小于美国相应展览的同等规模。

最后一个可能令人沮丧的后勤问题与我在北美以外的几场展览中看到的另一种情形有关。"许多贸易展会对公众开放一天或更长时间——通常是在会展结束后。这些公众包括小孩和由老师带领的学生——且他们经常成群结队地来"（弗洛姆）。如果没有非常周密的计划，你可能会发现自己虽然置身于一大群人中，但这些人却不是你心目中的目标对象。日本Foodex贸易展的最后一天就是一个例子。那天，好多人挤在一起，我几乎无法动弹。这种情况下在展位进行采访几乎是不可能的，所以在规划信息的收集时，要预先知道哪一天展位会被公众挤满。另一方面，如果你的信息收集技巧涉及观察，那么在公共日融入观察会容易得多。

气候、文化和语言

阿尔扬·辛格（Arjan Singh），乔迪·皮克（Jodie Peake）和莱昂纳德·富尔德（Leonard Fuld）（2007）就气候、文化和语言提出了以下很好的建议。

在较热的气候中，出席人数最多的可能是上午的会议。许多你计划联络的消息源可能会缺席下午的会议去'看一些景点'或者只是外出晒晒太阳。此外，与那些寒冷多雨的城市相比，通常在较热地区会有更多的社交活动且参加人数更多。

好天气和较高的温度也大大增加了你在会场外、社交活动和酒店的户外区域（如酒吧、泳池区和市内观光）收集情报的机会。我们都知道，阳光可以让人变得快乐，快乐的人更愿意交谈，尤其是对其他看似（和真正）快乐的人。

认识到文化和语言障碍的存在并准备好克服它们。利用消息源的语言技能，或语言技能的缺乏，来阻碍其对你意图的质疑。（有关美国、欧洲和亚洲会议之间典型差异的总结，请参见表4-2。）

如果你发现在不引起消息源防备的情况下刨根问底获得关键情报课题的答案很难，那就使用更长的词，并且说得稍微快一些。你的消息源将更多地关注你的词汇，而不太留意你的原始问题。同样，在欧洲大会上，英语可能不是许多消息源的母语。作为一个说英语的人，你可以立即与其他以英语为第一语言的人建立融洽的关系。

表4-2 美国、欧洲和亚洲会议之间的典型差异

项　　目	美　国	欧　洲	亚　洲
公司展台	轻　松	半正式	正　式
介　　绍	不必要	强　制	强　制
在活动开始前安排一些会面	不重要	推　荐	强烈推荐
照片政策	严格/半严格	轻　松	混　合
语言障碍	不存在	可　能	可　能
着装规范	轻　松	半正式	正　式

资料来源：辛格、皮克和富尔德，2007。

隐身在会展活动里的市场情报

以上建议是从我参展的经验中所得。这里有一些关于文化维度的额外建议——也是在国际贸易展上进行情报工作时要考虑的最重要的变量之一。但是为了给我的建议增加一点"学术"的分量，请考虑利用文化画像来找到接近你目标对象的最佳方法，该领域的先驱之一吉尔特·霍夫斯泰德（Geert Hofstede）提出了一个从五个维度看待文化的模型（见表4-4），每个维度都会影响你所使用的访谈技巧类型。

例如，假设你的关键情报课题涉及获取目标对象的战略和未来发展的信息。在权力距离较大的国家，除非你直接与高层官员打交道，否则很难在贸易展上通过采访收集信息。在这种情况下，权力和信息通常掌握在高级管理人员手中。底层员工不掌握这类信息，也不愿谈论自己掌握了哪些信息。因此，你采访的方法和对象会受到权力距离的影响。

长期导向性会影响访谈的成功，当然也会影响与你交谈的人的观点。如果你从事长期情报工作（例如技术远见）但却处在短期导向性的文化中，则很难让目标对象集中在长期导向的讨论上。然而，高度不确定性规避的文化可以为竞争情报提供独特的机会。来自高度不确定性规避文化的机构可能已经进行了大量的环境扫描和竞争情报工作，以了解其环境中正在发生的事情。我将在《竞争情报杂志》的另一篇文章中讨论霍夫斯泰德的跨文化特征分析模型及其在竞争情报中的作用，但你现在可以了解一下文化维度对信息收集工作的影响。

表 4-3　获取更多信息的网站

www.geert-hofstede.com
霍夫斯泰德网站。该网站为你提供有关霍夫斯泰德模型的更多信息，并展示了许多不同国家的文化特征。
www.tsnn.com
贸易展中心。世界上最全面的贸易展和会议数据库之一，能进行很多灵活的搜索。
www.trade-show-advisor.com/tradeshow-exhibit-booth.html
贸易展顾问。提供常用的贸易展建议的好网站。

表 4-4　霍夫斯泰德的文化维度

权力距离指数是组织和机构（如家庭）中较弱的成员接受并期望权力分配不均的程度。这种不平等（更多的权力与更少的权力）是从底层定义的，而不是从上层定义的。这表明，一个社会的不平等程度不仅得到了领导者的认可，也得到了追随者的认可。当然，权力不平等是任何社会的基本事实，任何有国际经验的人都会意识到所有社会都是不平等的，但有些社会比其他社会更不平等。

个人主义，与其相反的集体主义是指个人融入群体的程度。在个人主义的文化中，我们发现社会中人与人之间的联系非常松散：每个人只被期望照顾自己和直系亲属。在集体主义的文化中，我们发现，人们从出生开始就融入强大的、有凝聚力的群体，通常是大家庭（叔叔、阿姨和祖父母），这些大家庭继续保护他们以换取毋庸置疑的忠诚。这个意义上的"集体主义"没有政治含义。它指的是群体，而不是国家。同样，这个维度所解决的问题是一个极其根本的问题，在世界上所有社会中都很常见。

男性化，与其相反的是女性化，指的是性别之间的角色分配，这是所有社会中的另一个基本问题。IBM 的研究表明：（1）不同社会中的女性价值观的差异小于男性；（2）不同国家的男性的价值观各不相同：一种是非常自信的和有竞争力的，与女性的价值观截然不同；另一种是谦虚、关怀，与女性的价值观相似。自信的一极被称为"男性"，而谦虚、关怀的一极被称为"女性"。女性化国家的女性与男性有着同样谦虚、关怀的价值观；在男性化国家，女性有些自信和好胜，但不如男性，因此男性化国家的男性价值观和女性价值观之间的差距更大。

不确定性规避指数指社会对不确定性和模糊性的容忍度，它最终指向的是人类对真理的追求。UAI 表明了一种文化在何种程度上使其成员在非结构化的情况下感到不舒服或舒适。非结构化情境是新奇的、未知的、令人惊讶的、与平常不同的。

避免不确定性的文化试图通过各种手段将这种情况的可能性降到最低，如严格的法律和规则的遵守、安全和保障措施的实施，在哲学和宗教层面对绝对真理的信仰："只能有一个真理，就是我们拥有的这个。"避免不确定性国家的人们也更加情绪化，并且受到内在精神能量的激励。相反，接受不确定性的文化，更能容忍与他们习惯所不同的意见，他们试图尽可能少地制定规则，在哲学和宗教层面上，他们是相对主义者，允许许多思潮并行发展。这些文化中的人们更加冷静和热爱沉思，他们的环境并不期望他们表达情感。

长期导向，相对于短期导向，是第五个维度，它是从一项针对全球 23 个国家的学生的研究中发现的，研究使用了由中国学者设计的调查问卷。这一维度可以说是无问真理，但论道德。长期导向的价值观注重节俭和毅力；短期导向的价值观尊重传统、履行社会义务和保护"面子"。这个维度中被认为是积极和消极的价值观都可以在孔子的教义中找到，孔子是最有影响力的中国哲学家，他生活在公元前 500 年左右。但这个维度也适用于没有儒家传统的国家。

资料来源：http://www.geert-hofstede.com/。

隐身在会展活动里的市场情报

文化的细微商业差别

关于文化的细微差别及其对商业交易的影响，有几本书提供了很棒的信息（参见里克斯，2006年；或阿克斯特尔，1993年、1998年）。例如，你如何在"不"这个词被认为是冒犯或不存在的文化中进行采访？回到之前日本食品展的例子，如果你问潜在客户是否喜欢你摆在他们面前的试吃食物，他们只会回答"是"以示礼貌。但如果直接观察他们是否扔掉或吐掉试吃的食物肯定会更好。

有很多这样的例子，因为文化环境下的某种特定反应，我不得不修改问题的措辞，其他需要考虑的文化因素包括时间导向性（准时有多重要？）、正式程度等。

文化以多种方式渗透到贸易展中。首先，请记住，你不是在本国开展业务，因此了解当地的文化习俗是成功实施贸易展竞争情报计划的重要组成部分。其次，贸易展汇集了来自世界各地的人，因此你要采访的人可能来自和主办国不同的其他国家。

例如，在参加德国贸易展之前，你会分析德国文化，了解采访的难点以及如何克服这些困难。但你最终可能会从在德国会展上设展的巴西竞争对手那里收集信息。对他们来说，适用的是巴西的信息收集规则。一定要了解所有目标对象所在国家的文化影响。

访谈稿和本土专家

鉴于文化和语言会影响竞争情报计划在国际贸易展上能否成功实施，最好让本土专家在活动开始前检查一下你的计划。本土专家应当检查你是否以正确的方式提出了正确的问题。有时甚至要考虑聘请当地的竞争情报专家来帮助你进行收集工作。

我在日本的一个贸易展中采用了这种方法。而且我发现在贸易展上从日本对象那里获取信息的能力会受到语言和年龄太小的阻碍（日本非常尊重老年人，而且我的访谈对象是日本的高级管理人员）。我本人当然可以与这些目标对象会面，

Chapter 04

第四章 专题

他们也会出于礼貌同意接受我的采访，但直接获得我所需信息的可能性很低。相反，本土专家——一位年长、经验丰富的竞争情报从业人员——可以毫不费力地获取信息。尊重年长的高管是日本社会的核心价值观，因此目标对象会在访谈过程中向我的采访人表现出适当的尊重和直率。而一个来自加拿大的、年轻的、讲英语的教授就不会激发这种需求。

考虑将本土专家纳入你的信息收集团队还有其他更关键的原因。在外国展览中，目标对象在用母语交谈时更加友好和轻松。（我们不都这样吗？）此外，当被迫翻译母语时，目标对象可能会遗漏有价值的信息。他们要么找不到对应该信息的词，要么更糟糕的是，他们试图翻译关键概念，结果翻译错误。这曾发生在一个与技术相关的项目中。

确实，当人们翻译其母语时，他们更倾向于用简单的术语交谈。如果文化里有帮助陌生人的价值观（正如我在中东观察到的那样），也许他们会为了帮助你而试图提供更多的信息。最重要的是，你如何提出问题（你的采访技巧），你使用什么措辞，甚至由谁向受本土文化影响的人提问。所以，最好让本土专家检查一下你的收集计划。

结论

本篇文章的开头引用了一句话，"在一个国家行得通的东西，在另一个国家未必一样"。在文中，我概述了会展的规模、当地气候、会展时常，以及会展中语言、文化、目的和重要性的差异如何显著地影响了你的会展工作。要想在你所在的国家/地区以外获得成功，就需要了解这些差异，并将其体现在你的会展竞争情报计划中。

我在了解和体验这些差异的过程中获得了极大的乐趣。如果你能在会议上找到我，我可以告诉你更多有趣的文化故事。所以在临别之际，我为你未来的国际贸易展工作提供以下建议：随时准备着，soyez prepare, seien vorbereitet Sie, sia preparato，準備されなさい，准，подготовьте（根据我的经验和宝贝鱼的翻译，若有错误或无意中冒犯了您的父母，给您道歉。）。

参考文献

[1] Axtell R. Do's and taboo's around the world[M]. New York: John Wiley, 1993.

[2] Axtell R. Gestures: the do's and taboo's of body language around the world[M]. New York: John Wiley, 1998.

[3] Cooke M, Cooke C. Trade shows for exporters[EB/OL]. [2008-12-30]. http://www.exportsource.ca/gol/exportsource/site.nsf/en/es02431.html.

[4] Flom S. International trade show marketing: part one-what's so different? [EB/OL]. [2008-12-30]. www.espexhibits.com/tips/international.php.

[5] Hofstede G. Cultural dimensions[EB/OL]. [2008-12-30]. www.geert-hofstede.com/.

[6] Ricks D. Blunders in international business[M]. New York: Wiley-Blackwell Publishing, 2006.

[7] Singh A, Peake J, Fuld L. How to execute a trade show intelligence plan: international lessons in the 4 C's, comfort, collection, challenge, checking[M]//Calof J, Bonnie H. Conference and Trade Show Intelligence. Alexandria, VA: Competitive Intelligence Foundation, 2007.

（译者：陈煦）

第四章 专题

第十一节 亲爱的"C",请给我会展情报项目的资源

原文刊载于 Competitive Intelligence Magazine, 2008 年 1—2 月。

本期专栏是我在看到来自读者的这一请求正在变得越来越多之后所做出的回应。多亏了这个专栏,还有我与竞争情报基金会一起编辑的这本会展情报书,我才在会展情报领域有了点名气,也可以说是恶名。因为我经常会收到一些电子邮件要求我帮助他们解决某些问题。本期专栏就来回答一个人们问得越来越多的问题:

我如何让高级管理人员认可某个会展情报计划?

我最近给一群高级管理人员做了一次关于会展情报的演讲,这些管理人员大多数都处于"C"级[1]。因此,这是一项非常艰巨的任务,原因如下。

- 一般来说,这些高级管理人员都不会对会展报什么积极态度。事实上,参加了本次会议的大多数高管都表示,他们在现场所获得的结果经常令人失望。因此,他们对表现没什么期待。

- 有几名"C"级人员问:"我为什么要关心会展?那是市场和销售人员应该关心的内容。"他们只负责批准预算,对此毫不关心。

所以,在我第二次与高级管理人员进行交流时,我修改了我的交流稿,以强调我的一个观点:除非你能使会展与高级管理人员产生联系,否则,他们不会对会展产生"C"级兴趣,会展情报也不例外。

本期专栏的剩下内容实质上是我修改后的演讲内容(部分)。你可以根据其中的一部分内容来给你的"C"级管理人员写一封信,邀请他们参与到会展情报过程当中来。本期专栏的第一个目标是让"C"级管理人员关注情报理念。第二

---

[1] 即公司管理层,因为 CEO、CFO、CTO 等都是 C 开头,代表 Chief。——译者注

隐身在会展活动里的市场情报

个目标是展示会展在这个过程中的重要性。接下来你就可以申请资源了。（顺便说一句，也许采取相反的方法会更容易一些，比如先向他们推销会展中的信息潜力，然后再努力让他们相信情报是一个很重要的因素。以上内容的排序与核心论点无关。）

情报、远见、周边视野的重要性

"推销情报"的一部分问题出在这个词本身，这个词确实有一些非常负面的含义。市场上谈论情报的书越来越多了，但这些书的名字不太一样。例如，戴和休梅克的著作《周边视野》（2006）正在受到高级管理人员的广泛关注。此书的作者在讨论人们对周边视野的需求时，经常引用情报方面的材料。事实上，周边视野的定义非常接近于我们对情报的定义。

比尔·盖茨在他的著作《未来时速：数字系统与商务新思维》（1993，第3页）中写道：

如果你想要和其他人拉开距离，那么最有意义的办法就是在信息方面做得格外出色……你收集、管理和使用信息的方式将会决定你是赢还是输。

他讨论了通过分析技术来理解数据的必要性。这其实就是情报的经典定义，不过他将其称之为知识管理。达文波特和哈里斯在《数据分析竞争法》（第7页）中称其为：

大量使用数据、统计和定量分析，解释和预测模型以及基于事实的管理，来推动决策和行动。

推销情报过程

以上这些听起来都和情报没什么区别。不同的公司和不同的高管只是使用了不同的术语。不管你怎么称呼它，关键是你真的在销售情报过程中。情报通过使用整个组织及其网络来开发有关环境（客户、竞争对手、监管机构、技术等）的、可操作见解，帮助你的公司保持或者发展独特的竞争优势。它需要一个系统的、合乎道德的过程，包括规划、收集、分析、沟通和管理。

为什么这种能力如此重要？全球情报联盟在其主页上对此做了很好的总结：

第四章 专题

当今的商业环境使得我们需要一整套系统来管理外部商业环境中的风险。当下,全球化力量达到了一个前所未有的强度。大多数企业高管认为,这些变革力量会对他们的组织产生重大影响。

推销意外回避

大多数公司承认他们在与环境打交道这个方面做得不太好(不管他们如何称呼这个过程)。

一项针对全球高级管理人员的调查发现,81%的人认为他们在未来对周边视野的需求远远高于他们现有的能力。大多数组织认为他们缺乏足够的能力来对关键信号进行检测、解释和采取行动,此类关键信号指的是在通常的业务环境外围出现的、意味着新威胁或新机遇、关键但微弱而又模棱两可的信号。(戴和休梅克,2006,第5页)。

在过去五年中,多达三分之二的人表示,他们非常惊讶于遇到了有三件之多的具有高影响力的竞争性事件。此外,97%的受访者表示他们的公司缺少早期预警系统(吉拉德,2006)。为了解决这些"意外",世界上的大多数大公司都发展了综合情报能力(吉娅,2005、2007)。在《数据分析竞争法》一书中,作者列出了世界上的许多大公司及其分析重点。

经过验证的价值

所以,现在我得到了高管的关注。是时候告诉他们SCIP成员的情报工作产生了巨大的价值。根据2006年基金会的研究成果(费林格、霍霍夫和约翰逊,2006),情报系统可以:

- 新收入或者增加收入;
- 新产品或服务;
- 节省/避免成本;
- 节省时间;
- 提高利润;
- 实现财务目标。

系统专注于各种情报主题(按等级排序)。

隐身在会展活动里的市场情报

- 公司画像；
- 竞争基准；
- 预警警报；
- 市场或行业趋势；
- 客户或供应商画像；
- 技术评估；
- 经济/政治分析；
- 高管画像。

反过来，从这些关键情报课题中收集的情报有助于支持以下领域的决策。

- 公司或业务战略；
- 销售或业务发展；
- 市场进入决策；
- 产品开发；
- 研发/技术；
- 并购、尽职调查、合资企业；
- 监管/法律。

当然，你的"C"级官员会在这里发现他们感兴趣的东西。因为他们的竞争对手正在干这些事情，所以现有的情况对他们来说有可能是一种威胁。

现在是会展推介部分

那么，既然你已经确信情报（或任何你想使用的名词）非常重要，那么会展在其中扮演的是一个什么样的角色呢？有趣的是，我最近帮助一家价值数十亿美元的公司制定了一份会展情报任务。他们的高级副总裁对情报很感兴趣，但他认为参加会展一定是在浪费时间："如果竞争对手向我询问信息，我可不会说真话。"好吧，我最终还是确保这位高管陪同他的团队成员参加了会展。他在会展结束后的反应是："我无法相信我们能在现场获得这么多的信息。"

以下是一些可以在你向管理人员推销会展价值时用到的说明：

第四章 专题

如果你希望在最短的时间内以最少的钱收集情报，那么举办会议是可能性最大的方式……许多正式和非正式的活动都在会议上进行，它可以为你提供大量的情报收集机会……能够把这种场合作为情报收集机会看待，尤其是以一种系统的、积极的方式来收集情报的人实在是太少了。（沙克尔和卡杜利乌斯，1996）

如果组织得当，一个称职的、内容丰富的团队能够收集到的有用信息要比他们一整年在任何其他情况下收集到的信息还要多。（普雷尔，1996）

会议和会展活动是在集中打造战略趋势的过程中最集中、最有成效和最具成本效益的方式，但是常规情报活动常常会忽视这个方面。会展、会议和研讨会能够在最短的时间内，以最少的资金提供最多的收集机会。在现场，有很多正式和非正式活动为你提供各种收集机会。多年来，摩托罗拉公司内部的一个小型商业情报（BI）专家社区一直在充分利用会展活动作为主要的收集机会。（戈德堡和巴拉克，2007）

我代表公司参加过很多次会展。以下是会展团队能够为公司完成的部分任务的列表。

- 找到风险合作伙伴；
- 发现新市场；
- 开发新的产品和服务机会；
- 获得新的市场洞察力；
- 追求销售机会；
- 发现威胁；
- 获得做出关键决策所需的情报。

信息内容和验证

是什么让这些活动如此精彩？从收集的角度来看，大多数人参加会议或会展是为了交换信息。信息收集本身是一项更容易的工作，因为在这种活动中，很多人都是集中在这个地方来进行交流的。

在会议和会展中，信息验证也变得更简单了。你始终可以找到替代来源，去验证现场信息——每个人都在。在某次会展上，我的任务是证实有关明年将出现

隐身在会展活动里的市场情报

重大技术进展的传言。会展的参加人员包括肯定会参与这项活动的科学家、跟踪这项技术的政府官员、创造尖端技术的公司、学者，以及其他可能已经成为这项新兴发展的咨询或了解对象的人员。验证谣言简单快捷。

会展还包括许多来自你组织的员工、客户、供应商和来自网络的其他人，如果以正确的方式向他们提出要求，他们就可以帮助你在现场收集信息。活动不仅能够带来大量的信息，而且还能为你提供许多可以帮助你收集信息的人。

支持关键情报课题

前面的讨论集中在收集和验证上。会议或会展活动还可以为你提供收集信息的机会，以及为你的组织正在进行的关键情报课题提供支持的机会。例如，你可以利用会展来更新客户或竞争对手的资料。参展公司的展位上有产品信息，此外，你还可以向展位工作人员询问一些可以更新相关资料的问题。

除了为现有的关键情报课题收集信息之外，你还可以进行更多的活动。有几家能够在活动中运行整个情报流程的成功组织可以当场为你提供可行建议——整个情报流程中的问题都可以在会展上全部解决。

最终推销

在进行最后的推销之前，你需要确保你已经说服了你的"C"级官员，让他们相信会展中可能有他们需要的情报。如果你能够为这些官员展示一些项目亮点，比如展位列表、演示文稿等等，那将会大有帮助。你还可以为这些官员提供一些可以帮助他们发现信息收集潜力的材料。

现在到了最终推销的环节——我称之为"3S力量"论点。我会询问"C"级主管以下问题。

- 会展平均要开几天？平均答案：3天。
- 在他们产生怀疑并要求你离开之前，你可以在展位上向目标人物提出几个问题？平均答案：3个问题。
- 平均每个展位有多少人工作？平均答案：3人。
- 在轮班发生变化或者人们根本不记得我的情况下，我可以回去多少次？平均答案：3次。

现在，把答案放在一起——一个贸易会展可以让一个人有机会向一家目标公司提出3×3×3×3个问题，也就是81个问题。通过在会展上观察日本、法国和其他公司的表现，我了解到了倍数的力量。如果你有10名自己公司的员工在会展上协助你收集信息，那么问题的数量可以增加到810个。

如果你能说服几个朋友（客户、协会人员、政府官员和其他人）提供帮助，那么问题的数量可以达到数千个（已经有人成功实践过了），而且这只是针对一家目标公司。再将所有其他目标、研讨会、聚会和其他收集机会加起来，你可以看到你获得的信息量实现了快速增加。

然而，利用这种机会的唯一方法就是要有组织地进行。显然，参与该过程的人越多，你收集的信息就越多。这种情报收集需要仔细的持续规划、评估、沟通和管理。除了安排人员的时间之外，你还需要在活动前进行计划，对收集人员进行培训，并在活动后组织收集人员进行汇报和分析。表4-5显示了会展情报项目的一日时间表示例。（竞争情报基金会的《会展情报》一书中提供了更多的表格和时间表，还提供了有关开展会展情报的详细建议，包括许多面谈技巧。）

表4-5　会展情报项目的一日时间表示例

09:00—10:00	在现场确认计划的合理性
10:00—11:00	开发新的收集形式、计划、修改
11:00—11:30	与核心团队会面——新计划
11:00—17:00	收集：展览、议程、会议
17:00—19:00	对当天的收集进行整理
19:00—21:00	分析师开会
21:00—22:00	准备报告，准备第二天的计划
22:00—23:00	分发报告（包括总部）

隐身在会展活动里的市场情报

回顾

以下是你的三步计划。

1. 情报很重要：他们需要情报，而其他人也正在收集情报。

2. 会展是一个目标丰富的信息环境。

3. 如果组织得当，你可以获得大量信息并在活动中开发有价值的情报。

最后一件事：如果"C"级管理人员认为公司太小而无法实施现场情报工作，请告知他们：卡洛夫博士已经见证了一个员工不到10人的公司也能通过此类活动在会展上取得惊人的成果。事实上，中小型企业是我在加拿大的主要客户。

祝你在最终推销环节中好运。请让我知道这个过程是否有效，你可以随时通过电子邮件和我联系，讨论有关如何销售会展情报项目的想法。我将在以后的专栏中与我的读者进行分享。

参考文献

［1］Calof J. Conference and trade show intelligence[M]//Calof J, Bonnie H. Conference and Trade Show Intelligence. Alexandria, VA: Competitive Intelligence Foundation, 2007.

［2］Davenport T, Harris J. Competing on analytics[M]. USA: Harvard Business School Press, 2006.

［3］Day G, Shoemaker P. Peripheral vision: detecting the weak signals that will make or break your company[M]. USA: Harvard Business School Press, 2006.

［4］Fuld L. The new competitor intelligence: the complete resource for finding, analyzing, and using information about your competitors (new direction business)[M]. UK: John Wiley & Sons, 1995.

［5］Gates B. Business at the speed of thought[M]. USA: Grand Central Publishing, 1999.

［6］Gilad B. Early warning[M]. USA: Amacom, 2006.

［7］Fehringer D, Hohhof B, Johnson T. W, eds. State of the art: competitive intelligence[M]. Alexandria, VA: Competitive Intelligence Foundation, 2006.

［8］Global Intelligence Alliance. competitive intelligence in large companies-global study[R]. GIA White Paper, 2005.

［9］Global Intelligence Alliance.market intelligence in large companies-global study[R]. GIA White Paper, 2007.

［10］Goldberg J. Communicating the value of trade shows to decision-makers[M]//Calof J, Bonnie H. Conference and Trade Show Intelligence. Alexandria, VA: Competitive Intelligence Foundation, 2007.

［11］Prior V. Down under: trade shows & exhibitions: the intelligence gatherer's cornucopia[J]. Competitive Intelligence Review, 1996, 7(4):77-78.

［12］Shaker S, Kardulias G. Down under: scoring at conferences: the quarterback technique for gathering intelligence[J]. Competitive Intelligence Review, 1996, 7(4):4-10.

（译者：温一村）

隐身在会展活动里的市场情报

第十二节　会展情报：快速启动你的新功能

摘自《启动竞争情报功能手册》，可在 SCIP 获取。

想要快速启动你的竞争情报功能吗？你是否正在寻找一种方法，来建立与情报紧密相连、信息共享的文化？你可以考虑从会议和会展情报入手开始你的情报工作。这种方法已被许多行业的多家公司采用，管理人员也将情报放在了一个关键位置。

本章提供了一种通过会议和贸易展发展情报能力的直接方法。如果能够正确执行的话，这将是一种让你的公司建立竞争情报（CI）部门的好方法。

会展的重要性

过去的研究表明，会展中的消费额占常规美国商业市场促销预算的 22% 至 25%（仅次于个人销售），占美国公司和欧洲公司总预算的近五分之一（雅各布森 1990；赫比格、帕伦博和奥哈拉，1996）。过去的一项研究表明，每年的总支出约为 530 亿美元（赫比格、帕伦博和奥哈拉，1996）。根据 20 世纪 90 年代后期商业营销协会所进行的一项研究，其 93% 的会员参加过会展，其中 53% 的会员每年会参加三到六场会展（梅尔策，1996，第 31 页）。

显然，会展对大多数公司来说都是一件大事。尽管高级管理人员能够意识到公司有必要参加这些活动，但仍然会对他们的公司从参加这些活动中获得的价值感到相当失望。因此，这对你来说是一个非常好的机会，你可以展示你的 CI 功能价值，尤其是对于那些会在这些活动上花费大量资金的公司来说更是如此。

造成失望的两个主要来源是：

1. 没有设定合适的会展目标；
2. 没有制定合适的计划来实现这些目标。

会展可以为你提供一个非常有趣的机会，帮助你将情报引入你的组织当中

第四章 专题

（并且已经被证明是非常成功的）——也就是说，你可以先将情报过程展示给管理人员，帮助他们解决当下的会展问题。

会展也是一种创建信息共享文化的绝佳方式。在你的情报部门完成第一个会展项目之后，你可以直接与公司的所有现场参与人员合作，并与高级管理层一起确定情报课题。

为管理层提供解决方案

你可以向你的管理层展示情报是如何帮助他们解决现有的会展问题的，也可以简单地向他们展示会展能够提供的情报机会。第一步是向你的管理层展示会展的常规价值，以及会展情报对组织的价值。

虽然高管们应该都已经知道了会展具有重要的信息潜力，但竞争情报基金会的书《会展情报》，以及SCIP年度会议记录可以为他们提供数个实例来说明合法且合伦理的现场情报项目所能够提供的巨大价值。这些资源展示了如何利用出席会议和会展来：

1. 了解客户需求、新兴技术、政府方向和竞争对手计划；
2. 在具体市场竞争；
3. 寻找销售机会和合资伙伴。

教育目标是说服你的高级经理，让他们将情报列为活动出席目标的一部分，并让你作为公司会展人员中的一员去参加会展。记住：预算不能太高，否则你可能无法从管理层获得必要的支持。

如果管理层仍然犹豫不决，你还可以用下面这个理由让他们相信现场情报是能够提供很大价值的。从收集的角度来看，大多数人参加会议或会展的目的是交换信息。这些人掌握了大量关于你的行业以及竞争对手的知识。如果能够妥善组织你的会议或会展工作，那么你在现场3天内收集到的信息会比你在一整年内使用其他来源收集到的还多，同时成本还要低得多。

会展的参加人员包括来自你组织的众多员工、客户、供应商和行业专家。建立人际信息网络是启动CI功能的关键要素，会展为你提供了一个快速、集中的机

隐身在会展活动里的市场情报

会，帮助你建立和壮大你的网络。此外，如果以合适的方式接近这些人并提出请求，那么这些人还可以帮助你在现场收集信息。因此，这些活动不仅提供了一个集中访问大量独家信息的机会，还为你提供了很多人手来帮助你收集这些信息。

制定会展计划

制定会展计划的一个关键步骤就是要更多地了解高级管理层的情报需求，这也是启动情报功能的重要一步。你应该基于在起始阶段已经定下来的要求和定义，确定在对应现场可以满足的高级管理人员的情报需求。

当你开始制定现场计划时，请记住：你必须管理好计划的期望值。明确定义并承担可以在活动中完成的会展情报项目。此外，管理层会根据你承诺的、可以在现场完成的课题来勾勒一个情报是什么的画像，因此我们需要纳入不同情报领域的课题。例如，虽然开发竞争对手的情报很重要，但也要试着将客户情报领域甚至技术领域的课题引进来，还可以考虑加入一些与分析、预警和战略决策相关的关键情报课题。帮助管理层确定现场信息目标的这个过程本身就是你组织的增值活动。

只有56%的参展企业在参展前有明确的目标，其中，只有46%的公司在参展前设定了目标，其中一半的目标是模糊不清的，还有三分之一的参展商没有设定可量化的目标（赫比格，1996）。

与他人合作发展文化和技能

一旦制定了会展计划，你就可以开始与公司中其它参加会展的人进行交流了。许多公司会安排一次会议让所有参加活动的人员聚在一起，讨论会展和展位管理的后勤问题。你应该参与这个会议议程。最好的方法是提供一个短期课程，帮助他们提高现场交谈能力。大多数人都不愿意在活动中与人交谈，因此一个关于有效面谈的简短介绍应该会很受欢迎。

该教育课程还能够展示你是如何帮助公司的常规情报计划提高价值的，这个过程也被称为建立关系和联系的过程。抽出时间与会展参加人员交谈可以为你提供一个机会来帮助你查看一些对管理层很重要的信息,以及参加者在会展中寻找这些信息的位置。

虽然告知整个团队关于你计划收集的课题及原因是一项很有价值的工作,但让他们开始思考自己的情报目标也是很有用的。这样你就可以用另一种方式来帮助他们为活动做好准备。你已经指导公司制定了自己的情报目标和信息需求流程,现在是时候帮助他们制定收集信息的计划了。首先,你要获取现场日程和参展商名单的副本,然后与贸易展览人员一起坐下来,合力确定所需信息可能所在的位置。让他们参与整个游戏计划的制定工作。SCIP《竞争情报杂志》中的一篇文章提供了20条建议和一份计划表,以帮助你在会展上安排目标和时间(卡洛夫,2005)。表格示例请参见表4-6。

表 4-6 资源规划表格

你会把时间花在哪里?

类 型	出于 CI 目的	为个人发展	为了将来的 CI	为了好玩
研讨会				
见 人				
走 路				
充当展位人员				
聚 会				

你可以向他们提供一份有关会展情报的简报,分享样本计划,并提供一些背景文章。向他们展示组织有效的信息收集是多么容易,这会使得整个活动更加富有成效,从而对公司更有价值。简而言之,以此为契机,你可以让你的公司员工了解到,如果组织得当,那么会展会是一项非常有价值的活动。

这也是一个开始建设信息共享文化的机会,你可以让他们知道在活动期间你会在哪里,并且主动帮助他们获取部分信息。反过来,你也可以知道其他人在活动中正在做什么,并让他们为你收集信息。例如,你可以向展位人员提供你的关

隐身在会展活动里的市场情报

键信息来源列表。如果列表上的人出现在展位上，你可以请你的展位人员立刻给你打电话，以便你采访他们。或者，当他们参加活动研讨会或展示会时，让他们向展示者提出一些具体问题。

在会展上

这是见证所有的努力的地方。如果做得好，这个会展就可以成为一个你可以为你的管理层开发情报的地方，你可以在这里加强信息共享和信息聚焦，这是情报工作成功的关键。

你在会展上的主要目标是挖掘管理层关心的情报，同时确保管理层的注意力清楚地集中在你在现场所取得的成就上，以及情报工作为公司带来的价值上。通常，实现这两者的最佳方式是在会展期间举行每日简报会。与公司的高级管理层每日都进行一次电话会议，向他们汇报你获得的情报（及其影响），并就下一步行动进行讨论。

情报计划是不断变动的，简报提供了一个独特的机会来展示计划是如何改变的（应该改变），以及新课题是如何被引入的。这也是你展示情报过程的重要性的好方法。

第二个目标是继续在总体上建立组织的情报文化，需要特别注意的是，你要与参加活动的人一起建立情报文化。因为你的重点是信息共享和任务聚焦，所以你应该在活动中安排时间，与出席活动的公司员工一起工作。如果你能处理好这部分，他们将成为你情报工作的最大支持者。一旦处理不当，他们就会大谈特谈这些工作是多么愚蠢。

以下是一些使你的互动更有效的想法。

- 向他们提供直接帮助；
- 帮助他们专注于他们在活动中的目标；
- 确保他们有机会分享他们收集的信息。

寻找一些可以帮助他们收集信息，同时也不会占用你自己太多时间的机会。你还可以找到一些让他们为你和组织收集信息的类似机会，这种机会不会占用他们太多时间，所以也不会分散他们的主要活动职责。

让自己有机会与其他人就收集到的信息的含义进行头脑风暴——这是一种利用团队集体收集到的知识获得观点和视角的绝佳方式。员工将会很喜欢这种活动，因为这种活动比做数据报告的工作更有趣。从某种意义上说，你已经在他们没有意识到的情况下，将他们带入了情报过程的更高级阶段。

活动汇报

现在是时候实施剩下的计划内容了。回到家后，就你所做的事情与大家交流最终的结果。除了用你在活动中发现的情报和信息让你的情报顾客赞叹不已之外，你还可以举办一次午餐学习会，向其他人展示你是如何参加会展的。你也可以让参加活动的其他人员谈论他们的经历，以及你创建的流程是如何帮助他们的。

这些拓展活动有助于对整个组织进行有关情报及其价值的教育。其目的是使组织认识到：该过程需要仔细规划和协调、收集、评估和沟通。过程成功的关键是专注信息共享，并在情报工作中互相帮助。

情报部门 / 资源承诺

在你成功开展首次会展活动之后，可能会出现两个后续结果。
1. 你获得了关于举办更多会展情报活动的授权；
2. 你就建立新的 CI 功能获得了一个快速启动。

无论哪种情况，最终结果都是增加了管理层愿意投入的资源。

如果实现了第一个结果，你可以直接拜访管理层并提出拓展行动范围的理由。如果他们对上次活动的结果感到满意，那么你可以将其与该组织正在参加的其他活动联系起来。

如果是第二个结果，你的切入点应该是向管理层展示现场执行的 CI 流程，以及如何将其应用在始终存在的信息中——而不仅仅是在会展中投入应用。你可以先与他们讨论一下关于协调好的会展情报流程如何能够帮助新的 CI 功能得到早期

隐身在会展活动里的市场情报

结果的问题。在这里，你可以向他们展示来自其他公司的大量情报示例，这样就可以很容易地向他们证明你的观点了。对于管理层来说，接受一个扩展的、持续的项目的价值不应该是一个概念延伸，特别是在他们已经享受了现场所获得的大量优势之后。

根据你如何在管理中定位新的 CI 功能，以及在该功能上所获得的支持水平，你甚至可以考虑在成功完成会展工作之前对"情报"一词保密。等管理层对你在会展上的表现留下了深刻印象之后，再让他们知道他们实际上目睹的就是情报过程，并且该过程可以应用在新的 CI 功能中。

至此，你应该已经获得了高级管理层的支持，从而增加了工作量。员工在了解了工作流程之后也会表达支持，同时还能清楚地了解组织的情报需求。对于一个简单的会展项目来说，这个结果还算不错。

总结

会展方法旨在通过利用展示情报过程的机会来利用现有的管理问题。与其打一场艰苦的战斗，说服管理层接受一个他们认为不需要的流程，不如专注于使用流程来解决现有的问题。

会展工作的资源要求不高，因此反对意见很少。运行良好的会议或会展现场计划产生的大量的宝贵情报可以使大多数经理相信情报过程确实能创造很大的价值。至少，这是我的经验。

参考文献

［1］Calof J. Trade show intelligence, one year later[J]. Competitive Intelligence Magazine, 2005(3):18-23.

［2］Calof J. Conference and trade show intelligence[M]//Calof J, Bonnie H. Conference and Trade Show Intelligence. Alexandria, VA: Competitive Intelligence Foundation, 2007.

［3］Herbig P, Palumbo F, O'hara B. Differences in trade show behavior between

North American-focused firms and worldwide-oriented firms[J]. International Journal of Commerce & Management, 1996, 6(1-2):97.

[4] Jacobson D. Marketers say they'll boost spending[J]. Business Marketing, 1990, 75:31-32.

[5] Meltazer S. Show and sell[J]. American Demographics, 1996(5):31.

（译者：温一村）

Chapter 第五章 05
为现场情报的未来做好准备

隐身在会展活动里的市场情报

第一节　凸显并增强你所在机构的情报项目：现场情报的新年决心

原文刊载于 Competitive Intelligence Magazine，2017 年春季刊。

由于今年和明年的整体会展活动有望呈增加态势（《参展商在线》，2016），对于你的整体情报计划而言，2017 年可能会是非常重要的一年。

企业正在不断被推动着参加会展，"人们参观和体验会展的方式"也在发生巨大变化（巴克，2016），这一切都需要新的情报。再加上今年会展情报 SCIP 教育计划的增加，如果做得足够好，你可能能够帮助你的组织发展更多的竞争情报功能。最重要的是，即使贵公司的高级决策者没有意识到这一点，贵公司的会展工作对情报的需求也已经达到了一个前所未有的高度。

为了帮助你利用好具有如此丰富情报的机会，本文将在新的一年为你下定 3 个与情报相关的决心。

决心 1：我将提升我的现场情报技能并丰富相关知识。

决心 2：我会让高级管理层相信会展情报的重要性。

决心 3：无论我是否在现场，我都会想方设法为公司的会展团队提供帮助。

本文还提供了一些有关如何成功实现以上 3 个决心的意见。强调会展情报的新年决心似乎很适合发表在 2017 年第一期《竞争情报杂志》上，该刊正巧于亚特兰大 SCIP 年会之前发布。

我希望这篇文章为你提供的信息和见解将有助于使 2017 年成为你和你所在机构的 CI 增长年，并帮助你制定一个更加积极、更加成功的现场情报计划。

决心 1：我将提升我的现场情报技能并丰富相关知识

今年是适合学习如何更好地执行现场情报的一年。大多数公司都关心的是

第五章　为现场情报的未来做好准备

参加会展的投资回报。在这方面，适当制定和执行的现场情报计划与创新以及情报有效性直接相关联（稍后将详细介绍）。活动投资回报潜力最大化过程的核心是制定和实施综合会展情报计划，该计划能够将组织的决策需求和情报需求与会展上的开发情报机会联系起来。要做到这一点，你需要了解如何制定现场情报计划，以及如何在现场执行情报计划，还有在现场进行采访的必要技能。在认识到会展情报的增长和重要性，以及确保 SCIP 成员成功获得现场情报所必需的知识和技能之后，2017 年有数个 SCIP 现场情报 CI 项目启动。

首先，5 月 16 日，即星期二，在佐治亚州亚特兰大举行的 SCIP 第 32 届年会上将举办一场关于现场情报的研讨会。在研讨会上，参与者可以阅读并听取一系列关于现场情报的模板和计划、在现场采访的技巧、在现场保护信息的建议、如何在现场让他人帮助你的策略（如果你的情报团队只有一个人的话，这一点尤其重要）的信息，以及一些关于如何使用现场来开发能够在会展之后依旧工作的信息网络的想法。

SCIP 暂定于 2017 年 6 月举办会展 CI 网络研讨会。这是 Fletcher/CSI 首席执行官埃里克·格利特曼于 1 月 10 日举办的 SCIP "会展 CI" 网络研讨会的后续活动。该网络研讨会提供了许多关于如何确定合适的会展、会展 CI 计划关键点、如何请求其他公司团队成员在现场提供帮助、将会展 CI 调查结果转化为行动等方面的一系列宝贵技巧。

对于那些更喜欢以书面形式而非网络研讨会形式获取信息的人，你可以去买一本《会展情报》，该书在 SCIP 在线商店有售。本书包含一系列会展计划和模板的示例，以及来自优秀竞争情报从业者的大量案例和最佳实践建议。过去的《竞争情报杂志》上也有很多关于如何设计和运行有效的现场情报程序的文章。你可以阅读 2014 年 10 月的文章"想要 CI 美元获得丰厚回报？考虑一下现场情报：SCIP 工具包"来了解更多信息，文章里引用了大量的现场情报文章和材料。

最重要的是，无论你使用的是网络研讨会、研讨会、书籍还是文章，现在都有很多方法可以帮助你学习如何运行一个好的现场情报程序。所以，虽然你可能有一些不错的借口来打破你的新年决心，但没有任何借口可以打破现场情报决心 1。

隐身在会展活动里的市场情报

决心2：我会让高级管理层相信现场情报的重要性

几年前，我帮助一家市值数十亿美元的公司制定了一个会展情报计划。高级副总裁虽然相信情报这个概念，但认为参加会展是在浪费时间："如果竞争对手向我索要信息，我可不会说实话。"好吧，我确保这位高管陪同情报团队成员参加了会展，他参加完会展之后的反应是："我不敢相信你居然能从现场得到这么多信息。"我最大的挑战是让高级管理人员相信：情报需要整合到每个会展计划中。但只要能在一次会展上将这一点付诸实施，接下来的问题就变成了如何满足高管们对CI的新期望。数百家各种规模的公司都验证了这一点。

一切都与ROI有关，现场情报不仅可以对情报ROI产生显著的积极影响，而且还可以对组织的整体现场ROI产生积极影响。接下来有几个例子和想法，你可以与你的高级管理人员进行分享。

我给你的第一条建议是阅读我在《竞争情报杂志》2008年1月、2月刊上发表的一篇文章，题为亲爱的"C"——请给我一些与会展情报项目有关的资源。该文章提供了许多技巧来帮助你说服高级管理人员，让他们相信现场情报程序是必需的。你可以去获取一份文章副本。

其次，关于会展情报的有效性，下面有一些很好的引用，我发现这些引用能够让高级管理人员产生很好的共鸣。以下是你应该与你的高级管理层分享的一些内容。第一条引用来自SCIP前任总裁乔·戈德堡，当时他还是摩托罗拉情报部门的高级主管。

"会议和会展活动是关注战略趋势的最集中、最有成效和最具成本效益的方式，但其在正常的情报活动中常常被忽视。会展、会议和研讨会能够在最短的时间内、以最少的资金提供最大的收集潜力。在现场，有许多正式和非正式活动为你提供了各种收集机会。多年来，摩托罗拉内部的一个小型商业智能（BI）专家社区成功地利用大量会展作为其主要的收集机会。"（戈德堡和巴拉克，2007）

作为组织整体情报工作的一部分，会展情报的ROI和会展的潜在效能都非常不错。我非常喜欢普雷尔·弗农对CI的一句评价（普雷尔是一位非常受人尊

第五章 为现场情报的未来做好准备

敬的 CI 实践者）："如果组织得当，一个有能力、内容丰富的团队能够收集到的有用信息比他们原本在一年内有望收集到的有用信息都多。"（1996）这是会展为你的整体情报需求带来潜在好处的一个很好的例子。

以下是你可以用来支持你的会展情报案例的第三组事实：来自卡洛夫、塞万达和阿科斯最近进行的一项全球竞争情报研究。该研究发现：会展情报与创新之间存在联系。那些认为自己在适应环境变化方面处于行业领先地位或高于平均水平的公司普遍认为会展更重要，相比于那些认为自己的适应环境变化的能力处于平均水平或低于平均水平的公司，这些公司更有可能为活动制定正式的情报计划。综上所述，我们现在拥有研究结果、高管和顾问的评论，还有许多出色的案例，你可以利用这些资源让管理层相信现场情报的重要性。

决心 3：无论我是否在现场，我都会想方设法为公司的会展团队提供帮助

无论你是否参加会展，你都可以通过多种方式来支持你的会展团队，帮助你的组织提高会展 ROI，来证明情报可以为组织里的其他人提供帮助。这里有三个想法供你考虑。

帮助会展团队获得与情报相关的技能，例如如何进行采访：帮助在贵公司展位上工作的团队成为有效的采访者。他们将在展位上进行大量谈话，采访潜在客户和其他人，我怀疑他们是否接受过如何进行采访，以及如何引发客户需求等方面的适当培训。决心 1 中提到的一些材料可以为你提供有价值的采访技巧，你的 CI 经验包括很多有用的采访经验和知识，因此你可以与会展团队分享这些技巧和经验。

为公司的会展目标提供情报支持：了解你的组织参加会展的目标是什么，然后研究一下情报如何能够为这些目标提供支持。例如，荷莉·巴克在撰写关于 2017 年会展热门趋势的文章时指出：首要关注点是留住客户以及为客户提供个性化体验，这正是通过客户分析来为你的会展团队提供支持的绝佳机会，你可以为团队提供培训，在会展或总部通过帮助团队进行分析来为团队提供支持，甚至帮助团队通过分析来制定适当的形式。他们应该问什么问题才能进行分析？CI

就可以很好地推荐正确的问题。越来越多的公司正在利用会展来协助创新，特别是开放式创新计划，利用会展来寻找技术、人才和想法。这是通过使用技术情报分析技术来提供支持的绝佳机会。

找到参加会展的目标，然后确定系统化的情报流程如何能够帮助你的组织实现会展目标。即使你不能参加会展，你也可以就如何实现他们的目标来向你的会展团队提供建议。

为选择合适的会展提供情报支持：凯·哈滕多夫在研究2017年的会展趋势时，强调了：全球不确定性和会展地理两极分化将会使得选择参加哪些活动变得越来越困难。这些是CI分析技术（例如场景分析）应该能够提供帮助的领域。CI拥有多种环境分析技术，可以帮助你的公司解决这些不确定性。

结论

会展、会议和其他现场活动是组织的第二大传播投资。这些活动价格极高，在过去几年中，由于经济压力，对这些活动的投资有所减少。然而，人们预测会展活动的举办将在2017年及以后呈上升趋势。展览业研究中心（CEIR）预测：2017年会呈增长态势，2018年有望创历史新高（希尔，2016）。参展商在线报告称，在接受调查的活动组织者中，有68%的人预计参加2017年会展的参展商将增加，58%的人预计出席人数将增加，64%的人预计净展厅面积将增加。与此同时，公司如何使用会展、为什么参加会展，以及与会者参观和体验会展的方式都发生了变化。所有这些变化都表明人们对运行良好的现场情报程序的需求正在不断增加。这是一个很好的机会，如果你能下定本文中的三个现场情报新年决心，并遵循我们所提供的建议，那么2017年将会是你情报计划的丰收年。

参考文献

[1] Barker H. 5 Hot trends in trade shows[EB/OL]. [2016-04-05]. http://www.eventmanagerblog.com/5-hottrends-trade-shows/

[2] Calof J. Dear 'C'-Please give me the resources for a trade show intelligence

program[J]. Competitive Intelligence Magazine, 2008(1) 49-52.

［3］Calof J. Dear 'C'-Want a good return for your CI dollar? consider event intelligence: aSCIP toolkit[J]. Competitive Intelligence Magazine, 2014(3): 40-45.

［4］Exhibitor Online. Survey Finds Event Organizers Expect Growth in 2017[EB/OL]. [2016-08-24]. http://www.exhibitoronline.com/news/article.asp?ID=16358.

［5］Goldberg J, Barak T. Communicating the value of trade shows to decision-makers[M]//Calof J, Bonnie H. Conference and Trade Show Intelligence. Alexandria, VA: Competitive Intelligence Foundation, 2007.

［6］Hil A. CEIR says trade show growth will slow in 2016 but accelerate in the years ahead[EB/OL]. [2016-04-27]. http://www.tradeshowexecutive.com/archive/industry-news/ceir-says-trade-show-growthwill-slow-2016-accelerate-years-ahead/.

［7］Kai H. 5 trends to watch in 2017 for the exhibition industry[EB/OL]. [2016-12-06]. http://www.tsnn.com/news-blogs/5-trends-watch-2017-exhibition-industry.

［8］Prior V. Down under: trade shows & exhibitions: the intelligence gatherer's cornucopia[J]. Competitive Intelligence Review, 1996, 7(4):77-78.

（译者：温一村）

隐身在会展活动里的市场情报

第二节 2012年的会展趋势对竞争情报来说是个好兆头

原文刊载于Competitive Intelligence Magazine，2012年1—3月。

根据活动营销人员的说法，"现场和会展行业正在得到完善、重新定义和重塑"。无数文章都证实了这一点。这对现场情报来说是好消息还是坏消息呢？

过去的几年对于会展和情报投资来说是一段艰难的时光。随着全球经济的衰退和竞争的加剧，两者在预算上都面临着压力。此外，根据我读到的信息，投资回报率（ROI）对证明参与活动的合理性来说变得越来越重要。然而，2012年的会展趋势为竞争情报提供了极好的机会——如果它可以帮助管理层弄明白这些趋势与竞争情报可以为他们做什么这二者之间的关系。最重要的是，如果处理得当，现场情报投资应该会增加。

全球体验专家（前身为GES博览服务公司）最近发布了他们对影响会展和现场的50大趋势的年度总结。本报告着眼于以下领域的主要趋势：营销和规划、技术、建立联系、展位设计和会展工具。该报告并未特别关注现场情报，然而，在审视趋势时，值得注意的是其中有哪些会对竞争情报产生积极影响。

与许多其他关注会展行业的报告类似，GES确认该行业正处于变革之中（第2页）：

2012年……被称为变革之年，而且确实如此。营销人员从未如此专注于变革。对会展和现场进行分析、制定战略、构建和部署时要牢记一件事：投资回报。随着营销人员建立全新的产品组合，战术计划正在不断升级。

在这个变革的时代，GES的50个趋势共同向组织展示了：当他们寻求最大化提高会展投资回报率时会发生什么。在本专栏中，我将引用该报告中的部分趋势，并简要讨论竞争情报（CI）的影响，以及作为情报从业者，你可能希望采取哪些措施来利用这些趋势。该报告的作者要求他们的读者检查他们正在遵循或计划在来年遵循的趋势。我同样敦促你检查你的组织当前正在遵循（或计划遵循）的那些趋势，并确定如何参与竞争情报。

1. 专门的项目后分析

制定一个目标，然后设定目标来实现这个目标并不是一个新趋势，成功的参展商和会议制作人都会这么做。最后一步是评估"事后分析"以确定他们是否完成了任务。那些坚持这样做的人会有更好的表现。就这么简单。（第3页）

2. 利用研究

你知道的越多，你就能更好地建立联系。现场和会展展览团队正在利用市场研究、焦点小组、受众细分报告，甚至通过对竞争对手的展位和活动进行深入分析来实时提供见解，并应用相关数据来创建更好、更强大的体验项目。（第3页）

以上两种趋势都体现了竞争情报。分析和研究是情报计划的基石。在利用研究时，你不仅要在活动前获得综合深入的情报，而且还要在活动中获得有关竞争对手的情报。例如，如果你在活动中没有专门的资源来做这件事，同时还想获得关于竞争对手展位的深入分析是不合理的。此外，除竞争情报人员之外，组织中很少有人接受过此类分析的培训。

最后，GES要求对会展信息进行分析，以帮助制定更好的未来现场实践计划。这听起来确实是一个关键情报课题，也是非常适合我们所在的领域去做的事情。我的建议是向管理层展示竞争情报工具包是如何应对这两种已确定的趋势的。

3. 连接规划

越来越多的营销人员在规划现场和会展计划时，将其处理为与某个投资组合相关的成组活动。将程序视为所有事物的总和的一部分有助于创建更智能、更集成的程序，这些程序比几年前不连贯的程序更有效。（第3页）

4 同地物流

预先计划对于进一步落实预算至关重要。在可能的情况下，活动组织者应

隐身在会展活动里的市场情报

该在酒店和会议厅安排会展和会议,以利用基础设施和设备成本,考虑将叉车等战术设备的租用期延长到一个月,而不是四天,并且尽可能重复使用物品。(第3页)

这两个趋势让我有些吃惊。多年来,CIM 和 SCIP 材料一直在讨论将不同现场联系在一起,以创建集成现场智能程序的必要性。例如,在 SCIP 书籍《会议和会展情报》中,丹尼尔·希默尔法布(Daniel Himelfarb)在其题为"多年会展出席情况及其对情报收集的影响"一章中写道:不仅要将不同年份的会展联系在一起,而且还应该在不同的现场中运行类似的关键情报课题来确定趋势。

此外,背靠背的展示方式在我们的领域中也很常见。我对此的建议是向管理层介绍这些主题。向他们展示你的年度现场情报计划,以及你如何将(或应该将)现场联系在一起。然后谈谈如何将这个概念不仅应用于情报规划,还可以应用于整体活动规划。我们的现场情报计划表格和概念可以被轻松转换为会展管理的其他元素。这可能是展示你作为情报官员,是如何拥有可以帮助组织其他部门提高技能和改善流程的能力的一种方式。

5. 社交媒体

这不是趋势;这是一个现实。每个活动、会议和会展都在利用推特、推特墙、脸书、油管和其他社交网络来吸引和通知与会者。社交媒体是在活动之前、期间和之后保持联系的好方法。社交媒体是内容交付、现场互动的绝佳平台,是真正的数字+现场体验中心。(第4页)

全球情报联盟将对社交媒体的利用称为顶级竞争情报获取趋势之一。我有好几个专栏都是关于社交媒体的,SCIP 就这个话题举办了网络研讨会。社交媒体是 SCIP 的一个关键调查领域。因此,我们有很多材料可以引起管理层的注意,并向他们展示社交媒体是如何能够吸引和通知与会者的。

我们甚至在如何使用社交媒体与与会者保持联系方面拥有着最佳实践。这是竞争情报领先的领域之一。我的建议是:你可以收集这些 SCIP 材料(也许可以在今年费城的 SCIP 会议上再进行一些研究),并向你的管理团队介绍如何使用社交媒体进行活动。你不必在此使用情报一词，因为 GES 确定的社交媒体需求与我们在竞争情报中的需求相同。

6. 更智能的线索检索

潜在客户检索系统在会展展位与会者的体验管理方面发挥着更大的作用。在过去，只要与会者扫描他们的胸牌，参展商就会知道他们的基本信息。现在，智能线索检索系统揭示的远不止这些。他们可以判断与会者是否已经是客户，如果是，你就可以知道他们的重要性、他们的购买历史以及他们的销售代表是谁。如果与会者是潜在客户，展前研究会告诉参展商为什么该与会者会成为目标，以及在他的业务上谁是我们的竞争对手。所有这些信息都会预先加载到与会者的胸卡上，供展台人员在屏幕上与之互动。最终结果是该系统为参展商和与会者带来了更有价值的体验。（第 4 页）

这一条绝对是竞争情报了。我们称之为画像，通过在 SCIP 中积累的知识和经验，我们已经获得了大量关于应该收集哪些信息来为潜在客户进行画像的知识。

为什么不向管理层提供你在该领域的专业知识呢？帮助你的组织开发合适的个人资料系统。看看克雷格·弗莱舍和巴贝特·本苏桑所著的《战略与竞争分析》一书，该书有一个关于画像的精彩章节。数位具有现场智能咨询实践经验的资深 SCIP 从业者在该领域也拥有丰富的知识和经验。例如，由非常活跃且经验丰富的 SCIP 成员肯特·波特经营的亚历万特（Alevant）公司就拥有一套专家领导系统。该系统使用汇报专家和转录服务，并结合分析方法来捕获合格的潜在客户，以及来自现场销售团队的关键上下文信息。

该方法以可操作的格式为销售团队提供前一天的信息转录，从而为销售团队提供每日行动计划。因此，如果你组织的现场计划目标是建立更智能的潜在客户检索系统，那么竞争情报画像和分析方法是你的潜在解决方案。

7. 个人参与

在这个"随心所欲"的时代，活动组织者认识到了我们为参与者创造的更加具有个性化体验的价值。他们不只是分发信息，而是将信息推送到与会者的智能

隐身在会展活动里的市场情报

手机和其他可以与之交互的设备上,比如,你可以在听完报告后订购文献或购买演讲者的书。同样,展厅中的等离子屏幕也可以使与会者轻松地找到他们想参加的会议。这一切都与与会者有关。(第5页)

8. 客户路径

在许多情况下,经验丰富的设计师会围绕不同类型的与会者或买家所采取的"路径"建立活动足迹。他们的目标是围绕这些路径进行内容、产品和消息的传递,从而防止与会者接触到与他们无关的任何事物。(第5页)

9. 执行任务的参与者

很少有买家来参加会展或会议只是为了在购物之前精挑细选一番。他们可能是为自己的商店寻找新产品的零售商,也可能是寻找网络的计算机爱好者。无论如何,他们都有注册的理由和要实现的目标,以证明他们来参加活动是合理的。(第5页)

这三个趋势总结了我在过去几年中看到、听到和读到的东西。代表公司参加会展的人是有工作要做的(不是像过去那样来聚会的)。许多与会者具有决策能力,他们的行动比以往任何时候都更有针对性。上述GES确定的三个趋势指出了这一点,并向公司发出警告,他们最好为这种新型与会者做好准备。

从竞争情报的角度来看,这三个趋势还表明:你需要更好地分析参与者并进行更多的会前研究。例如,"客户路径"需要对不同群体进行分析,了解他们的不同需求是什么等等。要进行这种类型的客户路径分析,你需要了解过去参加活动的客户类型、组别的变化情况、预计参加此会展的客户等。

这一切都是情报。你可以考虑为管理层进行演示,重点介绍针对这三个趋势的情报解决方案。

10. 装备精良的销售人员

现场人员受到了更好的教育,并配备了个人演示系统。大多数人都携带电子平板电脑来识别客户,进行演示和提供文献。他们手持iPad,自信、能干、自如地完成这一切。他们还接受了来自现场部门的更多培训,并被要求进行更严格的项目后跟进和报告。谁处于这些升级销售人员的中心位置?聘请专业培训师来培

第五章　为现场情报的未来做好准备

训会出现在展位上的每个人，了解目标和目的、展示的产品和服务，以及与与会者互动的最佳方式。（第 5 页）

11. 智能手机应用

创建与会者可以下载和查看的定制的智能手机应用程序是公司将影响力扩展到现场之外的好方法。在最近的美国糖尿病协会会议上，一位参展商开发了一款应用程序，众多医生在会议上下载了该应用程序，该应用程序在会议后被迅速传播开来，并在患者中大量普及。该应用程序包含健康饮食提示、餐厅和菜单链接以及其他有用信息。生产类似应用程序的公司获得了大量用户，扩大了他们的曝光率。（第 7 页）

12. 为与会者提供 iPad

会展商将 iPad 或其他平板电脑借给那些在参观展览时使用相机功能的与会者，通过这些与会者的活动来提升路径体验。首先，与会者进入兑换柜台，在交出护照或其他带照片的身份证件后，他们就可以使用平板电脑拍摄展位上的所有二维码，通过二维码下载、查看视频内容或其他数据．当他们离开现场时，他们会收到一封电子邮件，其中包含他们刚刚访问过的电子链接。（第 7 页）

在 GES 确定的所有趋势中，这三点最让我兴奋，它们为竞争情报提供了很多的机会。智能技术（平板电脑、iPad、智能手机等）的使用正在成为常态，这也代表了情报的重要机遇。例如，既然大多数人都对手机和平板电脑、iPad 应用程序感到满意，那么为什么不开发一个现场智能应用程序呢？它可以让你的员工在活动中收集信息并将其自动上传到情报分析系统。该应用程序可以包括验证元素、源标识元素等。

在渥太华大学的 Telfer-IBM 商业分析中心，我们正在开发一款 iPad 商业分析应用程序。想象一下，在活动中，你的整个团队都可以在情报技术领域进行高水平的收集和分析。我一直在使用 iPad 记录采访和图像，以用于事后分析。因为这些技术和人们使用它们的舒适度，所以你的情报工作中会存在更多的机会。我希望在以后的专栏中会讨论更多关于这方面的内容。

隐身在会展活动里的市场情报

结论

2012年将是会展行业发生巨变的一年。这些变化为竞争情报提供了更多的机会，前提是你可以将这些趋势与其相应的CI解决方案联系起来。本文回顾了GES Trendtracker报告所确定的12个趋势（部分），并就竞争情报如何利用这些趋势提出了相应建议。在我的下一篇专栏中，我将研究来自GES报告和其他来源的更多趋势，以便CIM读者可以帮助他们的组织在会展投资中获得更高的投资回报率。

（译者：温一村）

第三节 疫情期间的现场情报：虚拟会展情报的六大技巧

原文刊载于 *Competitive Intelligence Magazine*，2020 年 6 月。

我最近参加了几场情报活动，一个主要话题是疫情对竞争情报的影响，以及在现场/会展社区内，其对现场情报实践的影响。本文将提供在形势的发展下，如何在疫情及以后实现"有效现场情报"的有关想法。情报专业人员从本文中能得到的最重要的一点是：现场情报与以往一样重要，大量使用现场情报技能的机会仍然存在。但是，我们也有必要适应新局面。

我首先要提醒一下：活动是指多人聚集的任何地方，无论是实体的还是虚拟的。过去的文章着眼于会展、会议、贸易代表团、网络研讨会、派对，甚至曲棍球赛场上的现场情报机会。虽然过去几个月里我们也有很多这种活动，不过都是以虚拟形式进行的。

例如，我参加了德国的一次情报会议，还加入了前往越南的贸易代表团，参加了会展，并在 Techstars 全球在线创业周末担任导师。这些都是虚拟的活动。我从这些活动中收集到了有价值的信息，建立了新的联系，开始了新的项目，确定了几个商业机会。我从虚拟参与中学到了不少我想分享的东西。

提示 1：关注朋友

一个热情的介绍所能为你提供的帮助相比于以往任何时候都要大，所以这一点可能是最重要的提示。当你对出席者进行画像时，请确定你想与其建立联系的人，然后确定共同点。最简单的方法是在领英上查找一级或二级连接。将他们视为你的"朋友"（请参阅我 2019 年的 CIM 文章，了解有关在你的网络中寻找某人，以帮助你与未连接的人建立联系的更多细节）。虚拟活动的一个额外好处是：

隐身在会展活动里的市场情报

你可以在联系之前对目标进行快速研究（通过领英、谷歌、猫头鹰等），这比在现场活动中容易得多。

让我分享两个例子来说明在实践中是如何做到这一点的。比如在德国举行的这次活动，我们使用电子邮件和 Zoom 聊天进行联系，在我们与朋友建立了一些共同点之后，我们得到了最好的结果。在越南贸易代表团中，开始我们很难与潜在的合作伙伴建立联系，然后我们找到了一个可以代表我们去表达友谊的朋友。我们很快得到了回应并建立了虚拟联系。如果压力很大，人们都在关心自己的家庭、健康和经济，那么很有可能他们不太愿意与陌生人联系，但仍想寻求商机。友谊可以帮助弥合这一差距。

提示 2：在虚拟网络上进行采访实际上是可行的，但要灵活

虚拟活动的组织者正在努力为参与者创造有意义的机会去进行交流，你可以查看有谁参加并与其进行虚拟对话。以下是如何利用这一点的三个示例。

使用私人聊天联系演讲者。在最近的一次虚拟会议上，一位不在我的现场情报收集计划中的演讲人员谈论了一些我想跟进的内容。由于他的评论暗示了一个有趣的机会，我需要调整我的计划，保持灵活性。虽然在现场活动中与演讲者联系可能很困难，但在虚拟活动中却很容易。我给他发了一条私人聊天消息，我们进行了愉快的交谈，我们现在正在一起做一个项目。

通过私人聊天跳过尴尬。在面对面的会展上进行对话可能会很尴尬。例如，什么是好的开场白？最好的肢体语言是什么？但是，在虚拟活动中，这很容易。我在聊天框中输入了一条消息，然后就等着回复了。展位的人回复了我，就延误表示歉意，我们进行了一次精彩而内容丰富的对话。

检查参与者列表，看看是否有预料之外的机会。在最近的一次网络研讨会上，我出人意料地"撞到"了一个友好的人，并进行了愉快的交谈。即使有最好的计划，你没想到的人也会出现，所以必须保持灵活，抓住他们可以为你的情报工作提供帮助的这一时机很重要。你应该始终检查在线参与者列表，然后通过私人聊天进行连接。

Chapter 05

第五章 为现场情报的未来做好准备

提示 3：专注，专注，专注

我的经验是：在虚拟活动中，我能够完成面对面活动中 50%～70% 的工作。这不仅仅是因为在在线环境中与目标建立关系非常具有挑战性，而且也是因为技术本身。在线聊天可能很慢，视频或语音对话可能存在缓冲或滞后问题，我们都更容易分心。例如，在一次活动中，我在一个展位上与四个人进行了讨论。所有人都在不同的地方，大部分对话都是每个人都在不停重复"你现在能听到我说话吗？"，在这样的环境中，我们需要对可以完成的事情保持现实态度。因此：专注，专注，专注。

提示 4：将你网络中的人员加到你的现场团队中

我过去的一篇专栏文章的标题是"你应该带谁参加活动？"，这个专栏中的关键信息是：将职能专家和专业人士带到现场会有很大的好处（例如，你的研发人员擅长讨论技术）。虽然让更多人参加现场活动可能会增加预算，但同时也能带来可观的回报。由于虚拟活动通常没有预算问题，更没有差旅费用（尽管有注册费用），所以你只需将其他人带到在线活动中，就会有很好的机会扩展活动情报计划。这种"开放智能"概念对于虚拟活动具有巨大潜力。通过邀请你组织的其他成员、客户、供应商甚至利益相关者加入你的情报流程，你将获得很多好处。

提示 5：使用技术给人留下好印象

你如果能够给人留下良好的第一印象，就能够在社交上获得优势。你的长相，以及给人留下的印象会对你的现场采访效果产生重大影响。这也适用于虚拟现场。不幸的是，在光线不足、技术故障和不合宜的数字礼仪的影响下，我们通常无法在虚拟环境中给人留下最好的印象。这里有两个技巧可以让你给人留下更好的虚拟印象。

第一，站着说话。当相机和你的视线处于水平位置时，你会看起来更诚实和

隐身在会展活动里的市场情报

平易近人（上镜小技巧）。在你站立时，你通常会显得更有活力，给人留下更积极的印象。要做到这一点，请将外置网络摄像头放在三脚架上（熨衣板可以在紧要关头派上用场）。如果你没有外置网络摄像头，你可以将书籍放在计算机下方，确保书籍放稳、放平。

第二，确保高质量的连接。这是一件简单的事情，建议通过网线，直接将你的计算机插入调制解调器，不要使用无线网络，从而获得更稳定、更快的连接。这是一件小事，但它有助于给人留下更好的印象。

我可以用一整篇专栏来讨论如何更好地建立在线网络。在好莱坞制片人/导演朋友的帮助下，我现在有了一个现场"场景"，其中包括制作灯光、滑轨、无线麦克风、大电视，等等。如果你对我的设置有任何问题，请随时给我发电子邮件。

提示6：了解技术平台

仅在上周，我就使用几个不同的平台参加了虚拟活动，包括Brella、Slack、YouTube、Webex/GoToMeeting、Zoom，还有一个专利系统。虽然每个平台都有虚拟聊天和会议室，但每个平台的通信系统运行方式不同，每个平台都有不同的外观和设计。

从积极的方面来说，有数个展位的公司人员数量（包括研发人员）超过了现场活动中的展位人员数，这是虚拟会展的一个优势，其可以创造一个比面对面活动更丰富的情报环境。然而，在许多活动中，"楼层"导航、寻找人，甚至弄清楚如何与他们交谈都是一项挑战。特别是在其中某一个会展上，与展台工作人员的初步讨论必须在一个非常公开的聊天室中进行，这是一个很大的缺点。我并不是唯一一个在虚拟导航中遇到困难的人。两位同事表示，他们要么找不到想要去的展位，要么不知道如何与展位人员互动。最后两人都放弃了。

因此，我最后的建议是尽早熟悉虚拟会展的布局。如果活动允许，请尽早进入活动平台。一种方法是弄清楚有哪些工具可以帮助你找出谁在会展上（并非每个会展都允许你这样做）。查看菜单布局，了解如何找到所有现场活动。了解会

第五章 为现场情报的未来做好准备

展场地的位置以及如何找到特定展位。弄清楚如何与展台人员、小组成员、演讲者和与会者交谈。如果有帮助功能，请了解帮助功能的工作原理和覆盖范围，以及如何联系他人寻求帮助。另一种方法是找出他们正在使用的平台，并检查是否有现成的视频提示如何使用这个平台（在 YouTube 上可能就有）。我发现：在同一个平台上，不同会展活动的基本结构都保持类似。

底线：在活动开始之前，请不要犹豫是否应该与活动组织者联系，以了解如何在会展虚拟环境中导航。与现场活动相比，虚拟平台的导航和使用是我遇到的最大问题。如果你不及早弄清楚，你将没有太多机会使用你的现场情报技能。

结论

正如本文所指出的那样，无论疫情给会展和现场带来怎样的变化，现场情报对于情报和洞察力专业人士来说仍然是一个重要而强大的工具。文章指出了现场情报实践的某些组成部分是如何从在线活动中受益的，同时认识到：在我们的现场情报工具包中，有一些组成部分可能无法使用或需要修正。无论如何，即使在疫情期间，你也有大量机会实现成功的现场情报实践。

（译者：温一村）

后 记

我的新书《隐身在会展活动里的市场情报》由上海科学技术情报研究所翻译成中文发行,我深感荣幸。多个国家开展关于新书的讲座,使这本书成了一种全球现象。我很高兴它现在有了中文的版本,中文是世界上被最多人用的语言!

多年来,我辗转中国和世界各地的许多贸易展、会议和活动,亲眼看到了书中给出的建议帮助机构更好地应对竞争环境中出现的机遇和威胁,并提高其竞争力。它甚至有助于政府制定更好的政策,有助于协会提升办事效能。最重要的是,书中的方法很管用。每年都有大量活动在中国举办,我希望中文版的这本书能给各类机构(营利性的、非营利性的、政府的,等等)带来积极的影响,并为中国创造经济机会。

为什么是上海科学技术情报研究所?

我与上海科学技术情报研究所的渊源可以追溯到20多年前。在上海科学技术情报研究所的参与合作下,我在中国开展过几次竞争情报研讨会,在竞争情报上海论坛(SCIF)上发表演讲。我甚至还与他们中的一些人一起在加拿大工作过。上海科学技术情报研究所是中国享有美誉的竞争情报和技术竞争情报机构之一,我也要很自豪地说,在上海科学技术情报研究所就职的几位学者也是我的好朋友。从这一点上看,我带了些个人情感。所以当上海科学技术情报研究所就书籍翻译出版来征求我的同意时,我不假思索地答应了。

上海科学技术情报研究所有长期追踪竞争情报领域趋势和新想法的传统。他们注意到,每年中国举办那么多的贸易展和会议,却缺少会展情报和更广义上现场活动情报主题相关的资料。上海科学技术情报研究所在引进(国外情报)最新概念、技能和技术方面有着深厚的历史积累:如翻译本书这样的文献,定期组织竞争情报会议和研讨会,以及与世界各地的竞争情报和技术竞争情报组织合作。我希望通过

后 记

与上海科学技术情报研究所的合作，这本书能让中国各种类型、各种规模的机构在挖掘和利用活动带来的信息与洞察的"金矿"时，找到最有利的"定位"。

为什么是这本书？

因为，贸易展、会议、研讨会甚至聚会等活动是用最少的金钱和时间获得市场洞察的最佳场合。我曾在会展活动中协助了数百家机构，用一手资料见证了活动的价值，当然前提是你为这些活动提前做好了准备。这本书提供了很多关于如何为这些机遇做好准备的建议：如何制定计划（你将在会展活动中做什么，何时做以及为什么做，你可以在活动中与谁结盟）；利用机会的正确态度与技能（提供了很多关于有效访谈的技巧）。我的几项现场情报哲学贯穿了全书。以下是其中的一小部分，所有都会在本书中进行详细阐释。

卡洛夫现场情报哲学 1：每次互动都提供了学习机会——只要你做好了准备。

推论：在每次互动中要保持开放的心态与好奇心。记住，你是去学习的。

卡洛夫现场情报哲学 2：陌生人就是"友情支持者"，只等你主动去接触。

推论：我们是群居动物。但如果没有使用正确的方式去接近，就会触发"战斗或逃跑"反应。

卡洛夫现场情报哲学 3：制定计划——细节决定成败。

这本书凝聚了我 40 多年来会展活动的经验，还有一些竞争情报和贸易展管理方面顶级专业人士的建议。这本书不仅适用于情报/洞察的专业人士，也适用于任何要参加活动的人。因此，我邀请你把这本书中的实用建议和信息分享给你所在的机构和人际网络中那些你认为可以从中受益的人。

特别鸣谢

让我用两句感谢来结束这篇后记。感谢情报（美国）情报从业者战略联盟（SCIP[①]）

[①] SCIP 原名 Strategic and Competitive Intelligence Professionals，后记撰写时已更名为 Strategic Consortium of Intelligence Professionals，缩写不变。——译者注

隐身在会展活动里的市场情报

让我，一名教授来编写此书，并将其提供给情报从业者和其他参加会展活动的人。感谢上海科学技术情报研究所将这本书翻译成中文并在中国发行，中国这个国家在20多年的时间里一直热情招待我，在我心中占据着非常特殊的位置。

我希望阅读这本书的人会喜欢它，并能从书中的技巧中受益。愿这本书帮助所有阅读它的人变得更富裕、更成功、更有竞争力。我期待很快再次启程来到中国，分享更多关于现场情报的技巧，以及我"从活动中获得市场洞察"的人生历程故事。我也期待访问中国并从本书的读者那里学习现场情报方面的技巧。让我们一起为下一本书而努力。

乔纳森·卡洛夫

（译者：陈煦）